广东省优秀社会科学家文库（系列一）

姜伯勤自选集

姜伯勤 ◎ 著

·广州·

版权所有　翻印必究

图书在版编目（CIP）数据

姜伯勤自选集/姜伯勤著．—广州：中山大学出版社，2015.11
［广东省优秀社会科学家文库（系列一）］
ISBN 978-7-306-05451-7

Ⅰ．姜…　Ⅱ．姜…　Ⅲ．①社会科学—文集　Ⅳ．①C53

中国版本图书馆CIP数据核字（2015）第224476号

出 版 人：徐　劲
策划编辑：嵇春霞
责任编辑：徐诗荣
封面设计：曾　斌
版式设计：曾　斌
责任校对：廖丽玲
责任技编：何雅涛
出版发行：中山大学出版社
电　　话：编辑部 020-84110283，84111996，84111997，84113349
　　　　　发行部 020-84111998，84111981，84111160
地　　址：广州市新港西路135号
邮　　编：510275　　传真：020-84036565
网　　址：http://www.zsup.com.cn　E-mail：zdcbs@mail.sysu.edu.cn
印 刷 者：广州家联印刷有限公司
规　　格：787mm×1092mm　1/16　19.75印张　333千字
版次印次：2015年11月第1版　2015年11月第1次印刷
定　　价：60.00元

如发现本书因印装质量影响阅读，请与出版社发行部联系调换。

姜伯勤

　　1938年12月生。湖北武汉人,中山大学历史学系教授,博士生导师。1959年中山大学历史系本科毕业,1961年研究生毕业后留校任教。曾任中国敦煌石窟保护基金会副理事长,中国敦煌吐鲁番学会副会长,中国史学会副会长,国务院学位委员会第三、四、五届历史学科评议组成员与召集人。在隋唐史、敦煌吐鲁番学、丝绸之路、艺术史、宗教史、明清禅学史等研究领域均有着精深造诣与卓越建树,被认为是改变此前"敦煌在中国,敦煌学研究在日本"状况的代表性学者。出版个人专著7部、合著2部,发表论文约200篇,多次获得国家与省部级奖项。先后被授予全国教育系统劳动模范、国家级有突出贡献的中青年专家、南粤优秀教师等荣誉称号,曾担任第七、八、九、十届全国政协委员,2011年获选广东省首届优秀社会科学家。

"广东省优秀社会科学家文库"（系列一）

主　任　慎海雄

副主任　蒋　斌　王　晓　李　萍

委　员　林有能　丁晋清　徐　劲

　　　　魏安雄　姜　波　嵇春霞

"广东省优秀社会科学家文库"(系列一)

出版说明

　　哲学社会科学是人们认识和改造世界、推动社会进步的强大思想武器,哲学社会科学的研究能力是文化软实力和综合国力的重要组成部分。广东改革开放30多年所取得的巨大成绩离不开广大哲学社会科学工作者的辛勤劳动和聪明才智,广东要实现"三个定位、两个率先"的目标更需要充分调动和发挥广大哲学社会科学工作者的积极性、主动性和创造性。省委、省政府高度重视哲学社会科学,始终把哲学社会科学作为推动经济社会发展的重要力量。省委明确提出,要打造"理论粤军"、建设学术强省,提升广东哲学社会科学的学术形象和影响力。2015年11月,中共中央政治局委员、广东省委书记胡春华在广东省社会科学界联合会、广东省社会科学院调研时强调:"要努力占领哲学社会科学研究的学术高地,扎扎实实抓学术、做学问,坚持独立思考、求真务实、开拓创新,提升研究质量,形成高水平的科研成果、优势学科、学术权威、领军人物和研究团队。"这次出版的"广东省优秀社会科学家文库",就是广东打造"理论粤军"、建设学术强省的一项重要工程,是广东社科界领军人物代表性成果的集中展现。

　　这次入选"广东省优秀社会科学家文库"的作者,均为广东省首届优秀社会科学家。2011年3月,中共广东省委宣传部和广东省社会科学界联合会启动"广东省首届优秀社会科学家"

评选活动。经过严格的评审,于当年7月评选出广东省首届优秀社会科学家16人。他们分别是(以姓氏笔画为序):李锦全(中山大学)、陈金龙(华南师范大学)、陈鸿宇(中共广东省委党校)、张磊(广东省社会科学院)、罗必良(华南农业大学)、饶芃子(暨南大学)、姜伯勤(中山大学)、桂诗春(广东外语外贸大学)、莫雷(华南师范大学)、夏书章(中山大学)、黄天骥(中山大学)、黄淑娉(中山大学)、梁桂全(广东省社会科学院)、蓝海林(华南理工大学)、詹伯慧(暨南大学)、蔡鸿生(中山大学)。这些优秀社会科学家,在评选当年最年长的已92岁、最年轻的只有48岁,可谓三代同堂、师生同榜。他们是我省哲学社会科学工作者的杰出代表,是体现广东文化软实力的学术标杆。为进一步宣传、推介我省优秀社会科学家,充分发挥他们的示范引领作用,推动我省哲学社会科学繁荣发展,根据省委宣传部打造"理论粤军"系列工程的工作安排,我们决定编选16位优秀社会科学家的自选集,这便是出版"广东省优秀社会科学家文库"的缘起。

本文库自选集编选的原则是:(1)尽量收集作者最具代表性的学术论文和调研报告,专著中的章节尽量少收。(2)书前有作者的"学术自传"或者"个人小传",叙述学术经历,分享治学经验;书末附"作者主要著述目录"或者"作者主要著述索引"。(3)为尊重历史,所收文章原则上不做修改,尽量保持原貌。(4)每本自选集控制在30万字左右。我们希望,本文库能够让读者比较方便地进入这些岭南大家的思想世界,领略其学术精华,了解其治学方法,感受其思想魅力。

16位优秀社会科学家中,有的年事已高,有的身体欠佳,有的工作繁忙,但他们对编选工作都非常重视。大部分专家亲自编选，亲自校对；有些即使不能亲自编选的，也对全书做最后的审订。他们认真严谨、精益求精的精神和学风，令人肃然起敬。

在编辑出版过程中，除了16位优秀社会科学家外，我们还得到中山大学、华南理工大学、暨南大学、华南师范大学、华南农业大学、广东外语外贸大学、广东省社会科学院、中共广东省委党校等有关单位的大力支持，在此一并致以衷心的感谢。

广东省优秀社会科学家每三年评选一次。"广东省优秀社会科学家文库"将按照"统一封面、统一版式、统一标准"的要求，陆续推出每一届优秀社会科学家的自选集，把这些珍贵的思想精华结集出版，使广东哲学社会科学学术之薪火燃烧得更旺、烛照得更远。我们希望，本文库的出版能为打造"理论粤军"、建设学术强省做出积极的贡献。

"广东省优秀社会科学家文库"编委会
2015年11月

目录

姜伯勤学术小传 / 1

隋末奴军起义试探 / 1

中国田客制、部曲制与英国维兰制的比较研究 / 20

王涯与中唐时期的令与礼 / 39

唐令舞考
　　——兼论陈寅恪先生《元白诗证史》的文化阐释 / 66

"天"的图像与解释
　　——以敦煌莫高窟285窟窟顶图像为中心 / 82

敦煌的"画行"与"画院" / 100

敦煌戒坛与大乘佛教 / 115

论敦煌本《本际经》的道性论 / 131

敦煌吐鲁番与丝绸之路上的粟特人（节选）/ 151

安阳北齐棺床画像石与入华粟特人的祆教美术
　　——兼论北齐画风的巨变与粟特画派的关联 / 205

敦煌白画中的粟特神祇 / 241

明清之际岭南禅学与南方文化 / 255

大汕禅师的澳门南海航行与唐船贸易圈中的禅宗信仰及妈祖礼拜
　　——兼论17、18世纪之交唐船海客的宗教伦理 / 272

附录　姜伯勤主要著述目录 / 291

姜伯勤学术小传

　　姜伯勤先生是我国当代著名历史学家，广州中山大学历史学系教授。1938年出生于湖北武汉，1955年进入中山大学历史系学习，期间曾亲承陈寅恪、刘节、梁方仲等我国现代史学大家的教泽。1959年大学毕业后，续随岑仲勉、董家遵等著名史家攻读隋唐史方向的研究生，1962年留校任教，2012年退休。

　　1963年，姜伯勤先生在《历史研究》和《学术研究》等刊物上发表了《隋末奴军起义试探》、《论窦建德》等一批学术论文，从而在史学界崭露头角。1964年受北京大学向达教授在中山大学所作"敦煌学六十年"学术报告的感召，开始将学术关注点转向敦煌学研究领域。1974年进入武汉大学唐长孺教授主持的吐鲁番文书整理小组，1978年参加由东北师范大学朱寰教授主持的"中外封建社会比较研究"课题小组。作为改革开放后国家首批公派出国的留学人员，1984—1985年赴日本东京大学池田温教授处担任访问学者。

　　作为改变当时"敦煌在中国，敦煌学研究在日本"尴尬局面的代表性学者之一，姜伯勤先生在敦煌学研究领域取得了许多丰硕的成果。首部个人专著《唐五代敦煌寺户制度》（中华书局，1987年）以敦煌文书为核心史料，结合相关传世文献和佛教内律，以马克思关于经济史的理论为指导，运用中国传统的历史学方法，借鉴英国庄园史研究的权威学者柯斯明斯基研究13世纪英国土地制度的经验，通过对中古时期敦煌寺户制度的讨论，一方面探究了中国3世纪以后的"部曲佃客制"的蕴奥，另一方面试图借此窥见唐宋之际生产力发展的同时封建社会经济结构阶段性变更的历史趋势。这一成果被学界认为不仅使敦煌寺院经济研究达到一个前所未有的高度,而且将会对敦煌学其他分支领域以及相关学科的研究产生积极的促进作用。他的专著《敦煌社会文书导论》(台北新文丰出版公司,1992年)则利用敦煌藏经洞出土文献中的社会史料,从"礼仪"、"氏族"、"学校与礼生"、"选举"、"良贱"、"城乡"、"教团"、"社"8个专题入手对唐代敦煌社会中的"身份体制"、"从属纽带的形成"、"各种社会团体与组织"等诸多方面进行了论述,而将"礼"这一"最具中国色彩的范畴"置于全书之首,并以之牵动全书,反映了作者"试图构建起以礼仪为主线的敦煌社会史框架",进一步拓宽了唐代社会史研究的领域[①]。《敦煌艺术宗教与礼乐文明》(中国社会科学出版社,1996年)一书,是姜伯勤先生在长期进行专题研究基础上形成的一部专著,其中多篇内容曾以论文的形式发表,因而被认为是作者的代表性著作[②]。全书分为"艺术"、"宗教"、"礼乐"三篇,每篇又分为上、下编,分别是"图像与解释"、"艺术史与交流"、"敦煌的中国道教精神"、"敦煌的中国大乘佛教"、"敦煌礼论"、"敦煌乐论",从上述各方面分专题对敦煌所彰显的中华文明形态特质及其衍变发展进行了探讨。该书以"敦煌心史散论"作为副题,援用了陈寅恪先生所倡说的源于南宋郑思肖的"心史"说。姜伯勤先生指出:"我们所企望探明的敦煌心史,是指4—14世纪敦煌石窟艺术及石窟所出文书等载体所显现的中国文化繁盛时期的心灵历程,一个大时代心灵提升的轨辙;探讨敦煌所见的唐代前后的艺术、宗教和礼乐中所显示的思想超越性,所显示的人文精神和对于中国智慧的追求。""本书立足于以陈寅恪先生为代表的文化史研究的中国文化传统之上","以解读文本及其上下文、图像及其'上下文'为中心,通过对于意义、象征和隐喻的力所能及的阐释,来找寻探究中国心史的途径",在继承传统人文科学方法进行研究的同时,又引入了西方艺术史研究中"图像学"与"图像志"方法进行"图像证史",开拓了史源与研究领域。姜伯勤先生通过对敦煌艺术作品历史的来龙去脉、社会背景及有关情景的全方位研究,对庄子思想及中国道教精神与大乘佛学智慧相结合的"中国式超越

---

① 胡戟、张弓、李斌城、葛承雍主编:《二十世纪后研究》,中国社会科学出版社2002年版,第769页。

② 同上书,第523页。

智慧"的深入考察,对在传统中国文化的核心"礼"的节制下人与自然的和谐,及中华文明对外来文化的接纳、改造与融贯吸纳的梳理与阐释,对"变文"、"令舞"、"傩礼"所反映的雅俗文化互动的揭示,指出在"敦煌这座大理石般的智慧殿堂里",艺术、宗教和礼乐正是"记录了民族心智历史的三座碑廊"。

丝绸之路与中西交通史研究同样也是姜伯勤先生关注的重要学术领域。《敦煌吐鲁番文书与丝绸之路》(文物出版社,1994年)一书被誉为有关隋唐时期丝绸之路贸易研究中"最可重视"的论著,姜伯勤先生"充分占有传世文献与考古文物资料,相互参证,从金融和国际贸易的角度来观察丝绸之路,探讨了与'东西方贸易的承担者'粟特人有关的丝路实况,包括拜占庭与波斯在丝路贸易上的利益冲突,粟特人与草原民族西突厥人、铁勒人、突骑施人在丝路上的相互依傍,对白银之路及香药之路也多有阐发,将该课题的研究推进到一崭新的阶段",这种见路、见物、见人式的研究,"可视为20世纪唐史学界研究丝路贸易史以及东西交通史的一部力作"①。中古时期亚欧大陆上"东西方贸易的承担者"粟特人等中亚胡人的信仰习俗源于波斯琐罗亚斯德教,进入中国以后被称为"祆教"。对中古祆教艺术的研究近年颇为活跃。姜伯勤先生的《中国祆教艺术史研究》(生活·读书·新知三联书店,2004年)正是一部从艺术遗存角度来研究中国祆教的力作。该书"广泛参阅近百年来俄国、日本和欧美的相关论著,对文献、文书和文物进行竭泽而渔式的搜罗,在缺乏汉译祆教遗经可作文本分析的情况下,匠心独运,博综贯穿,从中古遗存的图像和唐宋时代的民俗中辨认出祆教神祇若隐若现的身影",发现了"图像中《阿维斯陀》"和"波斯式的天宫建制在东亚的遗痕","使波斯琐罗亚斯德教的'中国版'空前地明朗化了"。② 在讨论中,姜伯勤先生综合运用艺术、历史、考古学方法,对长期以来悉心搜集的葬具墓俑、洞室壁画、木板绢帛、建筑遗构中的相关图像资料进行深入细致的分析,诚如蔡鸿生先生在该书序言中所指出的,这种"图像证史"式的研究正是

---

① 胡戟、张弓、李斌城、葛承雍主编:《二十世纪后研究》,中国社会科学出版社2002年版,第494页。
② 蔡鸿生《序》,见《中国祆教艺术史研究》,生活·读书·新知三联书店2004年版,序1~8页。

对陈寅恪先生"诗文证史"、岑仲勉先生"金石证史"等中山大学优秀史学传统"独出心裁"的"发扬光大"。

澳门回归前夕，姜伯勤先生出版了《石濂大汕与澳门禅史——清初岭南禅学史初编》（学林出版社，1999年）一书，对清初著名禅僧石濂大汕的志、事、学、行、才、艺进行了抉微阐幽式的全方位描述，讨论了禅学的"南方风格"、岭南文化与江南文化的互动以及广府文化与越南文化的交流。该书"以艺术、文化与时代生活三者的结合，紧扣石濂大汕与清初澳门及岭南禅史这一主题，来展现大汕周围的人文世界"，对当时南方地区的政教生态、遗民团体、禅宗法系、文学艺术、社会生活诸方面进行了全方位揭示，展现出一个绚丽多姿的历史时代和惊心动魄的文化气象。该书仍然立足于陈寅恪先生在反映同一历史时代的大作《柳如是别传》中所采用的"心史"研究方法，表现出一种强烈的人文主义关怀和对历史智慧的追寻，因而被认为"网罗宏富、立义公正"，"所论深入胜理"，"建树不磨，足与山川同寿"，"必为传世之作无疑"。[①]

姜伯勤先生具有宏阔的学术视野，特别注意在继承吸纳前人优秀成果的基础上对国际前沿动态的把握，因此，其研究往往能得学术"预流"，其成果往往能够做到与传统和国际的双重接轨；在讨论中，常常由具体专题入手，通过对材料系统全面的梳理和对论题深入细致的分析探讨，在更广阔的历史背景上进行演绎升华，从而得出具有普遍意义的结论和认识，深受学界好评。

鉴于姜伯勤先生在五十余年的学术生涯中所取得的卓越建树，他的学术论著先后多次获得国家和省部级奖项，曾经担任第七至第十届全国政协委员、第三至第五届国务院学位委员会学科评议组成员及召集人，并担任过中国史学会副会长、中国敦煌吐鲁番学会副会长、中国敦煌石窟保护研究基金会副理事长等荣誉性学术职务，还被授予过"全国教育系统劳动模范"、"国家级有突出贡献的中青年专家"、"南粤优秀教师"等荣誉称号，2011年又获得首届"广东省优秀社会科学家"的荣誉称号。

[①] 饶宗颐《序》，见《石濂大汕与澳门禅史——清初岭南禅学史初编》，学林出版社1999年版，序1～2页。

隋末奴军起义试探

一、隋代关陇牧监与胡部聚落

> 走马山之阿
>
> 马渴饮黄河
>
> 宁谓胡关下
>
> 复闻楚客歌

这是魏末诗人董绍的《高平牧马》诗。① 诗中描绘的饮马胡关的牧区景象，直至半世纪后的隋代，还依旧保存于高平一带的旧有牧区。在那里，散置着隋朝的国家牧场和胡部聚落。

高平即隋之平凉郡（唐原州，今宁夏固原），隋时曾在此建置国有"羊牧"及"驼牛牧"。② 平凉及其以西的金城（今兰州）、陇西（今甘肃陇西西南）诸郡，设有"陇右牧"，③其中包括"骒骊牧"、"二十四军马牧"和"驴骡牧"。④ 平凉东南的扶风郡（今陕西凤翔），是"苑川十二马牧"与"沙苑羊牧"的所在地。⑤ 唐时凤翔府普润县、岐阳、石门等地，也都曾有隋故马牧或隋故"马坊"。⑥ 平凉东北的盐川郡（今宁夏盐池西北），还有"盐州牧监"，"统诸羊牧"。⑦ 除却国家牧监之外，在上

---

① 《魏书》卷七九《董绍传》。

②③ 《隋书》卷二八《百官志》。

④ 同上书。"二十四军马牧"系沿袭旧称。隋代通称十二军（参见谷霁光先生《府兵制度考释》第107页）。

⑤ 《隋书》卷二八《百官志》。

⑥ 《元和郡县志》卷二凤翔府普润县条："隋大业元年于此置马牧。"《旧唐书》卷一四一《张孝忠传附子茂宗传》："天兴县东五里有隋故岐阳马坊。"《全唐文》卷三六一郗昂：《歧邠泾宁四州八马坊颂碑》："且保乐者，隋石门马坊也。"（《元和志》卷三邠州三水县："石门山在县东五十里。"）

⑦ 《隋书》卷二八《百官志》。

郡（今陕西鄜县）、北地（今甘肃宁县）、安定（今甘肃泾川北）诸郡，民间亦"多畜牧"。① 北边的朔方郡（夏州，今陕西靖边北白城子）和灵武郡（今宁夏灵武）附近地区，隋初更一度成为突厥内附牧民的牧地。②

这些牧监散置的地区，也是胡族散居的地区。隋代史乘中不乏"陇右胡人"、"陇西诸胡"的记载。③ 灵武郡灵武县号称"胡地城"④。灵武西面的会州（今甘肃靖远东北），在隋平陈之后的年代，还聚居着"犹未宾附"的诸羌部落。⑤ 扶风以南的河池郡（今陕西凤县东）也杂有氐羌。⑥ 安定以东的关内地区，则是"恃险不宾"的"河西"稽胡的出没地。⑦ 这些胡族种落，直至北朝末年，其部落多未离散。⑧

隋代关陇的胡族聚落，大都是北朝"河西"胡部（包括赫连夏国旧治胡落、魏初徙入的高车降户和山居已久的稽胡）的后裔。北朝曾将"河西"胡人"沦为贱种，夷于皂隶"。⑨ "河西"胡民往往是"牧子""隶户"，身份上属于由固定种姓世代承担的杂户等级。因此，魏末529—536年间，风起云涌的河西"费也头牧子"起义，曾不断反抗国家马牧上"百世不免"的世牧制奴役。⑩

北朝奴役牧子的制度，在隋代依然沿袭下来。⑪ 隋代的关陇牧民，因

---

① 《隋书》卷二九《地理志》。
② 《隋书》卷八四《突厥传》。
③ 《隋书》卷五三《刘方传附陈永贵》。《隋书》卷五九《齐王暕传》。
④ 《元和郡县志》卷四灵州灵武县。
⑤ 《北史》卷三二《崔仲方传》（参见《隋书》卷六十）。又唐代牧监亦设在"会州之南"（《元和志》卷三原州监牧条）。
⑥ 《隋书》卷二九《地理志》。
⑦ 《周书》卷四九《稽胡传》。按河西在北朝指龙门河以西，非指河套以西。又，《隋书》卷二九《地理志》："雕阴、延安、弘化，连接山胡。"（参见《元和志》丹州、延州）
⑧ 参见周一良先生《领民酋长与六州都督》（前《历史语言研究所集刊》二十本）。另外，以公元529—536年间的河西费也头牧子起义为例：高欢伐纥豆陵伊利，"迁其部落于内地"（《魏书》卷十一《出帝纪》）。获费也头斛拔俄弥突，"迁其部落五千户以归"（《北齐书》卷二）。又如"（费也头万俟）普乃率部落来奔高祖"（《北齐书》卷二七《万俟普传》）。《周书》卷四九《稽胡传》载：564—567年间镇压丹、绥、银州诸胡时，仍须"散其种落"。以上皆说明河西胡人部落的保存。
⑨ 详说见周一良先生《论宇文周之种族》（前《历史语言研究所集刊》七本四分）："自魏太祖定中山，统一北方，于是鲜卑族之势力澎湃，而其他诸族悉沦为贱种，夷于皂隶。"
⑩ 详见唐长孺先生《魏晋南北朝史论丛》第210～215页。
⑪ 详说见本文第四节"奴军的身份"。

此也依旧蕴藏着斗争的火种。《隋书》卷五三《贺娄子干传》，记述了这个官僚对此种情势的深深的不安，传云：

> "高祖以陇西频被寇掠，甚患之。彼俗不设村坞，勒子干勒民为堡，营田积谷……子干上书曰：'……但陇右之民，以畜牧为事，若更屯聚，弥不获安。'"

贺娄子干对牧民发动斗争有一种预感。产生这种预感的背景，实际上是隋廷对牧民的残酷剥削和征调。隋朝王子齐王暕，曾遣亲信"诣陇西，挝炙诸胡，责其名马，得数匹以进于暕"①。开皇中揭发出来的陇西群牧诸监官吏的贪污案，透露出牧监统治的黑暗。②

在"百姓失业，西方先困"③的情势下，犹如一股旋风的"奴军"起义爆发了，它迅猛地席卷了关陇国有牧监地区。

二、灵武、平凉、陇西、金城、扶风诸郡的奴军

最早见于记载的奴军是大业九年（613）正月灵武白榆娑起义。④ 隋廷立即遣将军范贵前往镇压这支被诬称为"奴贼"的队伍。⑤

灵武郡即后魏薄骨律镇，是历史上传统的马牧所在（如汉代河奇苑即置于此）。隋初，启民部内附突厥牧民，曾"南入长城"牧作，他们不免与塞南牧户有过接触。所以，白榆娑在起义之初，就一面采取了"北连突厥"⑥的方针，一面则向陇右马牧进军。

进军陇右的目的是"劫掠牧马"⑦。虽然当时受诏抗阻奴军的隋廷将领元弘嗣"统强兵在陇右"⑧，但据《隋书》说，"奴贼"进军使"陇右

---

① 《隋书》卷五九《齐王暕传》。
② 《旧唐书》卷五九《屈突通传》（又见《续世说》卷十）："开皇中，为亲卫大都督，文帝遣通往陇西检复群牧，得隐藏马二万余匹。文帝盛怒，将斩太仆卿慕容悉达及诸监官千五百人。"
③ 《资治通鉴》卷一八一大业五年。
④ 《隋书》卷四《炀帝纪》大业九年正月条："灵武白榆妄称奴贼。"《通鉴考异》卷八从《略记》作白榆娑。"娑"误为"妄"，盖传抄之人以为有"白榆"其人"妄称奴贼"。王鸣盛《十七史商榷》卷六十六"白榆妄"条："白榆妄，疑人名，或读榆字绝，恐非。"
⑤⑥⑦ 《隋书》卷四《炀帝纪》大业九年正月。
⑧ 《隋书》卷七十《李密传》。

多被其患"。① 这一记载，反映了奴军在陇右的节节胜利。同年六月，史称其时"盗贼四起，道路南绝，陇右牧马尽为奴贼所掠，杨玄感乘虚为乱"②。"及玄感作乱逼东都"，抗击奴军的元弘嗣只得抽身"屯兵安定"③，"留守弘化"④。凡此说明，陇右奴军不但促进了山东反隋斗争的高涨，而且牵制了隋廷在关中的兵力。

最先镇压奴军的范贵，也同样是"经年不能克"⑤。他的这场战事，至少拖到大业十年正月以后。范贵又称作范安贵。⑥《隋左侯卫大将军右光禄大夫范公墓志铭》略云：⑦

"（大业）十一年，从幸楼烦郡。既而沙漠游魂，窥窃边鄙；阴山侯骑，时驰羽檄。公乃率敢勇轻赍言迈，身先士卒，……以十一年六月八日薨于行阵。"

岑仲勉先生把"沙漠游魂"看作奴军。他认为："志称沙漠游魂，窥窃边鄙，安贵乃率敢勇轻赍言迈，正与白榆妄等情形相类。炀帝五月己酉（十八日）始幸太原，避暑汾阳宫，如'漠北游魂'专指突厥入侵，炀帝似不致后来冒雁门之险也。"⑧ 范安贵在六月遭遇的敌手，的确不是后来入围雁门的始毕可汗大军，而是小股的"突厥贼"。据《通鉴考异》卷八引《大业杂记》云，是年"六月，突厥贼入岚城镇抄掠，遗范安贵讨击之"。⑨ 由于史料的缺略，我们不能断定此种入岚城抄掠的"突厥贼"与"奴贼"有无关系。不过，大业末年，隋廷曾遗窦抗"于灵武巡长城以伺盗贼"⑩，说明隋廷对塞南奴军"北连突厥"是怀有恐惧的。

---

① 《隋书》卷四《炀帝纪》大业九年正月。
② 《隋书》卷二四《食货志》。
③ 《隋书》卷七四《元弘嗣传》："明年，帝复征辽东，会奴贼寇陇右，诏弘嗣击之。及玄感作乱逼东都，弘嗣屯兵安定。"
④ 《资治通鉴》卷一八二大业九年八月。
⑤ 《隋书》卷四《炀帝纪》大业九年正月。
⑥ 参见岑仲勉（《隋书求是》第20页）、赵万里（《魏晋南北朝墓志集释》集释九）诸家的考证。
⑦ 见赵万里先生撰《魏晋南北朝墓志集释》图版五〇二之二。
⑧ 岑仲勉先生《隋书求是》第20页。
⑨ 岚城地近楼烦，时楼烦已有突厥移民。《资治通鉴》卷一八一大业八年：八年，春正月，帝分西突厥处罗可汗之众为三，又使特勒大奈别将余众居于楼烦。
⑩ 《旧唐书》卷六一《窦威传附窦抗传》。

大业十一年六月八日，最先镇压奴军的范安贵丧命了。这个"有名于世"①的将领的死亡，在隋廷引起了相当大的反响，史称"安贵死，百司震惧"②。与此形成强烈对照的是，奴军非但未被摧毁，反而在关中地区有了重大的进展。

"关内奴贼"于大业十二年（616）达到极盛。身为隋廷宰相的苏威，竟然建议炀帝"诏赦关内奴贼"，"遣之东征"③，这说明奴军已是一支多么雄强的战斗力量。这个时期，在关内扶风郡，先后集结了几支来自陇右马牧的奴军。

一支是"平凉奴贼"，或称"原州奴贼"。公元617年前后，平凉奴军数万人，包围扶风达数月之久。扶风太守窦琎负城顽抗。城外奴军后因"食尽"，补给困难，"众皆离散"，有千余骑为隋将丘行恭所获。丘行恭利用其中的"酋渠"，携带米麦牛酒往奴军军营劝降。丘行恭在阴谋杀害"奴帅"之后，极尽挑拨分化之能事，终于收编了这支义军，并于617年9月率往渭北投附了李世民。④

另一支是"陇西、金城郡奴贼"。《大唐创业起居注》卷三义宁元年（617）记载说：

"十二月，陇西、金城郡奴贼薛举等破贼率（帅）唐弼于扶风，自称天子。"

这里表明，平凉奴军失败三个月后，扶风城外仍有陇西和金城二郡的奴军。当时，扶风人唐弼曾有十万义军，欲投附李唐，因此被陇西、金城郡"奴贼"和薛举等部在扶风城外击破。⑤薛举则于十二月癸未自称天子。⑥这里要问的是，为什么史书将陇西、金城的奴军与薛举列在一起？

薛举原是隋府兵将领金城府校尉，"骁武绝伦，家产巨万"。公元617

---

① 《隋书》卷六四《王辩传》："时有将军鹿愿、范贵、冯孝慈，俱为隋帅，数从征讨，并有名于世。然事皆亡失，故史官无所述焉。"按《隋书》无范贵传，参见岑仲勉先生《隋书求是》第133页补《范安贵事略》。
② 《通鉴考异》卷八引《大业杂记》。
③ 《隋书》卷六七《裴蕴传》。
④ 《旧唐书》卷五九《丘和附子行恭传》。《新唐书》卷一《本纪》第一。
⑤ 《大唐创业起居注》卷三义宁元年十二月。按《旧唐书》卷五五《薛举传》载唐弼欲投附李唐事。
⑥ 《隋书》卷五《帝纪》恭帝义宁元年。

年4月才开始举兵。在此以前,"陇西群盗蜂起,百姓饥馁"。薛举在举兵之初,"掠官牧马,招集群盗,兵锋甚锐"①。当时在陇西金城"掠官牧焉"的"群盗",正是"奴贼"。"奴贼"被薛举"招集"了。后来在薛举的部将仵士政的部下中,有一名"逃死奴贼","奴贼帅"张贵②就是薛举招纳"奴贼"的一个印证。薛氏父子的武装在武德元年为李世民击败,薛氏军中的前奴军将领,遭到了苛于常例的迫害。武德元年十一月,秦王李世民"扑杀仵士政于殿庭,以张贵尤淫暴,腰斩之"。③

陇西、金城郡奴军于公元617年4月被薛举收编,平凉奴军于617年9月被丘行恭、李世民收编。据《通鉴考异》卷九引《高祖实录》记载,武德三年高祖曾说:"平薛举之初,不杀奴贼,致生叛乱。"表明奴军余众在失败后曾再次英勇反抗。在613—617年的五个年头中,驰骋在灵武、平凉、陇西、金城、扶风等马牧地区的奴军铁骑,曾对隋朝统治给予相当的打击。这些队伍"事奴为主",仅平凉奴军就有数万群众参加。④ 义军攻袭牧监,使隋廷马匹供给大大枯竭;抗击"名将",使各兄弟义军减轻了斗争的负担。在613年6月全国起义即将形成燎原之势的关键时刻,奴军曾起了促进作用。

在探讨隋末奴军的性质时,我们不禁要问:为什么灵武白榆妄被称"奴贼"呢?为什么平凉奴军的首领被称作"奴帅",尤其是被称作"酋渠"呢?所谓"事奴为主",这里的"奴"究竟是怎样的身份呢?——我们有必要进一步探索奴军的族系和社会身份。

三、奴军与胡

隋末奴军起义爆发在胡部聚落散置的地区,但关于奴军族系的记载却很少。

灵武奴军领袖白榆妄,其姓氏是稽胡和隋代"陇右胡人"中习见的

---

① 《旧唐书》卷五五《薛举传》。
② 《资治通鉴》卷一八六武德元年九月。《大唐新语》卷之五。《册府元龟》卷一三八《帝王部·旌表二》"常述"条。
③ 《资治通鉴》卷一八六武德元年十一月。参见《册府元龟》卷一二五《帝王部·明罚一》。
④ 《旧唐书》卷五九《丘和附子行恭传》。

姓氏。例如，隋时有"（陈）永贵，陇右胡人也，本姓白氏，以勇烈知名"。① 白榆裟的结尾音节"娑"，也是胡名中习见的字尾。② 可以说，白榆娑是一个典型的胡人姓名。

不过，此时的灵武胡户是自灵武东南迁入的。《元和郡县志》卷四"灵州"条云：

"灵武县，本汉富平县之地。后魏破赫连昌，收胡户徙之，因号'胡地城'。"

赫连夏旧治的杂胡，南迄平凉、上郡，东至夏州（隋朔方郡）。其中颇不乏白姓的胡人。如北魏太平真君六年（445）九月，卢水胡盖吴起义，至十一月，曾"遣其部落帅白广平西掠新平、安定"③。北周天和二年（567）有"稽胡白郁久同、乔是罗"等欲袭银州官军。④ 至于后魏从赫连夏故地徙出的胡户，多被驱之牧畜执役。

陇西、金城、扶风诸郡奴军的族系，可从薛举军中探查些微的消息。李世民曾说，薛举军中"（宗）罗睺所将皆陇外之人，将骁卒悍"⑤。《元和郡县志》卷三"邠州宜禄县"条：

"初，金城人薛举称兵，攻破郡县。武德元年（618）举寇泾州，屯兵于安定县之折墌城。……会举死，其子仁果（《资治通鉴》作杲）统其众，并羌、胡十余万数来挑战。"

这里说明，薛举军中除常见于记载的羌人⑥之外，还杂有"胡"人。又据《大唐新语》卷之五（参见《资治通鉴》卷一八六武德元年九月）略云：

---

① 参见姚薇元先生《北朝胡姓考》第295页。唐长孺先生《魏晋南北朝史论丛》第413、424页等。《隋书》卷五三《刘方传》。
② 《敦煌资料》第一辑第108页有"安忽娑"，安为安国胡姓。《魏晋南北朝墓志集释》集释九有"翟突娑"，翟为胡姓。
③ 《魏书》卷四下《世祖纪》。
④ 《周书》卷四九《稽胡传》。
⑤ 《资治通鉴》卷一八六武德元年十一月。
⑥ 《旧唐书》卷五五《薛举传》：时有羌首钟利俗拥兵二万，降薛举。《资治通鉴》卷一八六武德元年十二月：初，羌豪旁企地以所部附薛举。《旧唐书》卷六一《窦抗传》：薛举部将钟俱仇曾与"赤排羌"攻汉中。

"常达为陇州刺史,为薛举将仵(士)政所执,以见举,……有奴贼帅张贵问达曰:'汝识我?'达曰:'汝逃奴耶!'(《资治通鉴》作'汝逃死奴贼耳!')瞋目视之。大怒,将杀达。"

既然薛举军中杂有胡人,而张贵又是薛举收编的"逃死奴贼",在北朝,马牧地区的牧奴厮养杂户之徒,按通例是由"杂胡"、"诸种杂人"担任的;加之,秦陇张氏本是杂胡"屠各"的大姓①,奴军故地如平凉(高平)、扶风都曾是屠各的主要居地②。唐长孺先生在考察屠各姓氏时指出,屠各分布的"各个区域的姓氏是有区别的,只是张姓比较普遍"③。以上几点理由,使我们怀疑张贵之张,或即杂胡屠各之张氏。由于史料的缺略,这一问题有待将来再考。但是,从薛举军队之杂有羌胡的事实,不是多少也说明奴军与羌胡不无关系吗?

关于"奴贼",还有一条时代欠明的材料。《元和郡县志》卷四"丹州云岩县"条(《太平寰宇记》卷三五略同):

"库利川在县郭南,昔有奴贼居此川内,稽胡呼奴为库利,因名之。"

库利川即今延安东南之汾川水,在《水经注》(约写于北魏延昌正光——公元515年至524年——年间)之中,尚作"黑水"④。而"稽胡"一名自北周才开始使用(前此称"山胡",魏末始有"步落坚"之称)⑤。有关库利川的系年记载,最早者属武德元年(618)⑥及唐咸亨四年(673)。⑦《元和志》和《寰宇记》所记库利川流经地的起义,也无北魏时记载,而只有周隋时的事件,如:

---

① 《北朝胡姓考》第278页。
② 《魏晋南北朝史论丛》第387、388页。
③ 同上书,第396页。
④ 杨守敬、熊会贞等撰《水经注疏》卷三河水三:"河水又南合黑水,水出定阳县西山。"按:定阳所出"黑水",即《元和志》与《寰宇记》中之"库利川"。近世以来,其上游称"麻洞川",下游称"汾川"。参见杨守敬《水经注图》南三卷西三,孙彤《关中水道记》卷一"黑水(库利川,汾川水)"条。
⑤ 《魏晋南北朝史论丛》第440页。
⑥ 《元和郡县志》卷四"丹州云岩县"条:"武德元年分义川县置,在库利川南。"
⑦ 《太平寰宇记》卷三五丹州云岩县,其县城于"咸亨四年移居库利川"。

566年（周天和元年）：稽胡攻破临真城。①

614年（隋大业十年）："胡贼"郝仁郎攻陷库利川北之盛寒原。②

616年（隋大业十二年）：临真城自周天和元年后移于流川。是年张诮又攻破之。库利川在临真县北一十五里。③

617年（隋大业十三年）：延平县（即丹州义川县）为"胡贼刘步禄"所据。④

我们知道，库利川"奴贼"有两个特点：第一，是稽胡。第二，居在库利川内。自大业八年（612）之时起，"弘化、延安等数郡，盗贼蜂起，所在屯聚"。⑤ 大业十年（614）五月，延安刘迦论结稽胡起兵，稽胡首领刘鹞子聚众与迦论相呼应。⑥ 至唐武德四年（621），鄜州地区有稽胡刘仚成起兵⑦。唐永淳二年（683），绥州城平县"部落稽"胡白铁余起义⑧。这些起兵都有稽胡参加，可惜我们不知道他们与库利川有无关系。但是，在前面列举的566—617年的诸次起义中，或者写明为"稽胡"、"胡贼"，或者其领导者多具稽胡姓氏（如刘氏、郝氏）⑨。更重要的是，他们活动在库利川周围的地区。所以，库利川"奴贼"的年代，极可能是周隋之间，特别是566—617年之间，即大致上略早于或相近于关陇奴军的年代。

总括说来，我们从奴军族系的粗略考察中，可以依稀辨别出他们与北朝"河西胡部"有一脉相承的历史联系。

---

① 《太平寰宇记》卷三六延州临真县。
② 《太平寰宇记》卷三五丹州汾州县。
③ 《太平寰宇记》卷三六延州临真县。
④ 《太平寰宇记》卷三五丹州。
⑤ 《隋书》卷四一《苏威附子苏夔传》。
⑥ 《旧唐书》卷五九《屈突通传》。
⑦ 《旧唐书》卷六四《隐太子建成传》。
⑧ 《旧唐书》卷八三《程务挺传》。《太平广记》卷二三八，以白铁余为"延州稽胡"。
⑨ 《北朝胡姓考》，第47～48、252页。

四、奴军的身份

隋代奴军可以看出是北朝河西胡部的遗民，他们是否仍然被"沦为贱种，夷于皂隶"呢？他们究竟是一般意义上的奴隶，还是有别于奴隶的"牧子"、"杂户"呢？

"库利川"这条纪念"奴贼"的"奴水"，特别值得玩味。第一，《元和志》说："库利川在县郭南，昔有奴贼居此川内，稽胡呼奴为库利，因名之。"稽胡在《新唐书》、《旧唐书》及《寰宇记》中写作"部落稽胡"，他们实际上是部落胡人。如果库利川之"库利"，是指部落中被奴主压迫的奴婢，部落酋领决不会许可以"库利"命河水之名。只有当全部落俱为"库利"时，"库利"才得以成为一条河的名字。

第二，自从19世纪在和硕柴达木发现《阙特勤碑》等古突厥卢尼文碑铭后，我们确信，丹州稽胡语言中的"库利"，相当于古突厥文中的 qul，意思相近于"奴"。① 但 qul 一词的含义，在古突厥人的习惯中，比之中原习见的对"奴"一字的理解要宽泛得多。

岑仲勉先生译《阙特勤碑》东面第七至八行云：②

> "贵族子弟，陷为唐奴，其清白女子，降作唐婢。……遂服从唐皇，臣事之者五十年。"

碑中所说"陷为唐奴"，实指唐太宗接受突厥降民徙于河南一事。太宗"全其部落"，"又不离其土俗"，对于其部落首领，俱授高官，厚加赏赐。所以"唐奴"实质上是"唐臣"③ 或属民的意思。《阙特勤碑》又说，突厥打败黠戛斯拔塞匐之后，其"可汗被戮，其民众亦降为奴隶婢妾"。④ 当时突厥属部的义务，除了出军，是"屈膝点头"（跪拜朝觐）和"遣发

---

① 岑仲勉先生撰《隋唐史》第442页，《突厥集史》下册第1129页。按：《太平寰宇记》卷三六延州临真县又载："库利川在县北一十五里。按葛鸡耆老云：土地沃壤，五谷丰饶，胡称贮旧谷为库利。"此以"库利"为"贮旧谷"，本待。

② 《突厥集史》下册第880页。

③ 《隋书》卷八四《突厥传》：沙钵略谓其属曰："何名为臣？"报曰："隋国称臣，犹此称奴耳。"沙钵略曰："得作大隋天子奴，虞仆射（庆则）之力也。"

④ 《突厥集史》下册第882页，碑文东面第二十行。

车队"（纳贡）。黠戛斯人降为奴婢，实是降为臣部或役属部落。

《阙特勤碑》的"唐奴"之"奴"，原系 qul 一词。① 突厥学家 A. H. 伯恩斯坦在说到 qul 这个词时，指出它不仅有奴隶的意思，而且也指贡纳者。② 我们从上引诸例中感觉到，"库利"一词在指个体时有"奴"、"臣"、"贡纳者"诸种含义，而在指一个部落集体时，多系指属部、臣民或役属部落。

来自代北的鲜卑人，也往往把役属者称作"奴"。高欢是能讲鲜卑语的，"其语鲜卑则曰：汉民是汝奴，夫为汝耕，妇为汝织，输汝粟帛，令汝温饱"。③ 看来，鲜卑语也正是把"输汝粟帛"的贡纳者称为"奴"的。

从代北语言的习惯来看，居住在"库利川"这条"奴水"之上的"部落稽胡"，其所以称号"库利"，指的是该部落已"沦为贱种、夷于皂隶"的事实。④《魏书》卷四《世祖纪》所载太平真君六年的北魏诏书，不是把杂种徙民叫作"诸种杂人"吗？所以，库利川"奴贼"之"奴"，是役属部落的意思。

作为河西胡部遗民的灵武、平凉、金城、陇西、扶风诸郡的"奴贼"，除了是役属部民，其领袖还被看作个体的"奴"（如所谓"事奴为主"），这种"奴"又是怎样的身份呢？

有两件事情使我们想起以上诸郡奴军与牧监牧子的关系。一件是：关陇奴军出没于牧监，"劫掠牧马"，"陇右牧马尽为奴贼所掠"，薛举在"招集群盗"时亦"掠官牧马"，平凉奴军又多骑兵，奴军所及之地多系牧监。第二件事情是：奴军的出没地，也是八十年前河西费也头牧子起义的战场。灵武奴军的义乡，正是薄骨律镇（灵州）费也头牧子起义的故

---

① 参见 C. E. 马洛甫：《古突厥文献》（C. E. Малов：Памятники Древнетюркской Письменности）1951 年版，第 29、37、415 页。

② A. H. 伯恩斯坦：《六至八世纪鄂尔浑叶尼塞突厥人社会经济制度》（А. Н. Бернштам: Социально-зкономический строй орхоно-енисейских Тюрок VI—VIII Веков）1946 年版，第 125 页。

③ 《资治通鉴》卷一五七梁武帝大同三年。

④ 稽胡常充役徒。隋开皇元年四月，"发稽胡修筑长城二旬而罢"。（《隋书》卷一《帝纪》、卷四七《韦冲传》）仁寿四年，并州汉王谅"还稽胡守堞"（《隋书》卷四五《汉王谅传》）。

地。① 而平凉奴军的起义地，其附近地区在魏末亦有费也头活动。② 所谓"费也头"（"破野头"）是"皂隶"或"牧子"的意思。这与"奴贼"之"奴"不能说不是一个巧合。所以，唐长孺先生在提到隋末奴军时曾提示道："我想这个白榆（婆）就是马牧的牧人，他自称奴贼，亦即表示牧人的身份。这一件事令人联想到灵州附近的费也头。"③ 他又说，所谓费也头牧子，"他们应是半自由的牧奴，其地位相当于农奴"（详说参见原书）。④

隋代"牧子"的性质如何？他们的人身待遇怎样？我们仅能在《唐律疏议》当中得到些微的线索。

唐律反映了不少隋代的情况。原来，"唐律因于隋开皇旧本"⑤。"疑唐初修律诸人，仅择开皇律之苛峻者，从事修正，其他条项亦无更改。"⑥ 如《唐律疏议》卷十五《厩库》云：

"后魏太和中，名牧产律，至正始年，复名厩牧律。历北齐后周，更无改作。隋开皇以库事附之，更名厩库律。"

据《厩库》律记载，当时牧监上牧养有马、牛、羊（羖羊、白羊）、驼、骡、驴等。在牧监、副监丞簿之下，置牧尉，下统牧长及牧子。牧子和牧长是主要生产者。⑦

牧子、牧长每年课纳牲口，每百匹牲口，依不同种类分别课六十至八十匹。但更重要的是人身待遇极苛。凡过限"死失及课不充者，一牧长及牧子，笞三十……罪止徒三年"。他如"放饲瘦者"、"系饲死者"，都要分别处以笞刑、杖刑。如："杂畜一死，笞四十，罪止流二千里。"以失落牲口一事为例，据《唐律疏议》称："失者又加二等，以其系饲，不

---

① 《魏晋南北朝史论丛》第210、212页。
② 《魏书》卷八十《贺拔胜附贺拔岳传》，谓贺拔岳"身将壮勇，托以牧马于原州，北招万俟受洛于（干）等并远近州镇聚结者"。万俟受洛干系"费也头牧子"，原州即隋平凉郡。
③ 《魏晋南北朝史论丛》第215页。
④ 同上书，第216页。
⑤ 陈寅恪先生撰《隋唐制度渊源略论稿》，《刑律》篇，第113页。
⑥ 程树德：《九朝律考》，第425页，《隋律考序》。
⑦ 《唐律疏议》规定，牧长的法律待遇与牧子同样苛刻。据《唐六典》卷十七载："群有牧长及尉。（原注：补长以六品以下子白丁杂色人等为之。补尉以散官八品已下子为之。）"唐代牧长亦得以"杂色人等"充，可知牧长身份亦极低下，与牧子相近。

合失落，故加二等。称又者，明累加，即失一，杖六十，罪止流三千里。"① 这即是说，死落牲口比饲死牲口的罪责更重。但是，在反映唐代开元以前制度的《唐六典》一书中，对此有完全不同的规定。那里说："凡官畜在牧而亡失者，给程以访；过日不获，估而征之。（原注：谓给访限百日，不获，准失处当时估价征纳，牧子及长各知其半。若户奴无财者，准铜，依加杖例。）"② 比较两书，发现《唐六典》中的牧子只需"估价征纳"，赔偿了事；而《唐律疏议》中的牧子却须得遭受酷刑，相当于《唐六典》中户奴的待遇。

以上更证明《唐律疏议》中的牧子，实际上是隋代以前的牧子。在经济奴役上，他们与唐代牧子同样受"课纳制"剥削；但在人身奴役上，他们就不同唐代牧子了。唐代牧子有一定的个体经济，可以依价赔偿失落牲口。而隋代牧子是受到苛暴的超经济强制的半自由人。

诚然，隋代牧场可能有少量奴婢，就是唐初牧监亦有"户奴"、"僰僮"。但是，根据一般通例，牧场上的奴隶极易携马逃亡，封建社会的游牧经济中很难保存大量、普遍的奴隶制关系。所以牧监最广大的生产者牧长、牧子不是奴隶。按《唐律疏议》说："杂户者，谓前代以来，配隶诸司，职掌课役，不同百姓。"③ 牧子属太仆寺，按北朝习惯，牧户相当于杂户。扶风郡岐阳一带本有隋故"马坊"④，而唐初景龙中，"泾岐二州有隋代蕃户子孙数千家"⑤。蕃户是比杂户略低一等的一种官户。⑥

既然隋代牧监的主要生产者是人身上半自由的牧子，那么"劫掠牧马"、使"陇右多被其患"的奴军骑兵，他们之所谓"奴"，实际上是指牧监地区的役属部民中的半自由牧人。

---

① 以上俱见《唐律疏议》卷十五《厩库》。
② 《唐六典》卷十七"太仆寺诸牧失官畜"条。
③ 《唐律疏议》卷三名例三。
④ 《旧唐书》卷一四一《张孝忠传附子茂宗传》。
⑤ 《旧唐书》卷一八八《裴守真传》。
⑥ 《唐会要》卷八六："隋代蕃户"作"隋代番户"，又谓："旧制，凡反逆相坐，没其家为官奴婢。一免为番户，二免为杂户，三免为良人。"

五、后　　论

隋末奴军不是汉族农业区的奴隶，而是北朝"河西牧子"的子孙。北朝期间，北魏迁洛的代迁户和西魏北周的关中府兵兵户都先后汉化了。① 为什么河西牧子的汉化，迟迟没有完成呢？

主要原因是关陇牧监地区保存着世袭牧子制。直至北朝末季，"诸伎作、屯、牧、杂色役隶之徒"，都是低于"白户"（平民）的等级。② "杂役之徒，独异常宪，一从罪配，百世不免。"③ 这种落后的生产关系，阻碍了他们向发达的封建经济过渡，也阻碍了他们的汉化。

隋末奴军作为北朝"费也头牧子"起义的继续，其主要功绩，是对于河西胡部之"沦为贱种、夷于皂隶"的传统，做了一次相当程度的清洗。

隋末农民战争打击了北朝等级制立法中的杂户法。《大唐创业起居注》卷二大业十三年八月：

> "（李渊）其破霍邑，攻战人等有勋者，并依格赏，受事不踰日。惟有徒隶一色，勋司疑请。教曰，义兵取人，山藏海纳，逮乎徒隶，亦无弃者。……诸部曲及徒隶征战有功勋者，并从本色勋授。"

同卷又云：

> "（俘降之徒）其丁壮胜兵者，即遣从军，配左右领军大都督；还取其同色同党自相统，处之不为疑异。俘降之徒，不胜喜跃，欣若再生。"

引文中的"色"，即身份等级。在北朝，"俘降之徒"往往被徙配为杂户。李渊不但对"俘降之徒""不为疑异"，而且对有功"徒隶"（杂户奴婢）"从本色（平民白户以上等级）勋授"。这都说明，隋末农民战争的打击，使统治者已不能维持北朝杂户法的旧制。

---

① 参见唐长孺先生《魏晋南北朝史论丛续编》，第 142～146、152～153 页。
② 《北齐书》卷四《文宣帝纪》天保二年（551）九月诏。
③ 《周书》卷六《武帝纪》下建德六年（557）八月诏。

隋末农民战争以后，据唐初均田令规定，"凡官户受田，减百姓口分之半"①，而在此时以前，是不见官杂户受田的。唐代的"杂户及太常音声人，各附县贯，受田、进丁、老免，与百姓同"②。上番执役的杂户，甚至可以纳资代役。③ 这种杂户，实际上已不复是北朝的那种杂户了。

　　在旧有杂户制衰落的背景下，可以说，隋末奴军首要的历史作用，就是打击了马牧中的旧有奴役关系，使牧子身份有所提高，从而促进了唐初马牧生产力的高涨。

　　失败了的奴军，一部分重新回到陇外。④ 唐初，重新在奴军活动的故地，如兰、渭、原、秦（金城、陇西、平凉、天水）四州设陇右牧监。后来，又在关中的岐（扶风）、豳、泾、宁四州设八马坊。太仆少卿"张氏三代典群牧，恩信行于陇右"⑤。贞观至麟德、开元至天宝等时期，牧监统治比较开明了一些。

　　唐长孺先生指出："牧子的名称在唐代还沿用，《唐六典》卷一七'太仆寺诸牧监'条有注云：'牧子，谓长上专当者。'那就只是专职牧人的名称。"⑥ 这即是说，唐代"牧子"的含义，已与隋以前不同。

　　唐代牧监居民被称作"长户"。郗昂《岐邠泾宁四州八马坊颂碑》有云"四郡齐人，八坊长户"⑦，表明四郡的居民是齐人（齐民、编户），而八马坊的居民是"长户"。张说《大唐开元十三年陇右监牧颂德碑》载王毛仲任闲厩使及监牧使时，有"五使长户三万一千人"⑧。是年（725）陇右监牧有马牛羊共七十六万六千匹（头、口），平均每一"长户"饲理大小牲口二十五口左右，这正说明陇右牧监五使所统领的数盈三万的"长户"，是马牧的主要生产者。⑨

---

① 《唐六典》卷三《户部尚书》。
② 《唐律疏议》卷十七《贼盗》一。
③ 《唐六典》卷六"刑部都官郎中员外郎"条。
④ 《旧唐书》卷二《太宗纪》："且其（薛仁果）兵众皆陇西人。一败披退，不及回顾，散归陇外……。"其中当杂有"奴军"。
⑤ 唐长孺先生撰《唐书兵志笺证》卷四，第113页。
⑥ 《魏晋南北朝史论丛》第215页。
⑦ 《全唐文》卷三六一。
⑧ 《张说之文集》卷十二。
⑨ "长户"意义不详。"长户"不是指"牧长"，据《唐六典》记载，马百二十为群置一牧长，依开元十三年全部牲畜数，仅需牧长四五千人。疑"长户"即"长上专当"的"长上户"。

这种"长户"的主要特点,是有相当发达的个体经济,王毛仲曾"纳长户隐田税二万五千石,以俭私肥公"①。唐初,牧监生产已过渡到种植牧草饲料的定居畜牧,②并且是农牧并作的。这种生产力的进步,与"长户"的个体经营是分不开的。

另一方面,如郗昂在说到歧州等八马坊的维修工程时说:"所云籾茭,许用正钱,今则量抽掌闲供饲国马数内商榷,纳其资课,回给工人,计一岁省库钱七百贯有奇。"③ "掌闲供饲"的马坊生产者可以纳资代役,这是其人身依附关系减轻的表现,也是其个体经营发达的标志。

虽然,《唐六典》中还有"户奴"的记载,而王毛仲也曾"贾死畜,贮绢八万,往严道市僰僮千口"④ 充作"牧圂"⑤。严道,今四川荣经县治。往当时存在奴隶贸易的西南地区购买"僰僮",其手段与北朝将俘降部落沦为贱民是根本不同的。重要的是,唐朝再也没有将漠北牧部(如贞观间的突厥降部)"沦为贱种,夷于皂隶"。与此相反,唐太宗是用"一视同仁"的开明民族政策,来优抚塞北迁民。

随着牧监生产关系的调整,牧监生产力有了长足的进步。唐初仅有牧马五千匹。贞观至麟德四十年间(627—665),马至七十万六千匹。天宝十三载(754)陇右群牧有马牛驼羊总六十万五千六百。⑥ 贞观麟德之时,"天下以一缣易一马,秦汉之盛,未始闻也"⑦。所以说,"唐朝前期的养马业,是历代最盛的"。⑧ 牧监生产力的高涨,给隋末奴军的历史作用作了极好的注脚。

隋末奴军起义的第二个历史作用,是促进了奴军起义地区的胡族汉化。

河西胡部的子孙,随着从事农业而逐渐汉化。唐初,陇右牧监生产者已十分谙熟农业。陇右牧监"五使长户数盈三万,垦田给食,粮不外资,

---

① 《张说之文集》卷十二。
② 同上,碑云:"莳菏麦苜蓿一千九百顷,以菱蓄御冬。"
③ 《全唐文》卷三六一。
④ 《张说之文集》卷十二。
⑤ 《新唐书》卷一二一《王毛仲传》。
⑥ 《新唐书》卷五〇《兵志》。
⑦ 《张说之文集》卷十二。
⑧ 谢成侠先生撰《中国养马史》第114页。

以勤农却辇"①。关中"八坊营田一千二百三十余顷,析置十屯。密迩农家,悦来租垦"②。到了唐代中叶宝应年间（762—763）,凤翔节度使以监牧付给贫民为业。③ 这个例子反映了当时牧区缩小、农区扩大的趋势,也说明了马牧居民的汉化。

隋末奴军中的河西胡部子孙,一部分在义军失败后由唐朝收编为府兵,从而逐渐汉化。"平凉奴贼"由丘行恭率往渭北降附李世民,丘行恭后任左一府骠骑,更以功迁左卫将军④,当了府兵将领,平凉奴军则被包括在太宗十三万大军中⑤,成了关中府兵。武德元年（618）,李世民在战胜薛仁果后"获贼兵精骑甚众"⑥,其中亦当杂有"陇西、金城郡奴贼"。

原属太宗麾下的关中府兵,自武德二年后分隶十二军。⑦ 十二军是军户聚居、耕战并重的军队。其将军的职责是"督以耕战之事"⑧,"军有坊,置主一人,以检查户口,劝课农桑"。⑨ 通过这种地著化、农桑化的军府生活,接触了农业的河西胡部牧人的子孙逐渐汉化。后来,十二军废置,贞观间在各州县散置折冲府。其时"州县有境界,折冲府有地团"⑩。地团内兵户聚居,而地团又分散在州县的一般编户中,这种大分散小集中的散居,也更加促进了胡裔的汉化。

至于库利川奴军的起义,对当地稽胡的汉化有重要影响。稽胡的族源十分复杂,⑪ 在北朝被视为"生胡"、"山胡",山居的生活与"沦为贱种"的地位,使其汉化相当缓慢。直至唐初,"居近北边"的"稽胡部

---

① 《张说之文集》卷十二。
② 《全唐文》卷三六一。
③ 《旧唐书》卷一四一《张孝忠传附子茂宗传》,参见《唐书兵志笺证》第122～123页。
④ 《旧唐书》卷五九《丘和传附子行恭传》。
⑤ 《旧唐书》卷二《太宗纪》。
⑥ 同上。又《元和志》卷三"邠州宜禄县"条：太宗"斩首万余级","俘其精兵万余人,男女五万口"。
⑦ 《唐书兵志笺证》卷一第5～7页。《府兵制度考释》第129～132页。
⑧ 《唐会要》卷七二"京城诸军"条。
⑨ 《唐书兵志笺证》卷一第8页。
⑩ 《唐律疏议》卷第九《职制》上。《府兵制度考释》第128～142页。
⑪ 关于稽胡族源问题,诸家见解各有不同。参见周一良先生《北朝的民族问题与民族政策》（《燕京学报》三九期）,唐长孺先生《魏晋杂胡考》（《论丛》第439～444页）,岑仲勉先生《隋唐史》第441～442页,马长寿先生《北狄与匈奴》第五节。）

类"，仍"未悉从化"①。北周之时，"居河西者，多恃险不宾"，"语类夷狄，因译乃通"②。

然而，正是在公元566—617年库利川稽胡起义频频爆发的年代，这个地区的汉化加强了。

据《元和志》引《隋图经》③云："义川本春秋时白翟地。今其俗云：丹州白室，胡头汉舌，其状是胡，其言习中夏。白室，即白翟语讹耳，近代号为步落稽胡。"④从"语类夷狄，因译乃通"到"胡头汉舌"，"言习中夏"，这是周隋几十年间的一个重大变化。又据《太平寰宇记》卷三五"丹州宜川县"条：

"库硙川在县西北二十里，从云岩县界入合丹阳川。按《图经》云：川南是汉，川北是胡，胡汉之人于川内共结香火。故唤香火为库硙，因此为名。"

代北胡人把结为义兄弟叫作"香火重誓"（如契胡尔朱兆曾与高欢结为香火），⑤《图经》所记载的"共结香火"，是胡汉兄弟在长期生产斗争和阶级斗争中结成的友谊的结晶。

唐代前期关于稽胡的记载逐渐减少。除了前述绥州稽胡白铁余起义之外，武后时，六胡州、丹、隰、绥等州，居有"稽胡精兵"，他们被当作屏障一方的"塞上之兵"⑥（前面说过，唐初耕桑并重的军府是促进胡人汉化的处所）。开元年间，有个别的慈州山居稽胡猎户的记载。⑦至广德元年（763），据仆固怀恩说，当时有"鄜、坊稽胡草扰"⑧。唐中叶以后，稽胡的族名消隐了。⑨他们终于完成了汉化。

---

① 《唐大诏令集》卷一百三十《命皇太子讨稽胡诏》（武德四年九月）。
② 《周书》卷四九《稽胡传》。
③ 《太平寰宇记》引作《隋图经杂记》。
④ 《元和郡县志》卷四丹州。
⑤ 见《北齐书》卷一《神武纪》。有关"香火"的记载，又如《通典》卷一九七上《突厥》上：武德七年，"太宗又命骑告突利曰：'尔往与我盟，急难相救。尔今将兵来，何无香火之情也？'"又，崔令《教坊记》"坊中诸女"条，有"香火兄弟"之谓。
⑥ 《陈子昂集》卷八（中华书局版第279页）。
⑦ 《太平广记》卷四二七"稽胡"条："慈州稽胡以弋猎为业，唐开元末逐鹿深山……"。
⑧ 《旧唐书》卷一二一《仆固怀恩传》。
⑨ 史称李光进为"河曲部落稽"。岑仲勉先生已予驳正（见《隋唐史》第450页）。

在初步探讨了奴军起义与胡族汉化的关系之后,还可以概括出这样两点认识:一点是,杂户制是当时生产关系中的腐败环节,在一定时期和一定地区,它往往成为阻碍少数民族汉化的力量,而反抗和打击这种奴役制度的阶级斗争,则成为推动兄弟民族汉化的动力。另一点是,各族人民在共同进行阶级斗争的时候,他们促进了自然同化因素的增长。库利川奴军附近地区的胡汉"共结香火",以及当地稽胡之"言习中夏",就是这种自然同化因素的表现。

我们简略回顾了奴军的历史。这支奴军队伍的活动,显示了一个重要的事实,即:波澜壮阔的隋末农民战争,实际上是以汉族农民为主、由各族儿女共同参加的斗争。以关陇为例,除了奴军和多次稽胡起义之外,司竹园起义曾一度由西域胡何潘仁①参加领导,安定荔非世雄起义,则是由羌人所领导的。② 这说明,各族人民共同进行的阶级斗争,是祖国历史发展的动力。我们伟大的多民族祖国,是由世世代代的各族儿女的血汗所缔造起来的。

(原载《历史研究》1963年第4期)

---

① 《册府元龟》卷三四五《将帅部·佐命六》:"何潘仁,西域胡人,父浑邪,通商中国,隋初始居鄠屋。"参见《旧唐书》卷六二《李纲传》。

② 《隋书》卷四《帝纪》大业十二年,荔非氏系羌姓,见《北朝胡姓考》第333页。

中国田客制、部曲制与英国维兰制的比较研究

一、中国田客制、部曲制的法典化与英国普通法中维兰制的形成

中国皇家敕令中所见的田客制出现于3世纪三国时期①。它衰落于隋代，然后，以"地客"制的名目残留至两宋，并消失于13世纪宋元之际②。

中国皇家勒令中业已法典化的部曲制，正式出现于北周武帝时③。7—12世纪的王朝法典《唐律疏议》和宋《刑统》记录了相当完备的"部曲法"④。中国部曲法在其正式产生后，在法律上并不适用于田客（地客）。

从法典化的角度观察，田客制与部曲制究竟有无实质上的区别？法令里出现的田客、部曲之中，谁是真正的农奴？中国封建依附农民的存在虽可上溯到三国以前，但记入法典的过程却非常缓慢，而国家法典中严格意义的"部曲法"出现得更为迟晚。这种徐缓的进程，是否是中国中古历史上所独有的现象？

为了回答上述问题，比较研究英国普通法中维兰制形成的历史，将不无裨益。

---

① 《三国志·吴志·周瑜传》："后著令曰：故将军周瑜、程普，其有人客，皆不得问。"此为田客见于"令"之一例。参见唐长孺：《魏晋南北朝史论丛》，第25页，北京，1955年。

② 漆侠：《宋代以川峡路为中心的庄园农奴制》，见《求实集》，天津，1982年。

③ 《周书》卷六《武帝纪》建德六年（577）十月诏，谓奴婢放免时"若旧主人犹须共居。听留为部曲客女"。唐长孺先生云："部曲作为法律上的贱口名称始于北朝。"见唐著《魏晋南北朝时期的客和部曲》，载《魏晋南北朝史论拾遗》，第17页，北京，1983年。

④ 参见沈家本：《部曲考》，见《沈寄簃先生遗书》。沈家本是近代中国把部曲问题作为法制史研究的先行者。《唐律疏议》制作于7世纪，见杨廷福《唐律初探》所载《〈唐律疏议〉制作年代考》，天津，1982年。

1. 维兰制法典化历史的启示

英国普通法是诺曼人在国王法庭建立的国家法典。维兰制（villeinage）即普通法中用指农奴制的术语。villeinage 和 serfdom 都可译为农奴制。但 serfdom 可更广泛地用指经济上、法律上、社会上的不自由人制度或依附民制度。而 villeinase 则是一个较狭窄的特殊法律术语①。

英国普通法中维兰制的进化历程，据巴尔格研究，应以 1086 年威廉一世的全国赋税土地调查为起点，而完成于亨利二世（1154—1189）的司法改革②。

在威廉一世征服以前，盎格鲁撒克逊时代的国王法与已经产生封建依附农民的社会经济现实之间存在着矛盾。尽管从"刻尔"这种公社自由农民中已经分化出了封建依附农③，但《克纽特法典》（1020—1023）仍把"刻尔"视作自由人。在 11 世纪初年唯一的习惯法文献《人民的权利与等级》④ 中，实际上自由的庄稼人已几乎消失，而从公社成员中已经滋生了称为"吉布尔"的类农奴。这就是说，役使类农奴的经济现实已经反映在习惯法文献中，但国家法典中却还没有出现维兰制。

"维兰"一词系由诺曼底输入英国，原意指"村民"。"维兰"一词在英国大量出现于威廉一世的调查记录《末日审判书》中。据《末日审判书》统计，在所登录人口中，作为不自由人的 servi（奴隶）占 9%，维兰、保达、卡特尔合占四分之三。从维兰、保达等不是 servi（奴隶）这一意义上来说，维兰是自由人。当然，由于登录持有地状况及身份状况的含混，有些维兰可能与自由人（liberi homines）一样，有些则与 servi 差不多⑤。直到 12 世纪初的法律汇编之中，维兰仍作为普通自由人

---

① Fohn Hatcher，《English Serfdom and Villeinage: Towards a Reaseasment》，见《Past and Present》第 90 号，第 3 页附注 1，1981 年 2 月。

② 以下有关本问题的叙述，主要参考：М. А. Барг，《Иселедования по истории английского феодализма в XI—XIII вв.》第 4 章，莫斯科，1962 年。

③ 孔令平：《试论英国盎格鲁撒克逊时代的封建依附农制》，《吉林大学社会科学论丛》历史专集，1980 年，第 2 号。朱寰主编：《世界中古史》，第 76 页，长春，1981 年。

④ 本件一般认为是一件庄园管理文件，而巴尔格则认为是"习惯法文献"（见 Барг 前揭书，第 233 页）。怀特洛克指出：本件有盎格鲁撒克逊文本及拉丁文译本，当系诺曼底征服前忏悔者爱德华时期熟悉大地产管理的人所作，他指出文书中"农民的身份多半由地方习惯法而定"。见 D. Whitelock 编《English Historical Documents》卷 I，第 813 页，伦敦，1959 年。

⑤ F. Hatcher 前揭文，第 28 页。

(gemeinfreie) 出现①。

然而,《末日审判书》中维兰身份的自由人特性只是相对的。正如巴尔格所指出:"在《末日审判书》的描述中,维兰身份的特点具有引人注目的二重性。依不同视点为转移,他们时而可以算作自由人,时而又是与自由人相对立的。"他又说:"《末日审判书》中的维兰,一方面是与'自由人'相对立的,虽然维兰按'民族法'也是自由人;另一方面,又是与奴隶相对立的,虽然维兰本身按封建法也被看作是'不自由的'。"②哈切尔则认为:《末日审判书》中的"维兰"比之接近于 villeinage,更接近于自由人③,即当时的维兰不等同于普通法农奴法确立后的英国农奴。

11 世纪末至 12 世纪初维兰身份的二重性,表明其时国家立法与日臻成熟的庄园制的经济现实不完全相符。

12 世纪是普通法中维兰制正式形成的年代。12 世纪初庄园习惯法和庄园记录中奴隶逐渐消失并被融合掉。在庄园记录中,维兰和奴隶已按封建原则合成为 homines manerii 等级。12 世纪,代替 servi—villani(奴隶—维兰)的对立,已演变为 villani—liberi(维兰—自由人)的对立。在现行法《亨利一世法典》(1114—1118)中,"维兰"一语暂时消失,即全部维兰都被看作法律上的"塞尔夫"。这是 12 世纪中叶的一个深刻转变。在 12 世纪后半叶的《森林法》中,已经看到维兰社会法律地位下降的最后阶段,维兰和塞尔夫最后在普通法中合而为一④。

著名的所谓亨利二世的司法改革,实际上是把 12 世纪业已形成的普通法原则加以贯彻,并进一步把维兰从公法审判制度中排除。柯斯明斯基说:"亨利二世的改革在自由人和农奴之间划出了严峻的界线","使得处在自由人与农奴之间的相当数目的中间阶层农奴化"⑤。巴尔格则指出:亨利二世改革的历史意义,在于最终克服了从盎格鲁撒克逊时代继承下来的普通法落后于社会经济现实的进化的矛盾,并结束了维兰在法律特征上

---

① Барг 前揭书,第 233 页。
② Барг 前揭书,第 238 页。
③ F. Hatcher 前揭文,第 36 页。
④ Барг 前揭书,第 252 页。
⑤ В. М. Косминяский,《Исследования по аграрной истории Англии XII в.》,第 402 页,莫斯科,1947 年。

的二重性①。

至 13 世纪，在 1279—1280 年的《百户区卷档》中，villani 已由书记人员写作 servi。如 Warwickshire 百户区卷档（P. R. O., E. 164, XV）中，servus 一词已常用来表示 villanus②。如果说《末日审判书》中的维兰在法律上还是自由人，那么，13 世纪百户区卷档及国王法庭诉讼报告中的维兰已完全是不自由的了。

以上表明：从 7 世纪末英国依附农民出现，到 11 世纪习惯法文献《人民的权利与等级》中出现"吉布尔"等类农奴，经历了三百多年；而从吉布尔之类出现到普通法中维兰制（农奴制）正式形成，又经历了二百年。那么，对比起来，中国中古部曲写入法典的过程之漫长，也就不足为怪了。

英国普通法中维兰制形成的历史，对于认识中国中古田客制和部曲制的法典化，有重要借鉴意义。

第一，在盎格鲁撒克逊时代，正在形成的依附农或类农奴，在国家法典中，在公法方面，仍然属于自由人身份。国王法典着力区分的是奴隶与自由人。这对认识秦律和汉律中的情形很有启发。

在残存的秦律资料中，社会等级中最鲜明的区别是"百姓—隶臣妾"的对立③，即庶民与奴隶的对立。在残存的汉律资料中，突出了"民—奴婢"的分野④。东汉时期又有区分"庶民—奴婢"、"良人—奴婢"的法律观念。而东汉实际生活中的封建依附人口"宗族"、"宾客"、"徒附"、"佃客"、"部曲"等⑤似不见于法典。

盎格鲁撒克逊时代的国家法典中没有维兰制，也没有别的形式的农奴法，说明农奴法并不是伴随着封建社会初生时期所必然出现的历史征候。正如我们不能据盎格鲁撒克逊时代没有农奴法就否定英国有过农奴制那样，我们也不能以秦律、汉律中没有农奴法，作为否认在长期的中国封建社会中有可能存在某种农奴制的论据。

---

① Барг 前揭书，第 253 页。
② R. H. Hilton, Freedom and Villeinage in England, 见 Past and Preseut, 第 31 号，第 6 页，1965 年 7 月。
③ 《睡虎地秦墓竹简》，北京，1978 年。
④ 陈连庆：《汉律的主要内容及其阶级实质》，见《秦汉史论丛》第 1 辑，西安，1981 年。
⑤ 田余庆：《秦汉魏晋封建依附关系发展的历程》，《中国史研究》1983 年第 3 期。

第二，11世纪的英国维兰身份的二重性，对理解中国田客制的二重性有重要启发。

第三，13世纪英国法学家的维兰制（农奴制）理论，对认识部曲法的性质和业已法典化的部曲制的内在矛盾有重要启示。

2. 从早期维兰身份二重性看田客制二重性

11世纪至12世纪初年维兰身份的二重性，表现为国家法律上的自由人地位和领主庄园习惯中的依附地位的矛盾。

3—13世纪的中国田客（地客）制的二重性，则表现为国家法令中及公权上的"良人"地位和封建大地产及豪族惯例中的"私属"、"荫附"地位的矛盾。

唐长孺先生在近著中据《三国志·常林传》论及主人不得随便挞客，指出"这岂非暗示客仍是良人吗"①。此论极有启发性。长孺先生早年即已揭出客来源于庇护制②。而我们知道，直到9世纪唐武宗会昌毁佛时，得到寺院地主庇护的人户仍被杜牧称为"良人投附"③。说明"投附"者在得到庇护后其身份仍为良人。

中国田客在公法上的良人地位，贯穿于田客制立法的三个不同时期中。

第一期是田客在皇家敕令中开始出现的三国时期，如孙吴"复客制"中，孙权能将郡县"正户"割充"复人"④，而并未经过任何压良为贱的手续，反证出复人即复客在公法方面应与"正户"相当。

第二期是田客制正式法典化的两晋南朝时期。西晋法典中，"令"大抵是皇帝颁行的禁制；"式"大抵是政府一个部门所应遵行的行政法规。《晋书·食货志》中所载《户调式》内容牵涉到佃令，其中关于"官品第一第二者佃户无过五十户……第八品第九品一户"的规定，疑为"佃令佚文"⑤。321年东晋元帝又以诏令颁布"给客制度"。但是，在东晋南朝的"土断"政策中，在"大阅户人"、"严法禁"、"实编户"时，私属随

---

① 唐长孺：《魏晋南北朝史论拾遗》，第5页。
② 唐长孺：《西晋户调式的意义》，《魏晋南北朝史论丛续编》，第11页，北京，1959年。
③ 杜牧：《樊川文集》卷《杭州新造南亭子记》，通行本作"良人枝附"，滋野井恬氏《唐代佛教史论》（京都，1973）读作"良人投附"，甚是。
④ 唐长孺：《魏晋南北朝史论丛》，第25页，北京，1955年。
⑤ 程树德：《九朝律考》，第302页。

时可自行著籍为编户，这就说明客的公法上的身份仍同编户一样属于良人。

第三期是隋唐宋时期，律令中取消了荫客、给客制，残留下来的田客的良人身份更为明显。隋代高颖建立"输籍之法"，"依强豪作佃家"、"浮客"、"悉自归于编户"①。《输籍法》意味着"给客制度"的终结，意味着田客制的决定性衰落。唐初，贞观十一年（637）律宗大师道宜撰亡僧遗产处置法《量处轻重仪本》，明确指出"施力供给"者（包括本人投附要求"荫覆"者和由原主人遣送新主人者，即僧侣地主的田客、荫户），属于《四分律》所论"人民奴婢"中的"人民"，其身份与奴婢"良贱乃分"②，亦即属于"良人"。在宋代，据夔州路"施、黔州见行专法"，有强固人身依附的"地客"亦被认为是"客户"的一种③，而宋代客户无疑属于良口、凡人。

3—13世纪，如果说在国家法令中田客具有"良人"地位；那么，在私家习惯法中，田客却处于强烈的人身依附地位。

例如，东晋王敦在上疏中提到大族"出客"事，提及私属田客"或自赎得免，或见放遣"，反映出私家的惯例规定，只有经过自己赎买或主人放遣手续，才能免除客的身份④。

又如，敦煌所出 P.2187号《敦煌诸寺奉使衙处分常住文书》是一件难得的习惯法文献。该文书中明确将惯例称为《旧例》。其中所记寺院庇荫人口"常住百姓"出现于唐末五代宋时期的敦煌，地位略近于北宋时期的"地客"。《旧例》规定，"常住百姓"为僧团财产的一部分，人身上为僧团所不完全占有。世人不得"侵陵"此种不完全占有权。《旧例》中又包括了称为《亲伍礼》的家庭婚姻法，规定"常住百姓"只能在"当部落"中通婚，如私自与百姓（良人）中的女子生养子女，则仍收归僧团占有。《旧例》还规定了"常住百姓"的世袭力役制。"男儿丁口，

---

① 《通典》卷七《食货典礼》，《丁中》。
② 道宜：《量处轻重仪本》，《大正新修大藏经》第45卷。
③ 参见漆侠：《求实集》，第103页。
④ 《晋书·王敦传》，参见乌廷玉：《中国封建农奴制度论纲》，《史学集刊》，长春，1983年第2期。

又须随寺料役","驱驰世代"①。这种相当于地客的"常住百姓"被称为"百姓",说明他们仍被国家法律视为"良人",但在《旧例》中却被规定了强固的人身隶属地位。

3—13世纪僧俗地产上的惯例所确定的田客（地客）的依附地位,可概括如下：

（1）田客无独立户籍。"客皆注家籍"②,人身上依附于主人。在诉讼方面,田客虽名义上是"良人",但仍据"主仆名分"及家长制惯例,使田客（地客）对于主人在诉讼上处于无权地位。

（2）主人不完全占有田客（地客）人身。两晋南朝时期,田客可赏赐、合法限额内占有及转让。在隋代取消合法占限后,至宋代仍有"随田佃客"③。表明了田客（地客）的土地依附和人身依附。

（3）田客（地客）无迁徙自由。直至宋代地客不得随意起移。

（4）田客（地客）及家属向主人提供劳役,如直至宋代仍有禁止夔州路富豪之家对于地客"许役其身,而毋得及其家属妇女,皆充役作"的规定④。证明了田客（地客）劳役制的长期保存。

（5）田客（地客）多由主人提供种子、耕牛、屋舍,"其佃谷与大家量分"⑤,实行"分种制"（详见后述）下的产品分成。

凡此种种,都是由习惯法所确定的作为私属的田客（地客）的奴役地位。

3—13世纪,封建国家为什么不顾私家僧俗豪强经济中的事实和习惯法中的现状,一直把田客（地客）视为"良人"呢？

一方面,这是由于中国封建中央集权和皇帝权力,始终企望保持一个相当数量的纳税编户,把田客规定为良口,就使田客随时都成为国家编户和纳税户的后备军。

另一方面,3—6世纪中国小农生产的发展程度高于西欧,田客的力

---

① 拙稿：《论敦煌寺院的"常住百姓"》,见《敦煌研究》试刊号,1982年第1期,敦煌文物研究所编。参见池田温编集：《敦煌讲座》第3卷（东京,1980年）《敦煌的社会》第166页堀敏一《敦煌社会的变质》、第380页北原薰《晚唐五代的敦煌寺院经济》。
② 《隋书·食货志》。
③ 《大元圣政国朝元典章》卷五七"禁主户典卖佃户老小"条峡州路转运判官史择善赉呈。
④ 《宋会要辑稿》,《食货》六九之六八。
⑤ 《隋书·食货志》。

役不如西欧突出,在主人地产中不采取"份地制"而采取"分种制"。

因此,当中国田客制于4世纪两晋实现法典化时,它就一直具有上述二重性。而在英国,11世纪《末日审判书》中维兰在国家法律上的自由人身份和在威廉一世所贯彻的领主法中的不自由身份的二重性,至12世纪普通法中维兰制法典化完成时已经消失。而中国4世纪田客制法典化时所表现出的田客身份的二重性,却一直存留到这种制度的衰亡之日。这是中英封建依附农民的命运发展中的一个很大的差别。

3. 从英国中古法学家的维兰制理论看部曲法的性质

12世纪普通法中维兰已被称为塞尔夫。13世纪,英国法学家勃拉克顿重新使用了 villanus 一语。他更用罗马法的奴隶制的法律规范来解释普通法中的维兰制。

这种情形与英国维兰制形成过程中的两种构成因素有关。一种构成因素是"奴隶人身",所指即11世纪的奴隶,不过其身份在11世纪后已日渐提高;另一种构成因素是"奴仆式的持有地",所指即11世纪维兰持有地在境遇不断下降后的情况。维兰制就是这两种成分的"不断统一"①。那时,英国的奴隶身份作为一种制度业已凋谢。巴尔格指出:"英国普通法中与'奴隶制'关系类似的维兰制结构",是为了保证封建地租关系的实现②。在几个世纪中,维兰已经不能把自己的份地作为可以继承的占有而保持下来,从而造成"奴仆式的持有地"。那种"维兰制法律构成中的奴隶制因素",就成了大领主垄断土地的一种保障。因此,巴尔格说:"勃拉克顿的维兰制理论设计了一种完全'按照领主意志'的地租关系"③。

与此同时,作为不自由人的维兰,对其主人虽然是无权的,但维兰对第三者来说,有时却有与自由人同等的权利。近代英国法律史家梅特兰指出了此种矛盾,他认为,正如勃拉克顿所指出的,农奴制有一种相对性④。

晚近对英国13世纪法学家勃拉克顿的农奴制理论的解释,对理解部曲制问题有所启发。当然,由于自两汉至两宋"部曲"一词的含义经历

---

① Барг 前揭书,第276页。
②③ 同上书,第278页。
④ 参见马克垚:《西欧封建经济研究》。

了令人目眩的变化，故必须把"前法典化时期"的部曲与"法典化以后时期"的部曲区分开来，本文讨论的业经法典化的部曲严格限制在公元577年至宋代的年代范围内。

从比较中，我们看到：

第一，13世纪英国法学家继承了罗马法观念，确定"维兰"为不自由人。北朝后的法律，继承了东汉末"良民—奴婢"相对立的法律观念，改造为"良民—贱民"相对立的法律观念①。北周至宋的部曲法规定部曲为"贱民"。"贱口"是一个可与13世纪英国法律中"不自由人"观念相比较的概念。

"部曲"在法律上作为"贱口"的特征是：

（1）部曲在人身上依附主人。所谓"部曲，谓私家所有"②，"部曲，身系于主"③，"随主属贯，又别无户籍"④。

（2）主人不完全占有部曲人身。掠夺或利诱他人部曲归己者，以盗窃论⑤。知部曲来路不正而买或藏匿资助者依法治罪。部曲不得买卖，但可"转事"他人。"转事"时不得如奴婢买卖中有上估、中估、下估的估价，而只能由主人量取衣食之值⑥。"奴婢"律将其比作畜产，被主人作为"物"而完全占有；"部曲不同资财"⑦，被主人作为"人"而不完全占有。

（3）部曲身份世袭，主人有权继承对部曲的占有，也有权放免。

（4）部曲固着于土地上，禁止逃亡。逃亡者"一日杖六十，三日加一等"⑧。

（5）部曲有劳役义务。部曲被他人"借以役使"时，一个工作日"计庸一日，绢三尺"⑨。

---

① 关于北魏后的良贱划分，参见尾形勇：《良贱制的展开及其性质》，《岩波讲座·世界历史（古代5）》第356～357页。
② 《唐律疏议》卷六《名例》。
③ 同上书，卷十七《贼盗》。
④ 同上书，附《释文》。
⑤ 同上书，卷二十《贼盗》。
⑥ 同上书，卷二十五《诈伪》、卷二十《贼盗》。
⑦ 同上书，卷十七《贼盗》）。
⑧ 同上书，卷二十八《捕亡》。
⑨ 《唐律疏议》，卷十一《职制》。

（6）部曲有权拥有资财，有独立的小家庭经济，故称"良人、部曲，合有资财"①。

（7）部曲是贱口，不同良人之例。"部曲既许转事，奴婢比之资财，诸条多不同良人"②。例如，有一判例，"问曰：监守内略人，罪当除名之色，奴婢非良人之限，若监守内略部曲，亦合除名以否？"回答中说："奴婢部曲不同良人之例。"③

总之，部曲与田客的最大区别是，前者为贱口，后者为良人。这个区别也与11世纪维兰法律上是"自由人"而13世纪维兰是"不自由人"可资比较。

第二，正如勃拉克顿指出农奴制有相对性，13世纪不自由的维兰对第三者却有某些与自由人相同的法律能力那样，法典中的部曲制也有类似的相对性或矛盾现象。

例如，就部曲的权利能力而论，如在诉讼权力方面，当涉及主人或官长时，他处于无权地位，因而不同于良人的权利能力，但当部曲处于被强盗加害的地位时，其权利能力又同于良人。所谓"奴婢部曲不同良人之例。强盗若伤财主部曲，即同良人"④。此外，在婚姻法上，奴婢娶良人要判徒刑一年，而部曲可娶良人女为之⑤。这也是一种带有良人色彩的权利能力。

中国部曲法中部曲的贱人身份和具有若干良人色彩的法律能力这一矛盾现象，正与13世纪维兰制（农奴制）的相对性相似。这是否说明，部曲贱口也如13世纪维兰不自由人一样，不是不自由的奴隶，而是不自由的农奴？

事实正是这样：我们在《唐律疏议》中所见部曲，一方面，有别于良人田客，他们是由被释奴婢升格而来而只有经过放免法律手续才能摆脱人身占有的隶属者，是"非良人"，是贱口；另一方面，他们也有别于同样属于贱口之列的奴婢，是"合有资财"者，是具有某些良人式权利能力者，是具有独立小农经营的依附者。因之，部曲无疑是介于良人与奴婢

---

① 《唐律疏议》，卷二十《贼盗》。
② 同上书，卷十八《贼盗》)。
③ 同上书，卷二《名例》。
④ 同上书，卷二《名例》。
⑤ 同上书，卷十四《户婚》、卷六《名例》。

之间的农奴。而中国部曲法则是一种中国式的农奴法。

4. 封建依附关系法典化中的规律性现象

以上讨论的几种封建依附关系法典化的情形，以各自不同的特色，反映出了一些规律性的现象。

恩格斯指出："法不仅必须适应于总的经济情况，不仅必须是它的表现，而且还必须是不因内在矛盾而自己推翻自己的内部和谐一致的表现。""'法发展'的进程大部分只在于首先设法消除那些由于将经济关系直接翻译为法律原则而产生的矛盾，建立和谐的法体系。"① 因此，当一种经济关系法典化时，既有经济基础对上层建筑的决定作用，又受到固有的习惯、传统、法律观念以及致力于求得统治阶级内部和谐的国家权力的制约和影响。

以英国为例，本来英国封建制是马克思所说的"导入的封建主义"。而且诺曼底征服前夜的英国已有了庄园经济和反映这种经济的习惯法。但是，威廉一世却不能够一蹴而成地把大陆上诺曼底公国的领主法完全地直接套用于被征服的这个岛国。他还是不得不暂时与英国固有的传统妥协，并且还要考虑英国农村的马克公社传统，于是，一度保存了维兰在公法上的自由人身份。直到12世纪，法律才抛开了这种承认。

以前，我们对中国中古田客制中田客在王朝法令中的良人身份与私人封建地产中的私属身份的矛盾曾百思不解。今天，我们比较研究了上述英国史的例子，遂有一种顿然冰释的感觉。大体来说，4世纪田客制的法典化，与11世纪维兰身份具有二重性的情形可资比较。而7—12世纪部曲制的业已完成的法典化，与12世纪英国维兰制在普通法中正式形成相类似。中国田客制在法典化过程中，受到既有传统、法律观念和国家权力的影响。田客在法律上始终保存上述二重性，既与中国封建中央集权政治的强大有关，也与田客的地租形式有关。

为进一步探明田客的性质，我们下面就转入有关地租形式的讨论。

---

① 《恩格斯致康·施米特（1890年10月27日）》，《马克思恩格斯选集》第4卷，第483～484页。

二、田客、部曲、维兰等身份与地租形式的关系

维兰制在经济上的实质是什么呢？

维诺格拉多夫在分析 13 世纪英国庄园时认为："劳役制是不自由的维兰身份的主要特征。"劳役制就是维兰的本质。维兰在普通法中的无权地位也与劳役制有关。柯斯明斯基指出，在亨利二世司法改革后，"法官们完全适应于庄园经济的利益，承认劳役地租是维兰的重要特征。而这种地租形式要求农民处于最大限度的无权地位"[①]。

那么，中国中古的田客制和部曲制又是与怎样的经济上的奴役形式相联系的呢？如果仔细推求，中古各种依附农民在身份上的细微差别，确实也往往与地租样式上的细微差别有关。

1. 早期的维兰型和保达型

现在，我们先来举出《末日审判书》时期的早期维兰与保达的情况。

巴尔格研究了米德尔塞克斯的《末日审判书》Ⅰ，127a、128b、129a、129b、130a 等号记录，得见一种按课役类型来区分农民份地等第的劳役租制。维兰份地是"带有耕牛的份地"，而卡特尔份地只是交纳"手力劳役"的份地。巴尔格认为："正是与庄园各该持有状态相联系的地租性质，是《末日审判书》中将持有者分为维兰、卡特尔、梭克曼的依据。"[②]

维兰一户一般占有一个威格特（土地面积单位）的土地，如威明吞庄园纪录中说"终年每周劳动三日"[③]。维兰的地租性质是在持有"带耕牛劳役"份地之上的劳役地租。

卡特尔又称为"保达"，又译作茅舍农，由维兰幼子或被释奴隶充当。如《末日审判书》Ⅰ，186a 记载：12 名保达应每周工作一日[④]。他们一般只持有半维尔格份地，无耕牛，其地租形式则以"手力劳役"为主，且劳役不是每周三日而是每周一日。

---

① Косминский 前揭书，第 19、402 页。
② Барг 前揭书，第 238 页，以及第 237 页注 49。
③ 齐思和：《从英国封建庄园看欧洲庄园制度的特征》，《新建设》，1964 年 10—11 月号合刊。
④ Барг 前揭书，第 235 页注 33。

早期维兰与卡特尔（保达）的区别，一方面是提供剩余劳动的地租形式和数量不同，另一方面，两者"必要劳动"的生产也不同，维兰靠耕种份地，卡特尔（保达）则靠出卖劳力打零工来实现必要劳动的再生产。

了解早期维兰与卡特尔的这种差异，对认识中国中古"客"一色中的"佃客"与"十夫客"的区别，有一定借鉴意义。

2. "佃客"型与"十夫客"型

先说"佃客"型。

"佃客"亦即田客。如果说英国维兰的地租是份地制上的劳役租。那么，"佃客"的地租则是"分种地"上的分成租与少量劳役租的结合。

"佃客"的"分种地"既不是维兰份地，也不是契约租佃地。"分种"一词语出《后汉书》卷八十《黄香传》①。"分种制"与典型的契约租佃地的区别是：

（1）"分种地"系由主人向佃客抑配，有时还配予耕牛、种子；而契约佃农则是按契约租种。

（2）"分种地"由主人实行"督课"，即生产过程及收割分益时均由田主或知庄、典计等监督；而契约佃农一般无督课。魏晋"分田之术"、东晋佃客的"佃谷与大家量分"，都是鞭子强制下的"分种制"产品分成，而有别于契约佃农的实物地租性质的分成制。

（3）"分种地"上田客不得"起移"，有的"随田佃客"随土地转让而易主；而契约佃农可以起移。

（4）"分种地"上也多少带有劳役地租。如唐敦煌的寺院"家客"又称"寺户"，也属佃客一类。在耕种分种地同时又有劳役负担，执田园役（乂稻、刈草、看园、园收）、畜牧役、匠役（泥匠、木匠、持韦皮匠、纸匠、毡匠）、加工役、修造役、杂役等②。宋代地客被役其身。元初江南地客之"主家科派"甚于官差，地客子女世代执役③。而契约佃农却主要交纳实物地租。

如果说劳役制是维兰的本质。那么，佃客就并不完全具备这种本质。

---

① 参见草野靖：《宋代合种制补考》，《东洋学报》第55卷，第1号，1972年6月。
② 参见竺沙雅章：《论敦煌的寺户》，《史林》第44卷，第5期，1961年9月。
③ 《大元圣政国朝典章》卷五七"禁主户典卖佃户老小"条。

在佃客地租中，力役比重小得多。中国佃客之所以最终没有发展成为13世纪维兰那样的农奴，确实也与佃客地租形式的特色有关，它不是份地制下的劳役制，而是分种制下的产品分成和少量劳役的混合形式，这也可以视为佃客在法律上被列为"良人"的一个经济上的根由。

次说"十夫客"型。

"十夫客"出现于东晋，当属"客"的一种。11世纪英国的卡特尔（保达）在每周向领主提供一日劳役外，多在乡村打散工、干零活，正是在这一点上，"十夫客"与保达有某种相似。

"十夫客"是良人负债后以"自卖"形式而出现的依附[①]。"十夫客"的劳动日大抵分为两部分，一部分是向主人提供的力役，即提供一定份额的工作日作为向主人提供的劳役义务。根据"十夫"之名，或可推测每月"十夫"即十个劳动日属主人所有。另部分是"私夫"、"庸赁"[②]，即，为主人服役的工作日定额之外的工作日称为"私夫"，并以庸赁即临时受雇形式出卖。这是如保达一样以打散工形式来进行的必要劳动的再生产。

与"十夫客"相类的另一种依附者是吐鲁番文书中所见的麹氏高昌时期的"作人"。友人朱雷在近著中揭出此种相似处[③]，可谓深得吾心。6世纪高昌"作人"可以买卖和继承，但被买和被继承的，却是该"作人"的一定劳动日限额的力役。此部分劳动时间称为"正作"，这正如"十夫客"所出卖的为一定劳动日力役（可能是每月"十夫"即十个工作日）那样。高昌"作人"如要重新使用已划归主人占有的劳动日定额，称为"岁出"，可交予一定补偿金，以一年为单位的此种赎金即称为"岁出价"[④]。也正如"十夫客"还有"私夫庸赁"的份额一样。高昌"作人"在划归主人的定额以外的劳动时间可租佃土地耕种，或出卖劳力，或进行

[①] 唐长孺：《三至六世纪江南大土地所有制的发展》，第83页。
[②] 黄惠贤：《十夫客》（《中国历史大辞典》辞条），见《历史教学》1980年，第7期。
[③] 朱雷：《论麹氏高昌时期的"作人"》，见《敦煌吐鲁番文书初探》，第61页，武汉大学出版社，1983年。
[④] 《高昌延昌二十二年（582）康长受从道人孟忠边岁出券》，见《吐鲁番出土文书》第1册，第191页。

其他经营①。

"十夫客"、高昌"作人"与唐宋雇农的区别是:"十夫客"、高昌"作人"对主人有强固人身依附,向主人提供的劳役可以视为对主人预付买价而进行抵债的等价物,他们不向主人领取雇价。而雇农是向主人领取雇价,且在主人解除雇契时即对主人失去人身依附。

英国的保达、中国的"十夫客"和高昌"作人"都是封建依附者中较早阶段的形式。他们在为主人提供力役外,还有相当部分自己支配的劳动日份额。从这个意义上说,他们都不是13世纪维兰那样的典型农奴。同时,"十夫客"、高昌"作人"和"佃客"一样,在国家法律上都属于良人而不属贱口。

3. "部曲"、"客女"型和"乐事"、"随身"型

与"客"("佃客"、"十夫客")属于良人相反,部曲、客女、乐事、随身都属于贱口。

吐鲁番出土了武周时期的一项名籍,内有:乐事一人,部曲三人,客女六人,奴十三人,婢十二人,不明一人。文书并注明以上均为"贱口"②。可见"部曲"和"乐事"是同属贱口系列中的两个小类。

先论"部曲"、"客女"型。

道宣《量处轻重仪本》"亡僧衣资处断"条有云:

> "二谓部曲客女……
>
> 第二部曲者,谓本是贱品,赐姓从良而未离本主,本主身死可入常住,衣资畜产随身所属不合追夺,若本拟尽形供给手疏分明者,准昆尼母论放去。"③

从部曲拥有"衣资畜产随身所属",可知部曲应拥有独立的小农经营,即部曲应被配予某种地段或某种"分种地"进行耕作。

而且,部曲的地租中无疑有劳役地租。《唐律疏议》卷十一《职制》云:

---

① 《高昌延寿九年(632)曹质汉、张参军作人海富合夏麦田券》,见《吐鲁番出土文书》第5册,第240页。
② 唐长孺:《唐代的部曲与客》,《东方学》第63辑,东京,1982年1月。
③ 《大正新修大藏经》第45卷。

"疏议曰：监临之官，私役使所部之人，及从所部借奴婢牛马驼骡……之类，称奴婢者，部曲客女亦同。各计庸赁之价。……其借使人功，计庸一日，绢三尺。"

此地所指不是部曲以庸的形式交纳地租，而是指借部曲之力役使者以庸的形式交纳所借力役的代价。部曲一日的力役折庸三尺，从力役的转让可以证实部曲力役制的确实存在。

在前引吐鲁番文书中，部曲三人和客女六人注明系"寄庄括附"。外籍官僚在寄住地设置的地产称为"寄庄"。又阿斯塔那一八七号墓所出《唐奴婢部曲名籍》残卷，内容是：

〔前缺〕

　　□部曲马　□部曲曹隆行　□九
　　□廿六　奴典仓廿一　奴元富廿一
　　□婢和腾卅八　婢㊙客卅八
　　□奴婢十井□京宅
　　□四　部曲史□

〔后缺〕

本件反映出某官僚在长安及西州两地俱有庄宅，其中一处当为寄庄①。京宅有部曲马、部曲曹隆行等，西州宅有部曲史等，此种与"寄庄"相联系的贱口部曲客，其中除一部分全部从事家务劳动外，一部分则是官僚直接经营的地产中的农业劳动人手。与"佃客"相比、部曲与力役制及与主人自管土地的联系更为密切，在经济上，许多部曲比佃客更接近于用于农业生产的奴婢，这就从经济上决定了部曲比佃客的身份更加低下，决定了部曲成为正式的农奴。

次论"乐事"、"随身"型。

吐鲁番文书中所见"乐事"一词，据唐长孺先生研究，此语见于《旧唐书·侯思止传》②。传云："侯思止，雍州醴泉人也，贫穷不能理生

---

① 唐长孺：《唐西州诸乡户口帐试释》，《吐鲁番文书初探》，第187页。
② 参见唐长孺《唐代的部曲与客》一文之注①。

业，乃乐事渤海高元礼家。"同传又称，"思止闾巷庸奴"，凤阁侍郎李昭德称其为"此奴"。

"庸奴"、"此奴"之称，再次证实"乐事"是贱口。他们不可能是良人投附，而可能是失去主人的前奴婢中或其他贱口中的无业者之投附新主。良人投附只能称为"客"而不能称为"庸奴"。乐事与部曲的不同点，则在于部曲还拥有衣资畜产，而乐事几乎是"贫穷不能理生业者"。他们在投靠新主后，在服役方式上应与"保达"（卡特尔）相类，主要是向主人提供一定数额的力役。

和"乐事"相近而与部曲属于同一等第的，还有一种"随身"。《唐律疏议》卷二十五《诈伪》有云：

"问曰：妄认良人为随身，妄认随身为部曲，合得何罪？

答曰：依别格，随身与佗人相犯，并同部曲法，即是妄认良人为部曲之法，其妄认随身为部曲者，随身之与部曲，色目略同，亦同妄认部曲之罪。"

又据《唐律疏议·释文》，"二面断约年月，赁人指使为随身"。"随身"法律地位适用部曲法，可知其为贱口。"随身"不是契约雇农，而是原属贱民而用契约方式定期受主人役使者。

"随身"和"乐事"在向主人提供力役这一点上，与"十夫客"、高昌"作人"及"保达"（卡特尔）相类；而在身份上，则与部曲同属贱口。"随身"和"乐事"也应划入农奴等级。

马克思在分析封建依附性宜接生产者以不自由人的身份出现时，揭示了不同的"不自由程度"①。我们注意到，这种不自由的等差除与法律和习惯的历史原因有关，更与地租性质或地租形式的差别有关。"佃客"因缺乏 13 世纪维兰那种份地制度上的力役地租，因而不是典型的农奴。而"部曲"、"乐事"、"随身"与力役制的密切关系，加上法典上的贱人地位，遂使其归属于农奴人口之列。

---

① 《资本论》第 3 卷，第 924 页。

三、后　　论

关于亚欧封建社会经济形态的比较研究，我们在比较中不仅要求异，也要求同。以上，我们正是在承认中英中古历史有共同规律可循的前提下，从比较中找到一些过程发展中的规律性现象（如相对落后于经济进程的法典化是一个相对徐缓的过程，早期农奴化过程中依附者身份的二重性）；找到一些可资比较的范畴（如13世纪英国法学家因袭的罗马法的"自由人—非自由人"观念，与中国北朝后的"良人—贱人"观念），由此，主要从法典化和地租形式两个侧面，对维兰制与我国部曲制、田客制进行了比较，并得出田客的农奴化未最后完成、部曲是农奴①、部曲法是农奴法等初步结论。

当然，我们并无意于把维兰制作为一种模式往上述两种中国制度之上硬套。因为，维兰制等西欧农奴制与中国农奴制及依附农制有如此明显的不同，如：

（1）西欧农奴有份地制，份地本身就凝固着一种身份、一种地租类型，并随着份地的持有而世袭下去。中国田客的分种制不是西欧份地制。

（2）西欧农奴受庄园法庭审判。农奴不得从军。中国田客、部曲仍由国家法庭审判，依照敕令可征发部曲为兵②。

（3）西欧农奴可出售，中国部曲法规定部曲不得出售而只能转让。

造成这些差异的原因是什么呢？

第一，由于中国古代村社瓦解较早以及劳役地租缺乏优势。

中国古代村社（邑、里）在春秋战国时期瓦解。汉代里社已是祭祀组织，西晋以后，里社分离③。我们曾于西周时得见的一种貌似西欧中古

---

① 关于部曲、田客性质问题，参见唐长孺有关各篇。《汪篯隋唐史论稿》，第317页，北京，1981年。王仲荦：《魏晋南北朝隋初唐史》上册，第72～79页，上海，1961年。韩国磐：《隋唐五代史论集》，第70页，北京，1979年。《中国史稿》第4册，第112、214页，北京，1982年。

② 唐长孺：《新出吐鲁番文书发掘整理经过及文书简介》有云：阿、八三号墓出有先天二年（713）军事文书七件，告诉我们本年西州除府兵以外，还组织一支由白丁、奴和部曲混合组成的地方军队。见《东方学报》（京都）第54册，第98页，1982年3月。

③ 宁可：《汉代的社》，《文史》第9辑，1980年。

采邑制或份地制的结构，已由于村社瓦解而荡然无存。与马克制度相联系的西欧中古份地制①，遂不见于中国中古中原地区（西藏等地或属例外）。又由于东汉末中国个体农户的劳动生产率已比西欧早期中世纪高，因而封建地租中的劳役制也不如西欧普遍。在英国维兰制下，直到出现大量的劳役"折现"和货币地租之前，劳役地租一直占优势。中国中古田客分种制上的产品分成占优势，其上劳役租虽确实存在但比重较小，这就使田客赋有依附农性质。因此，我们说中国中古田客是一种处在农奴化过程中而又未完成农奴化的依附农，或者说是一种半农奴。

第二，中国封建中央集权的强固，从上层建筑方面，尤其是从法制上遏制了田客的完全农奴化，并限制了农奴队伍的数量。

中国封建中央集权对纳税及作为兵源的编户的需要，阻止田客由"良人"下降为"贱人"。如果说12、13世纪维兰来自自由人依附农的下降和奴隶升格这两条路径，那么，中国6—7世纪的典型农奴部曲则只来自奴婢升格这唯一一条途径。最近的研究表明，西欧严格意义的农奴的数目，"研究愈深入就愈会证明这种人可能只是一个少数"②。在中国，北周至唐宋的农奴部曲，如吐鲁番文书统计资料所示，也无疑只是一个少数。

第三，中国中古多次出现的民族融合浪潮，多次促成残存的奴婢在身份上的升格，这也使农奴制法典化的过程表现得分外漫长。

两晋南北朝时期民族融合浪潮，形成了将与少数民族相联系的奴隶制因素改造和升格为农奴制的潮流。北魏法律中"良贱"观与"杂户制"的出现，北周武帝诏令中将奴婢升格为部曲的立法，都与此有关。《唐律疏议》中的部曲法可视为这一过程的总结。中国封建依附农民的出现可上溯到三国以前，而完备的农奴法于《唐律疏议》中始得一见，这个时间过于漫长之谜，或许也可从反复发生的民族融合浪潮中，得知其部分蕴奥。

（原载《历史研究》1984年第4期）

---

① 布洛赫认为：份地的起源是农村公社下的大家庭份地，参见马克垚：《西欧史学界对庄园制的研究》，《世界历史》1981年第5期。

② 马克垚：《应如何理解西欧"封建化"问题》，《历史研究》1982年第4期。农奴只是农村居民的一部分，见马克垚《西欧农奴制初探》，《世界历史》1980年第3期。

王涯与中唐时期的令与礼

一、前　言

1987年，我与俄罗斯访问学者秋林先生一起，前往厦门鼓浪屿拜访了韩国磐先生。

秋林先生是《三至八世纪中国依附农民的形成》[1]一书的作者，长期研究均田制，对韩先生素来钦仰。那天，韩先生在鼓浪屿寓所里，为我们二人一口气讲了三个小时的中国法制史，博闻强记，条分缕析。我们还得知，当时韩先生正在写作《中国古代法制史研究》[2]。此一大著后来于1993年由人民出版社在北京出版。

从韩先生的寓所出来，秋林先生为这次成功的访问兴奋不已，鼓浪屿的碧海青天，更使他想起克里米亚令人流连的海边景色。

而这次面聆指教的机缘，也使我暗下决心，一定要加强对中国法制史、唐代律令制的学习和研讨。

带着关注唐代律令研究的心愿，我于1995年撰写《论池田温先生的唐研究》一文时，尤其注重学习池田温先生研究唐令、唐礼的新成果，试图朝着这个研究方向迈步。本文对唐文宗时宰相王涯与中唐之令与礼的讨论，也可以视为对国磐先生十年前亲授中国法制史研究的一种回响。谨以此文为韩先生颂寿。

1977年3月，东京大学出版会出版了以池田温先生为编集代表的新编仁井田陞先生原著之《唐令拾遗补——附唐日两令对照一览》[3]，其中第一部为唐令有关之仁井田陞论文，第二部为唐令拾遗补订，第三部为唐日两令对照一览。该书在进一步的唐令复原工作中，在礼与令的关系、令与式的辨析等方面，都给予本课题研究以极大的启发。

同时给本文写作以极大启发的，是岑仲勉先生大著《翰林学士壁记注补》。大著使我们重新关注唐文宗大和九年（835）宰相王涯的冤案及其昭雪[4],并由此追溯到王涯与中唐的礼与令。

二、两度进入翰林院的翰林学士王涯

王涯,字广津,太原人,是一位以科举制为进升阶梯的文官。贞元八年(792)进士擢第,与韩愈、欧阳詹同年。《云谿友议》卷下"巢燕词"条:"贾陵、陈羽、李观、李绛、韩愈、王涯、刘遵古、崔群、冯宿、李博等,与四门(欧阳詹)同年,其名流于海岳。"其事参见徐松《登科记考》卷十三。

贞元十八年(802),王涯登博学宏词科,试《瑶台月赋》,文见《文苑英华》,参见《登科记考》卷十五。

贞元年间(785—804)是唐科举制极盛之时。而始见于玄宗朝开元中的唱和文章的翰林学士,至肃宗朝,更确立为权掌诏书的翰林这种文官制度。至贞元时期,翰林多参决于内署,时人谓之内相。这是唐代文官制度中重要的转折点。

贞元二十年(804),王涯自蓝田尉入翰林院,参见《全唐文》卷六○八刘禹锡《王涯先庙碑》。宪宗元和初,王涯罢翰林学士,再贬虢州司马。据岑仲勉先生考证,元和九年(814)闰八月后,王涯复入翰林院,再为翰林院学士。又据韦执谊《翰林院故事》、元慎《承旨学士院记》,王涯于元和十一年正月十八日自中书舍人入充承旨。同年十二月,守中书侍郎平章事,人为宰相。[5]《文苑英华》卷448《王涯拜相制》称:"通议大夫、尚书工部侍郎知制诰、翰林学士、上柱国、清源县开国男、食邑三百户,赐紫金鱼袋王涯。"

如前已述,翰林学士设于唐开元中,起先只止于唱和文章,批答表疏,并不预知枢密。德宗贞元以后,翰林学士乃参决于内署。自德宗贞元末入院、宪宗时再度入院并拜为宰相的王涯,无疑已是参与枢密的重臣。

文宗以王涯作为时代巨变中的礼乐律令的整备者。《陈寅恪读书札记》,《旧唐书之部》引《王涯传》云:"太和三年(829)正月,入为太常卿。文宗以乐府之音,郑、卫太甚,欲闻古乐,命涯询于旧工,取开元时雅乐,选乐童按之,名曰云韶乐。"[6]

王涯于太和年间草拟改革"条件",于太和六年(832)六月以敕文形式发表。太和七年(833)七月,又以右仆射王涯同平章事,兼度支、盐铁转运使。

但是身为重臣的翰林学士王涯,却不见于丁居晦的《重修承旨学士壁记》(应正名为《重修翰林学士院壁记》[7])。其原因是王涯陷于唐文宗朝之郑注、李训党案,被诛。至唐昭宗天复元年(901)大赦,始得昭雪平反。

三、王涯与礼令相戾

当王涯被唐文宗赋于"令"和"礼"的整备者的角色时,上距开元年间已近百年。

唐玄宗开元十四年(726),着手编定《大唐开元礼》,开元二十年(732)撰毕。大唐开元年之制五礼(吉礼、嘉礼、宾礼、军礼、凶礼)其仪百五十有二。开元二十五年(735)律疏和开元二十五年诸令,表明大唐律令已于开元二十五年定型。

由此至文宗太和年间的一百年,社会巨变冲击着开元年间礼和令的定制,例如宦官之担任中尉、枢密使;包括节度使的各种使职的大量出现;由翰林学士队伍中入相者的增加,这些都冲击着《职员令》、《仪制令》和《衣服令》。兵制的变迁、藩镇的坐大、宦官对神策军的把持,使《军防令》的许多条文成为具文。

另一方,如《新唐书·礼乐志》云:"由三代而上,治出于一,而礼乐达于天下,由三代而下,治出于二,而礼乐为虚名。"此言"皆出前人所未至"[8]。"治出于二"表现为礼令相戾,礼或为空文,或者成为令的更新的牵制。

《新唐书》卷一百七十九《王涯传》云:

> 文宗嗣位,召拜太常卿,以吏部尚书代王播,复统盐铁,政益刻急。岁中,进尚书右仆射、代郡公。而御史中丞宇文鼎以涯兼使职,耻为之屈,奏:"仆射视事日,四品以上官不宜独拜。"涯怒,即建言:"与其废礼,不如审官。请避位以存旧典。"帝难之,诏尚书省杂议。工部侍郎李固言谓:"礼,君于士不答拜,非其臣则答,不臣人之臣也;大夫于其臣,虽贱必答拜,避正君也;大夫于献不亲,君有赐不面拜,为君之答己也。古者列国君犹与大夫答拜,所以尊事天

子,别嫌明微也。议者谓'仆射代尚书令,礼当重。凡百司州县皆有副贰,缺则摄总,至著定之礼,则不可越,仆射由是也'。按令,凡文武三品拜一品,四品拜二品。《开元礼》,京兆河南牧、州刺史、县令上月,丞以下答拜。此礼、令相戾,不可独据。"又言:"受册官始上,无不答拜者,而仆射亦受册,礼不得异,虽相承为故事,然人情难安者,安得弗改?请如礼便。"帝不能决,涯竟用旧仪。

上述引文中,"议者"所引令文,约见于仁井田陞先生《唐令拾遗》《仪制令》十四乙〔开元七年〕〔开元二十五年〕。

> 诸文武三品以下拜正一品(中书门下则不拜),东宫官拜三师,四品已下拜三少。自余属官于本司隔品卑者皆拜。[9]

上述引文中,"议者"所引礼文,略见于《大唐开元礼》卷一百二十六《嘉礼》、《京兆府河南牧初上》,又见同卷之《万年长安河南洛阳令初上》有云:"赞礼者引丞以下入就位,又引乡望入就位……立定上下,在位者俱再拜,令答再拜。"[10]

以上可见,令有隔品卑者皆拜的规定,而礼则规定受册官始上无不答拜,两者确有不同。因此,根据"令",是隔品相拜,根据"礼",县令上日,丞以下答拜。

王涯则坚持"旧仪",即坚持业已写进《开元礼》规定的行事准则,从而驳回了宇文鼎"仆射视事日,四品以上官不宜独拜"。也就是说,宇文鼎仍须拜升为尚书右仆射的王涯。

但是,这一分歧直至太和八年(834)宇文鼎卸任御史中丞时仍未解决。《旧唐书》卷一七一《李汉传》云:太和……八年(834),代宇文鼎为御史中丞,时李程为左仆射,以仪注不定,奏请定制……汉议曰:……《仪制令》虽有隔品之文,不知便是受拜否?及御史大夫亦会受御史以下拜,今并不行。表明"礼令相戾"的困惑一直没有消散。

仁井田陞先生早在《〈唐令拾遗〉序论》中就论述了令和礼的关系,指出:"唐令还和礼,即与贞观、显庆、开元礼……有很深的关系。在上述礼中,也有相当于祠、仪制、衣服、卤簿、假宁、丧葬各令的规定。但是,由于礼和令相矛盾,所以当时经常发生争论,不乏依令修礼或不修礼而对令加以修改的资料。"[11]

池田温先生在《唐令与日本令——关于编纂〈唐令拾遗补〉》一文中指出：众所周知，唐令与唐礼存在着密切的关系，其最显著的事例是，视作开元廿年（732）完成的《大唐开元礼》（以下略称《开元礼》），在其占卷头三卷的序例中，可以认为多处摘要收录了以祠令为首的卤簿令、衣服令、仪制令、丧葬令、假宁令等多种条文。在回顾了泷川政次郎氏《唐礼与日本令》（《法学协会杂志》47—9，1929）、仁井田陞先生《唐令拾遗·序说》中对唐令遗文与《开元礼》对应的绵密调察之后，池田先生又指出：重视衣冠令制的杜佑，在编辑《开元礼类纂》之时，以"令云"的形式，相当全面地补注了作为通览衣服令的序例中所省略的法量和细目，补抄了有关流外行署以下的衣冠的衣服令，得以窥见开元衣服制的全貌。[12]最近出版的《唐令拾遗补》第二部《唐令拾遗补订》、《衣服令第十七》，即根据唐开元补卷三序例下衣服条的记载的顺序排列唐衣服令的复原条文，并据《开元礼》卷三序例下衣服补入唐衣服令复原新条文七条，据《唐令要》补入复原新条文一条。

但是，尽管唐代礼典与衣服令令文密切相关，但在变动的历史发展中，时有礼令相乖的事情发生。如《通典》卷六十一，《礼》二十二云："显庆元年（656），修礼官臣（长孙）无忌、（于）志宁、（许）敬宗等言，武德初撰衣服令，乘舆祀天地，服大裘冕，无旒，臣勘前件令是武德初撰，虽凭《周礼》，理极未安。"

无忌等又奏曰："皇帝为诸臣及五服亲举哀，以礼著素服。今令乃云白帢，礼令乖舛，须归一途。且白帢出自近代，事非稽古，虽著令文，不可行用，请改素服，以会礼文，从之。"

瞿同祖先生云："能守礼自不犯刑，所以古人常礼法并称，曰礼法，曰礼律。《四库全书（总目）提要》称唐律一准乎礼，确为中肯之论。实则中国古代法律皆如此，非止唐律然也。"[13]因此，尽管上举王涯言及参拜仪制上的条文及细节上的"礼令相戾"，但从总体上看，唐律、唐令仍然是一准于礼的。

四、王涯革新令式的"条件"与文宗的敕令

当唐文宗朝时，宦官专权，贵戚奢靡。《新唐书》卷一百七十九《王涯传》云："文宗恶俗侈靡，诏涯惩革。涯条上其制。"

王涯拟定的改革令式的条文,见《全唐文》卷四百四十八。《册府元龟》卷六一《帝王部·立制度二》:"太和……六年六月戊寅,右仆射王涯准敕详度诸司制度条件等。"

唐文宗于826年即位,827年改元太和。即位伊始,即决心整饬制度。《唐会要》卷三十一《杂录》云:"太和元年五月敕:衣服车乘,器用宫室,侈俭之制,近日颇差。宜准《仪制令》,品秩勋劳,仍约今时所宜,撰等级,送中书门下参酌奏闻。"王涯早在宪宗元和十二年已拜为相,守中书侍郎平章事,作为翰林学士及宰相,为宪宗草诏。文宗即位,即将改革衣服车乘提上议事日程。王涯当在此时即准备拟定条件,《唐会要》同卷又云:"(太和)三年九月敕,两军诸司内官,不得著纱縠绫罗等衣服。(太和)六年六月敕,详度诸司制度条件等。"

《唐会要》及《册府元龟》所载唐文宗太和六年六月敕详度诸司制度条件等,其文本即大体采用了《全唐文》卷四百四十八王涯《准敕详度诸司制度条件奏》的奏文。这件奏文、敕令对了解九世纪初唐代通行的"礼"、"令"、"式"条文及其流变十分重要。兹将王涯奏文分析如下:

1. 《礼部式》与服色

王涯云:

准敕详度诸司制度条件等。[14]

《礼部式》:亲王及三品以上,若二王后,服色用紫,饰以玉。五品以上,服色用朱,饰以金,七品以上,服色用绿,饰以银。九品以上服色用青,饰以鍮石。应服绿及青人,谓经职事官成及食禄者。其用勋官及爵直诸司,依出身品,仍各佩刀砺纷帨,流外官及庶人,服色用黄,饰以铜铁,其诸亲朝贺宴会服饰,各依所准品,诸司一品二品,许服玉及通犀,三品许服花犀及班犀,及玉。又服青碧者许通服绿,余请依《礼部式》。

瞿同祖先生在《中国法律与中国社会》一书中,以衣饰、房舍、舆马的差异,"来分析各阶级在日常生活方式上的差异"。"于是不仅将这些差异规定于礼中(礼即所以分别贵贱尊卑的行为规范……),图以教育、伦理、道德、风俗及社会制裁的力量维持之,且将这些规定编入法典中,成为法律。对于违犯者加以刑事制裁……"[15]

又云:"但以颜色来指示衣着者的身份……隋唐及宋紫、朱、绿、青四色只有官品才能服用，流外官及庶民便不得混用此色。隋时庶人通用白色，唐时流外官及庶民便不得混用此色。隋时庶人通用白色，唐时流外官及庶人只能穿黄白二色，朱、紫、绿、青等色不但不许僭用为衣，便是以此等颜色为里衣亦所不许。"[16]

在此背景下，可以看出，王涯的改订制度，在此有两点值得注意。一点是"服青碧者许通服绿"，但又重申"应服绿及青人，谓经职事官成及食禄者"。所论只限于流内九品，即流内官。因此，"服青碧者许通服绿"，只是流内官范围内服色待遇的提高。

另一点是重申"流外官及庶人，服色用黄"。这当然包括"直诸司"的技术官员"直官"，亦只准服色用黄。同时也无异于重申流内官朝参不得用黄。唐代从高宗朝到肃宗朝，经历着从朝参"听服黄"到"不得著黄"的演变。仁井田陞先生《唐令拾遗·衣服令》六十：[乾封]九品以上朝参及视事，听服黄。参见《通典·礼二十一·嘉礼六·君臣服章制度》，《唐会要》卷三十一《舆服》上《章服品第》云，龙朔二年（662）九月二十三日孙茂道奏称，准旧《令》"朝参之处，听兼服黄"。此旧《令》当指永徽令。

但至肃宗上元元年（760）八月二十一日敕云："前令九品已上朝参及视事，听服黄……以章服紊乱，故以此诏申明之。朝参行列，一切不得著黄也。"敕见《唐会要》卷三十一。

于是，黄色服色成为流外官及庶人专用的标志。

从文献研究的视角而言，王涯奏文使我们得以找到《礼部式》的遗文。《唐律疏议》卷二十七杂律，违令条疏议：别式减一等，谓《礼部式》五品以上服紫，六品以上服朱之类。[17]语焉不详，王涯奏文提供了更详细的佚文。

值得注意的是，王涯奏文中的"直诸司"，在太和六年（832）敕正式文本[18]中写作"直司"。

李锦绣氏据《唐令要》卷三一所载同上引文内容指出："直司章服不同于职事。我们在分析四等官时已指出过，职事官基本上是判案之官，因此，直司这样需要特殊才能之官不设职事品，而使其成为一个直司系统。直官没有职事品，官吏充直没有资阶等限制，颇有以才充直的性质，可以称得上是唐循资格选官制度的补充。[19]

直司章服不同于职事，反映了唐代文官制度对专业性技术官员的轻视和抑制。

2. 部曲客女奴婢服色、诸军使司服色

王涯云：

> 诸部曲客女奴婢服，通服青碧。其命妇客女及婢，听同庶人。奴及部曲，请许通服黄白皂。其命妇准格，客女及婢得同庶人，其衣服婢及庶人女妇，请兼许服夹缬，丈夫请通服黄白。

唐代《衣服令》的重要原则是"下不得僭上"。《初学记》二十六引《晋令》："婢履色无过纯青。"本件云："诸部曲客女奴婢服，通服青碧。"但如前所述，绿和青都是官人的服色。

而历来有奴客服饰逾制者，如《周书·儒林·乐逊传》云："武成元年（559）六月……诏……禁奢侈，曰：比来富贵之家，为意稍广，无不资装婢隶，作车后容仪，服饰华美，眩耀街衢，仍使行者辍足，路人倾盖。"此乃北周时事，唐文宗时亦如此。客女服青碧亦属逾制。

王涯拟议将命妇所属客女改成"得同庶人"，即黄白色。准许命妇之婢及客女，兼许服夹缬，这反映出文宗时命妇之客女，已主要用于家务劳动，而不从事农业生产。张泽咸先生指出：王涯的这次改革虽然未成功，"事竟不行，议者惜之"，但反映出在中晚唐的社会里，部曲客女人数仍然有着一定的数量。[20]

关于部曲是从事家务劳动还是从事农业劳动的问题，把王涯的奏文和近年吐鲁番文书结合起来看，使我们相信，北周、隋唐初的情况与中晚唐的情况颇不相同。

唐长孺先生指出："值得注意的是南朝后期我们见到部曲使用于农业生产"；"部曲作为法律上的贱口名称始于北周"。[21]吐鲁番阿斯塔那42号墓"《永徽二年户口帐》第一次出现与奴婢并列于贱口的部曲客女"，唐先生又云："根据上引武周和开元时两件名籍，我们看到不少奴婢、部曲客女聚集在一些豪强地主的田园庄宅内。他们是否从事生产劳动呢？我以为其中有的只从事家内劳动，有的可能是主人的随从和妾媵，但也有部分参加生产劳动，我们知道寄庄一般带有土地，从寄庄括出的奴婢、部曲客女可能是（不一定都是）庄田上的劳动者。"[22]

朱雷先生亦指出，根据吐鲁番所出有关文书的研究，"部曲及客女用于农业劳动的现象不是不存在"。又云："从魏晋以来，除奴婢以外的各

种名色的依附者，到唐代应说是走向统一化（如麴氏高昌时的'作人'改作'部曲'），或是处于逐渐消亡中（如部曲、客女），在法律上的反映，对前代法律条文的继承，绝不是仅仅徒具律文。"[23]

以上说明，在唐前期部曲客女有用于农业者。

拙文《中国田客制部曲制与英国维兰制的比较研究》[24]则强调了部曲客女身份自北周至隋唐初，通过北周诏令及唐律疏议予以法典化。

中唐以后，如《册府元龟》卷64《发号令》："元和十二年（817）二月诏，京城居人五家为保，命朝官及官中条疏家人、部曲及在宅参从人数送府县，其寺观委两街功德使团保"。这个诏令把居京部曲与"家人并列"。

从王涯奏文中的"命妇客女及婢"，知其为贵族家仆。《全唐文》卷七百五十六杜牧《唐故岐阳公主墓志铭》云，岐阳公主驸马杜悰为忠武军节度使，其前任"自始多用武臣，治各出己。部曲家人，疵政弛法，习为循常"。又谓："上所赐奴婢，卒不肯穷屈，奏请纳之，上嘉叹许可，因锡其直，悉自市寒贱可制指者。"[25]此"部曲家人"亦为家仆。

总之，诚如韩国磐先生指出："作为家仆的隋唐五代的部曲，是私家依附性极强的农奴，人身很不自由，非经放免，世代相承仍为部曲客女，不是良人。其身份比奴婢高些，但低于客户……此时法律严禁掠人为部曲，存在的部曲也时经放免。故比起前代来，部曲数量少。至于称所部士兵为部曲，还是不失汉代部曲原义的。"[26]

关于诸军使等服色，王涯又云：

> 如属诸军使司及属诸道，任依本色目流例，其女人不得服黄紫为裙，及银泥罨画锦绣等，余请依令式。

《新唐书》卷二十四《车服》志云："唐初，赏朱紫者服于军中，其后军将亦赏以假绯紫，有从戎缺骻之服，不在军者服长袍，或无官而冒衣绿。"又云："德宗尝赐节度使时服，以雕衔绶带，谓其行列有序，牧人有威仪也。元和十二年，太子少师郑余庆言：百官服朝服者多误。自今唯职事官五品兼六品以上散官者，则有佩、剑、绶，其余皆省。"

唐德宗贞元七年（791）三月赐节度使、观察使以新制华服，元和时有了不同声音。唐文宗则主改革。《唐会要》卷三十一《舆服上·杂录》：太和三年（829）九月敕，两军诸司内官，不得著纱縠绫罗等衣服。王涯的奏文因应了文宗太和初年限制"两军诸司内官"服制的趋势。虽然这些主张以后仍以失败而告终。

3. 袍袄制度与衫布制度

王涯云：

> 其袍袄制度，三品以上，伏请许服鹘衔瑞草、雁衔绶带及对孔雀绫袍袄。四品五品，伏请许服地黄花及交枝绫，六品以上朝参官，许服小圜窠绫及无纹绫、隔织纱、独织等充，除此色外，应有奇文异制，袍袄绫等，并请禁断。其中书门下省、尚书省、御史台及诸司三品官，并请敕下后一月日改易，应诸常参官，限敕下后两月日改革，余非常参官，并许五月日改革，外州府以敕到日起限。

袍，据《释名》："袍丈夫著，下至跗者也。"原田淑人氏云："可知袍为寒衣。其质料多锦绣绫罗"[27]。《旧唐书》卷四十五《舆服志》云："四年八月敕，三品以上，大科䌷绫及罗，其色紫，饰用玉。五品以上，小科䌷绫及罗，其色朱，饰用金。六品以上，服丝布，杂小绫，交梭，双䌷。"

袄亦为上衣，袄子著于袍衫之内。

《唐会要》卷三十一《章服品第》咸亨五年五月十日敕有云："如闻在外官人百姓，有不依令式，遂于袍衫之内，著朱紫青绿等色短衫袄子，或于间野，公然露服，贵贱莫辨，有斁彝伦，自今以后，衣服上下，各依品秩，上得通下，下不得僭上，仍令有司严加禁断。"

王涯奏文中将袍与袄连称，有"袍袄制度"一语。而"鹘衔瑞草"、"雁衔绶带"、"对孔雀绫"、"小圜窠绫"等，都是波斯锦或粟特锦中常见的纹样。先是德宗贞元七年（791）已准许节度使着"鹘衔绶带"时服，故王涯亦采作新制。《册府元龟》卷六一《帝王部·立制度》所记亦同，但至《唐会要》卷三十一文宗太和六年的正式敕令文本中，将"其袍袄制度"以下之上段引文悉加删去，说明文宗在太和六年正式下敕之日，在这一点上比王涯更为坚决。

关于衫布制度，王涯又云：

> 其衫布制度，内外文武常参官及供奉官，外州府四品以上官，请许通服丝布，仍不得有花纹，余请一切禁断。其花丝布及撩绫，除供

御外,请委所在长吏禁毁。讫当日闻奏。其不合服丝布者,请敕下后限一月日内,并须改易。

> 丈夫袍袄衫等,曳地不得长二寸以上。衣袖不得广阔一尺三寸以上。妇人制裙,不得阔五幅以上。裙条曳地,不得长三寸,襦袖不得广一尺五寸以上。

原田淑人氏云:衫为单衣,为春夏之服。[28] 陈寅恪先生《元白诗笺证稿》,《新乐府·缭绫》引元稹《阴山道》云:"越縠撩绫织一端,十匹素缣工未到。豪家富贵逾常制,令族亲班无雅操。从骑爱奴丝布衫,臂鹰小儿云锦韬。"元稹此诗是王涯此段奏文背景的最好注脚。

4. 贞元旧制与高髻险妆所司条流与高头履

王涯云:

> 妇人高髻险妆,去眉开额,甚乖风俗,颇坏常仪,费用金银,过为首饰,并请禁断。其妆梳钗篦等,伏请勒依贞元中旧制,仍请敕下后,诸司及州府榜示,限一月内改革。

> 又吴越之间,织造高头草履,纤如绫縠,前代所无,费日害功,颇为奢巧。伏请委所在长吏,当日切加禁绝,其诸采帛缦,或高头履及平头小花草履,既任依旧,余请依所司条流。

《新唐书》卷三十四《五行》一记"服妖"云:"杨贵妃常以假鬓为首饰,而好服妖也。时人为之语曰:'义髻抛河里,黄裙逐水流。'元和末,妇人为圆鬟椎髻,不施朱粉,惟以乌膏注唇,状似悲啼者。圆鬟者,上不自树也。悲啼者,忧恤象也。文宗时,吴越间织高头草履,纤如绫縠,前代所无。履,下物也,织草为之,又非正服,而被以文饰,盖阴斜阘茸泰侈之象。"义髻即假髻,自开元至唐末,时有"高髻险妆"之出现,被当时人认为是一种末世的征兆。

敦煌壁画莫高窟 375 窟女供养人梳高髻,445 窟《弥勒变》中众宫女发型,亦有高髻、抛家髻之类[29],"唐末,京都妇人梳发以两鬓抱面,状如椎髻,时谓之'抛家髻'"(《新唐书·五行志》)。陈寅恪先生在白居易《新乐府·时世妆》笺证云:"盖元和之时世妆,实有胡妆之因素也。凡所谓摩登之妆束,多受外族之影响。此乃古今之通例,而不须详证者。又岂独元和一代为然哉?"[30]

从王涯奏文看，贞元中虽有旧制，其后却愈益奢靡。《唐语林》卷六云："长庆中京城妇人首饰，有以金碧珠翠，笄栉步摇，无不具美，谓之'百不知'，妇人去眉，以丹紫三四，横约于目上下，谓之血晕装。"则王涯"限一月内改革"的呼吁确是有迫切性的。

5. 准《仪制令》定诸军用幰

王涯云：

> 准《仪制令》，诸军一品以下，五品以上，皆通幰。六品以下，皆不用幰者，今非册拜及婚宴，不用幰。

按，此条于《唐会要》卷三十一之文宗太和六年敕文中，"准《仪制令》"四字前有"又制，节度使"。则此条目中所论诸军为节度使诸军，即本条法令之适用范围限于节度使。帛张车上曰幰，车缦，用以御热。其制有品级。《唐律疏议》卷二十六《杂律》上，诸营造舍宅车服器物于令有违条，疏议曰："车者，《仪制令》，一品青油纁通幰。"

《唐六典》卷四《礼部郎中员外郎》百僚缴幰："一品青洞（洞当作油）纁通幰，朱里，三品以上，青通幰，朱裹。五品以上，青偏幰，碧裹。"

王涯上述奏文反映出，在节度使诸军中，六品已下逾制违令之事已十分突出。节度使势力的膨胀，成为冲击唐"令"的巨大力量。

6. 准《六典》、《礼部式》定从骑

> 又准《六典》及《礼部式》，诸文武赴朝诸府遵从，职事一品，及开府仪同三司骠骑大将军，听七骑。二品及特进，五骑。三品及散官，三骑。四品五品两骑。六品以下一骑。其散官及以礼去官，五品以上，将从不得过两骑。若京城外将从，不在此限。
>
> 今约品秩，职事官一品职，七骑。二品及中书门下三品，五骑。三品及中书门下御史台五品、尚书省四品，三骑。四品、五品，两骑。鞍通输石装。其散官及以礼去官者，五品以上，不得过一骑。若京城外及勋绩显著、职事繁重者，不在此限。七品以下，非常参官，并不得马从，未任者听乘。
>
> 属马，鞍用乌漆装。
>
> 右请一品二品九骑，三品七骑，四品五品两骑，六品一骑，其京

  城应繁重者，不在此限。六品以下非常参官，不得以马从。六品以上非常参官周亲未任者，听乘马。余未任，听乘属马。小马鞍用乌漆装，其胥吏杂色人不在此限。

  其鞍辔装饰，据所司条流，得用银者，四品以下，并得许用。垂头、押胯，其用银输石者，并不得用闹装。其军容队伍、要资华饰，不在此限，余并依所司条流。

王涯奏文首部见有《礼部式》佚文，此为另一处《礼部式》已佚内容，颇富文献价值。

7.《少府式》、《卤簿令》与车乘制度

王涯云：

  准《少府式》：公主出降，犊车两乘。一金铜装。郡主犊车两乘，一铜装。县主犊车两乘，一铜装。

  又准《卤簿令》，外命妇一品厌翟车六乘。二品三品，白铜饰犊车一，从车四乘。四品，白铜饰犊车一，从车二乘者。

  今此附前件令式，参酌今时之宜，妇人本来乘车，近来率用檐子，事已成俗，教在因人。今请外命妇一品二品，中书门下三品母妻，金铜饰檐子，舁不得过八人，三品金铜饰犊车，金铜饰檐子，舁不得过六人。非尚书省御史台，即白铜饰檐子，舁不得过四人，四品五品，白铜饰犊车，白铜饰檐子，舁不得过四人。六品以下画奚车檐子，舁不得过四人。胥吏及商贾妻子，并不乘奚车及檐子。其老疾者听乘䩹輂（步木反，车横木）车及笍笼，舁不得过二人。庶人准此。

  右伏缘白铜先已禁断，今请应合用铜者，通用输石。胥吏商贾妻女老疾者，听乘座车及䩹輂车，余并请准所司条流处分。

王涯奏文引《卤簿令》，在《唐会要》卷三十一采作太和六年六月敕，惟王涯奏文之"外命妇一品，厌翟车六乘"，敕文作："外命妇一品，厌翟车，从车六乘。"又见于《册府元龟·帝王部·立制度》太和六年六月。

《大唐开元礼》卷二《序例中》有"外命妇卤簿"，仁井田陞氏据此复原《卤簿令第十九》（《唐令拾遗》），据此复原为开元二十五年外命妇卤簿。

  值得注意的是，王涯据前件令式，拟定了中唐时期的取代妇人车乘的

"檐子"制度。并规定"胥吏及商贾妻子,并不乘奚车及檐子"。

又,《唐六典》卷二十二《左尚署》"监作六人"条:"凡皇太后皇后内命妇之重翟、厌翟、翟车、四望、金根等车;皇太子之金辂轺车、四望车,王公已下象辂、草辂、木辂轺车。公主、王妃、外命妇一品厌翟车,二品三品犊车。其制各有差。"

综合《大唐开元礼》卷二《序例中》,厌翟车驾马,犊车驾牛,反映了不同的品级与制式。

8. 依所司条流处分禁断商人乘马

王涯云:

> 商人乘马,前代所禁,近日得以恣其乘骑,雕鞍银镫,装饰焕烂。从以童骑,骋以康庄,此最为僭越。伏请切令禁断,庶人准此。
>
> 师僧道士,除纲维及两街大德,余不得乘马,请依所司条流处分。

《唐会要》卷三十一《杂录》云:"乾封二年二月,禁工商不得乘马。"P3813号敦煌本《唐判集》第11道,告长安县商胡史婆陁"骑士游童,转金鞍而照日",判文云,"奢之罪,《律》有明文,宜下长安,任彼科决"。

此王涯奏文被文宗采作太和六年(832)敕文,唯"骋以康庄"句,为敕文文本所删,余同。

9. 《营缮令》与官私营缮制度

王涯云:

> 准《营缮令》:"王公以下,舍屋不得施重栱藻井。三品以上,堂舍不得过五间九架,仍厅厦两头门屋,不得过三间五架。五品以上堂舍,不得过五间七架,亦厅厦两头门屋,不得过三间两下,仍通作乌头大门。勋官各依本品。六品七品以下,堂舍不得过三间五架,门屋不得过一架两下。非常参官,不得造轴心舍,及不得施悬鱼对凤,瓦兽通栿,乳梁装饰。祖父舍宅,荫子孙,虽荫尽,仍听依旧居住。天下士庶公私第宅,皆不得造楼阁,临视人家。"
>
> 近者或有不守敕文,因循制造,自今已后,伏请禁断。庶人所造堂舍,不得过三间四架,门屋不得过一间两架下,仍不得辄施装饰。

> 准《律》，诸营造舍宅，于今有违者，杖一百，虽会赦，皆令改正之，其物可卖者听卖。若经赦后百日不改去及卖，论如《律》。
>
> 又准大历六年十二月十一日，敕京城内坊市宅舍，辄不得毁折，今若改去，恐为倍费。其已成者，许不毁折，自今已后，宜令禁断。

本条又见《唐会要》卷三十一《杂录》文宗太和六年（832）六月敕。仁井田陞氏《唐令拾遗》据会要复原开元七年、开元二十五年营缮令。《会要》敕文与王涯奏文文字有些微差异。如王涯奏文"仍厅厦两头门屋"及"亦厅厦两头门屋"在敕文中去掉"仍"、"亦"等词。王涯奏文之"天下士庶公私第宅"在敕文中改"天下"为"其"，盖奏文改为敕文时所改订。

《唐律疏议》卷二十六《杂律上》诸营造舍宅器物于令有违者条："疏议曰：营造舍宅者，依营缮令，王公以下，凡有舍屋，不得施重栱藻井……若有违者各杖一百。"同卷又有："疏议曰：舍宅以下，违犯制度，堪卖者须卖，不堪卖者改去之。若赦后百日不改，及不卖者还杖一百，故云论如律。"则上引王涯奏文本条末尾部，所据为此。

10. 诸军诸使职掌官等应制度衣服车乘器用宫室准条件纠察

王涯云：

> 应制度衣服车乘器用宫室等，其诸军诸使职掌官等，并请约文武官例，各委本军本使，以职掌高下，约为等第，此类闻奏。
>
> 应三省御史台、两京诸司及诸道在城职掌官等，诸不许用本官本品例，仍并不得服犀玉，及车马不得饰以金银。应诸色条件，伏请委御史台知弹御史两巡使，京兆尹及东都留守，河南尹留台御史，外州府长吏，准条件月日，切加纠察，如有违越，没入所犯物，仍量加决责。其常参官品闻奏。其在城诸军诸司，各委本司勾当，如本司勾当不及者，委台司觉察。闻奏以前，臣涯等奉敕令，臣等同为详定，酌中奏闻者。伏以法惟无作，作则必行；令贵在宽，宽则可久。今臣等约所司条件，令式旧章，从俗酌宜，务遵中道。

王涯奏文及文宗太和六年敕文，重申王、公以下，舍屋不得施重栱藻井，乃因"重栱藻井"是天子的特权。《唐六典》卷二十三"左校令"条注云："天子之宫殿，皆施重栱藻井，王公诸臣三品以上九架，五品以上七架，并厅厦两头，六品以下五架。其门舍，三品以上五架三间，五品以上三间两厦。六品以下及庶人一间两厦，五品以上得制乌（一本作鸟，误）头门，若官修者，左校为之，私家自修者，制度准此。"可知营缮令确定了必须官私遵循的营缮制度。

敦煌本八世纪初P3813号《唐判集》第11道，长安县粟特商人史婆陁，资财巨富，身有勋官骁骑尉，为邻人粟特人康莫鼻告发其违法式事。判文云："至于衣服违《式》，并合没官。屋宇过制，法令修改，奢之罪，宜下长安，任彼科决。"[31]说明营缮方面违令之事颇不乏人，也说明王涯的革新拟议是针对时弊的。

以上我们分条分析了王涯奏文与礼及令的关联。

这里值得注意的是我们实际看到了三种文本：

(1)《全唐文》卷四百四十八，王涯《准敕详度诸司制度条件》。这是王涯本人的奏文。

(2)《册府元龟》卷六一《帝王部·立制度二》《（唐文宗太和六年）六月戊寅右仆射王涯准敕详度诸司条件奏》。这是与王涯奏文内容几乎雷同的太和六月文本。其结尾部分较《唐会要》卷三十一所载详细。说明此间是正式颁敕前的一件奏稿，正文部分几乎都沿袭了王涯奏文。《册府元龟》可贵之处在于保存了文宗就奏文所写诏文。

(3)《唐会要》卷三十一《唐文宗太和六年六月详度诸司制度条件奏》，这是根据《册府元龟》文本删定改制的正式文本，在条件顺序上有变动，在条件内容上有所删除（如袍袄制度）亦有所增改（如节度有关内容），而结尾部分亦较《册府元龟》文本有所删除。这些文本反映了王涯、文宗等人与最后参与修订者之间的细微差别。《册府元龟》卷六一《帝王部·立制度二》，关于敕令末尾，其文本略有小异，云：

> 诏曰：理道所关，制度最切，近者风俗踰侈，岁月滋甚，人骤本业，用多费财，爰命有司，载举彝制，务从简朴，度可久行，将使尊卑有伦，刑罚少息。其丧葬婚嫁，吉凶礼物，皆有著定，尤闻僭差，虽不在条件之物，亦委所司，准令式勾当，仍切加捉搦，不得辄有容纵，军国异容，古今通礼，禁军仗卫杂饰，及诸道节度等使，应缘军装衣服，即不在此限，或有留令慢法，委御史台弹奏当座长吏，用清颓风。

上引《册府元龟》又云：

  帝自御极，躬自俭约，将革奢侈之弊，遂命有司，示以制度，敕下之后，浮议嚣腾，京兆尹杜悰于敕内条件，易施行者，奏请仍宽其限，事竟不行，公议惜之。

《册府元龟》文本顺序与《全唐文》所载顺序同。而诏曰部分又较详，则《唐会要》中文本是在此文本上进一步删改及调整顺序的定本。

五、后　　论

韩国磐先生在《中国古代法制史研究》中指出了《唐制疏议》引用的10种"式"的篇名，如《礼部式》，《唐律疏议》卷27在解释律文"别式减一等"时，曾引此式文说："谓《礼部式》'五品以上服紫，六品以下服朱'之类。王涯太和年间条件奏文，准《礼部式》明章服区别，又准《礼部式》定从骑。"[32]

韩先生又指出，以往"对格、式特别是式研究得少"。又云："式"，"实即唐朝政府各机构处理经常事务的办事细则。据上引式的篇名，可知尚书省六部的各司和九卿等，大都有其式，即以其本衙为篇名"。王涯奏文准《少府式》定车乘，此"式"即以其本衙"少府"定名。[33]

韩先生在同书中又讨论了"唐代行用《六典》与否"的问题。指出："《唐六典》的内容不是变法，而是将当时的行政机构即封建政府各官司及其职权法典化，而其写法就是将'令式入六司'，这一点至为重要。"又指出："二是唐朝人确实是将《唐六典》作为行政法典或政府组织法规来看待的。"在王涯条件奏文中，准《六典》、《礼部式》定从骑，明确看出唐人即以《唐六典》为各官司办事准则，违者即以此书所载纠正之。[34]

《新唐书·刑法志》有云："唐之刑书有四，曰律、令、格、式。令者，尊卑贵贱之等数，国家之制度也。"王涯奏文的全部内容，就是《准敕详度诸司制度条件奏》。国家制度由"令"所载明，因而奏文中引据了《仪制令》、《卤簿令》、《营缮令》。而准《礼部式》明章服区别，亦与《衣服令》有关。

我们比较王涯条件奏文和唐文宗太和六年敕条件，相其条目内容列表如下：

王涯条件奏文			文宗太和六年敕条件		
条件序号	内　容	意义	条件序号	内　容	备注
1	准《礼部式》明章服区别		一	准《礼部式》明章服区别	
2	部曲奴婢服色 诸军使司服色		九	诸部曲奴婢服色 诸军诸使诸司服色	
3	袍袄制度 衫布制度		二	袍袄衫等尺寸限制	
4	禁断妇人高髻险妆		六	禁断妇人高髻险妆	
5	准《仪制令》定诸军用幰		四	又制节度使准《仪制令》用幰	
6	准《六典》、《礼部式》定从骑		三	准《六典》、《礼部式》定从骑	
7	准《少府式》、《卤簿令》定车乘		五	准《少府式》、《卤簿令》定车乘	
8	禁断商人乘马		八	禁断商人乘马	
9	准《营缮令》定制		七	准《营缮令》定制	
10	诸军诸使职掌官等衣服车乘制度约请本军本使定制		十	诸军诸使职掌官等衣服车乘制度约请本军本使定制	

　　我们通过以上对王涯《准敕详度诸司制度条件奏》及此奏文又曾于太和六年以文宗敕的形式颁行，再次证明了王涯改革的拟议与文宗意图有关，这也是李、郑、王、顾甘露之变"本承密旨"即文宗密旨的一个大背景上的旁证，同时对于奏文和条件的讨论，也使我们认识到王涯在文宗支持下的革新意向。

　　文宗太和六年敕详度诸司制度条件的官颁文本（《唐会要》卷三十一）和王涯奏文颇有不同之处。首先是条列文件之顺序不同。唐代公文中的条件或条疏，是一种按条分列的文本。如奏文中之部曲奴婢服制及诸军诸使服制，原列为第二条，在正式敕文中挪后列为第九条，可见敕文对本条的重要性，不如王涯本人看得重要。

比较王涯奏文和文宗敕令等两个文本，我们可以从中看到如下的改革思想：

第一，通过对节度使、诸军诸使中的逾制情况的限制，来限制藩镇势力。在打击限制节度使的同时，也给予地方节度使相当多权利，以法定形式肯定变动了的政治秩序。

又敕文文本中以下各点为王涯奏文中所无，如：又应三省御史台、两京诸司及诸道在城职掌官等，诸不许用本官本品例，仍不得服犀玉，及车马不得饰以金银。

又如：

> 又制，节度使，准《仪制令》，诸军一品以下，五品以上，皆通用幰，六品以下，皆不得用幰。

文中"节度使"三字为王涯奏中所无。

王涯在奏文末尾写道："伏以法惟无作，作则必行，令贵在宽，宽则可久。今臣等约所司条件，令式旧章，从俗酌宜，务遵中道。"在敕文中则改写为如下的结尾：

> 敕旨，理道所关，制度最切，其丧葬婚嫁，吉凶礼物，虽不在条件之一，亦委所司，准令式勾当，仍加捉搦。其禁军仗卫杂饰，及诸道节镇等使，军装衣服，即不在此限，余并依奏。

这些敕文中改订的文字，明确是针对"节度使"及"诸道节镇"，以及包括神策军在内的"禁军"的，表明在太和六年敕文中，唐文宗表现了比王涯更大的胆略。

第二，王涯试图通过对诸军、诸使、诸司有关服色制度的限制，来限制内使诸司及神策军宦官的逾制，如前引太和六年敕文中的司"其禁军仗卫杂饰"即涉及宦官掌管的神策军。

但这一努力是失败的。在王涯失败以后，宦官逾制愈演愈烈。

《旧唐书》卷二十《昭宗本纪》、《唐会要》卷九下《杂郊议下》：龙纪元年十一月……上宿斋于武德殿，宰相百僚，朝服于位，时两军中尉杨复恭及两枢密，皆朝服侍上，太常博士钱珝、李绰等奏论之曰："皇帝赴斋宫，内臣皆服朝服，臣检国朝故事，及近代礼令，并无内官朝服助祭之文……礼院先准大礼使牒称得内侍省牒，要知内臣朝服品秩，礼院已准礼令报讫，今参详近朝事例，若内官及诸卫将军，必须制冠服即各依所兼正官，随资品，依令式，服本官之服，事存传听，且可俯从，然亦不分明著在礼令，乞圣慈允臣所奏。"

第三，一部分商人与宦官势力勾结，通过对商人的限制，打击宦官。

《遥鉴》卷254僖宗广明元年（880）条诏云："神策军士皆长安富家子，赂宦官窜名军籍，厚得禀赐，但华衣怒马，凭势使气。"所记为德宗建中四年（783）白志贞召募"京师沽贩之徒"为神策军之后，直至唐末的情况。《唐会要》卷72《京城诸军》元和十三年（818）十二月敕下原注云："自贞元以来，长安富户皆隶要司影庇，禁军挂籍，十五六焉。"诚如唐长孺先生指出："神策禁军成为宦官控制政局的政治工具，商人、游手、富家子弟的避役渊薮。"[35]

第四，反对社会上的豪奢之风。

如在"袍袄制度"改革奏文中，提出禁断"奇文异制"绫锦。在"衫布制度改革奏文"中主张"撩绫，除供御外，请委所在长吏禁毁"。又提出丈夫袍袄曳地，不得长二寸，妇人裙条曳地不得长三寸。反拟革新者，均为元和、长庆以来愈演愈烈的奢靡之风，迭经元慎、白居易在诗歌中讽刺，到王涯更提出以法律来禁制。

第五，在当时的社会变动中，对部曲客女地位的改善，对部分庶人权力的确认，对直司一类的非职事官地位，通过礼、法的改革，肯定社会变动中的若干历史进步。

第六，一方面，王涯提出"法惟无作，作则必行，令贵在宽，宽则可久"的思想；另一方面，在据此奏文改写的文宗大和六年敕文中则宣扬"理道所关，制度最切"，"吉凶礼物，虽不在条件之内，亦委所司，准令式勾当"——这些都表明在礼制出现颓势和唐令每被逾制的情势下，继续保持礼令的权威和改革礼令的一种企望。

但是，王涯却遭到了失败的命运。

《新唐书》卷一七九《王涯传》云："文宗恶俗侈靡，诏涯惩革。涯条上其制，凡衣服屋宇。使略如古，贵戚皆不便，谤讪嚣然，议遂格。"

反对王涯改革的贵戚的代表人物之一，是驸马都尉杜悰。杜悰为杜佑之孙，尚公主。杜悰腐化，史称"而荒湎宴适不能事"。《新唐书》卷二四《车服志》云：文宗之由王涯拟定的改革敕文下达后，"诏下，人多怨者，京兆尹杜悰条易行者为宽限，而事遂不行。唯淮南观察使李德裕令管内妇人衣袖四尺者阔一尺五寸，裙曳地四五寸者减三寸。"则杜悰与文宗敕令的失败联系在一起，唯独李德裕颇有改革者气派。

王涯的改革方案是唐文宗力图抑制宦官、抑制节度使、革新政治的政策的产物。

为了进行改革，文宗起用了李训。《唐语林》卷六云：郑注"荐周易博士李顺，召入内署为侍讲。为了抑制宦官，唐文宗曾向王涯调查宦官高力士的历史。李德裕《次柳氏旧闻》云：

> 太和八年秋，八月乙酉上于紫宸殿听政，宰臣王涯等，奉职奏事。上谓宰臣曰：故内臣力士，始终事迹，试为我言之。涯即奏曰：上元中史臣柳芳，得罪窜黔中时，力士亦徙巫州，因相与周旋，力士以芳尝司史，为芳言先是时禁中事，皆芳所不能知，而芳亦有质疑者，芳默识之。及次其事，号曰《问高力士》。上亦令采访，故史氏取其书。臣涯等既奉诏，即召芳孙度支员外郎璟询事。璟对，某祖芳前从力士问觊缕未竟，后著《唐历》，采取义类相近者以传之，其余或秘不敢宣，或奇怪非编录所宜及者，不以传，今按求其书，亡失不获。

当太和六年王涯奏文以文宗诏令发表时，可谓是王涯宦途的巅峰期，次年，以右仆射同平章事，兼度支监铁转运使，财富和权力，都是权倾一时，王涯也搜罗到若干名画珍奇。如李绰《尚书故实》有云：

> 清夜游西园图，顾长康画……
> （张维素子周封）遽以绢数匹赎得，经年，忽闻款关甚急，问之，见数人同称，仇中尉传语。评事知《清夜图》在宅，计闲居家贫，请以绢三百匹易之。周封惮其胁遽，以图授。明日果赍绢至。后方知诈伪，乃是一力足人，求江淮大盐院，时王庶人涯，判监铁，酷好书画，谓此人曰，为余访得此图，然遂公所请，因为计取耳。及十二家起，复落在一粉铺内，郭侍郎（承嘏）阍者以钱三百，买得献郭，郭公流传至令狐家，宣宗尝问相国有何名画，相国具以图对，复进入内。

王盐铁身居高位时也搜罗了如手掌大的老虎皮。《酉阳杂俎》卷十"大虫皮"条：

> 永宁王盐铁旧有大虫皮,大如一掌,须尾斑点如大者。

王涯也免不了豪奢,作为改革者,陷于命运莫测。《酉阳杂俎续集》卷三《永宁王相王涯三怪》:

> 渐米匠人苏润,本是王家炊人。至荆州方知。因问王家咎征。言宅南有一井,每夜常沸涌有声,昼窥之,或见巨厮罗,或见银熨斗者,水腐不可饮。○又王相内斋,有禅床,柘林丝绳,工极精巧,无故解散,各聚一处,王甚恶之,命焚于灶下○又长子孟博,晨兴,见堂地有凝血数滴,趴至大门方绝。孟博遽令铲去,王相初不知也。

从太和九年掌盐铁之日起,王涯的政治命运陷入了更加捉摸不定的局面。唐张读《宣室志》有云:

> 左丞相王涯,太和九年掌邦赋,又主盐铁,其子仲翔,尝一日避暑于山亭,忽见家僮数十,咸若无首,被血来仲翔前,仅食顷方不见,仲翔惊异且甚,即具白之,愿解去权位,涯不听,是岁冬十一月,果罹郑注之祸。

在政治命运莫测时,如果说李训靠《易学》来推测未来,王涯则以道家所尚之杨立《太玄经》为凭。王说《唐语林》卷一有云:

> 王相涯注太玄,常取以卜,自言所中多于易筮。

王涯在风云莫测的形势面前,仍然是坚定的。从《太玄经》或《易学》,他应该相信变易即革新是正确的,因而"曾无休退之意"。
唐苏鹗撰《杜阳杂编》卷中云:

> 王涯初为大官,名德闻望,颇为朝廷钦仰。末年,恃宠固位,为士大夫讥之。其所居之地,妖怪屡见,知气者以不吉语告之,而涯广自引谕,曾无休退之意。及伏诛,时人谓王公祸至不省惑矣。

同卷又云,王涯终于遭到腰斩的命运:

> 王沐者,涯之再从弟也,家于江南,老而且穷。大和九年……及涯败露伏法,仇士良收王氏家族,沐方在涯私第,以为族人被执,而

腰斩之。

王涯同案十一人，赤族伏诛。

裴庭裕《东观奏记》卷上有云：

> 郑注以药术为侍学士，李训自流人召入内廷，玨未尝私焉……未几，训为相，造假甘露，谋上左右，与王涯等十一人赤族伏诛。

甘露之变失败，唐文宗戚戚不乐。《唐语林》卷四云：

> 文宗自太和乙卯岁后，常戚戚不乐，事稍间，则必有叹息之音。会幸三殿东亭，见横御架巨轴，上指谓画，工程修已曰：此开元东封图也。命内臣悬于东庑下，上举玉如意指张说辈叹曰，使吾得其中一人，则可见开元之理。

对于王涯为宦官仇士良所杀，文宗悲伤，《唐语林》卷四又云：

> 太和九年，仇士良诛王涯、郑注，上或登临游幸，虽百戏列于前，未尝少悦，往往瞠目独语，左右不敢进问，题诗云：辇路住春草，上林花发时，凭高何限意，无复侍臣知。

"凭高何限意，无复侍臣知"，文宗深感自己的改革意图没有得到更多的人的理解。

王涯等失败以后，更出现南衙北司水火的局面。孙光宪《北梦琐言》卷五《令狐公密状》云：

> 唐太和中阉官恣横，因甘露事，王涯等皆罹其祸，竟未昭雪，宣宗即位，深抑其权，末年尝授旨于宰相令狐公，公欲尽诛之，虑其宽，乃密奏牓子曰：但有罪莫舍，有阙莫填，自然无遗类矣，后为宦者所见，于是南北盖相水火。洎昭宗末，崔侍中得行其志，然而已（以）玉石俱焚也。

王涯在任盐铁转运使时虽也收罗名画，但总的来看王涯实际上是一位主张改革的清流人物。柳玭《戒子孙》云："王相涯居位，窦氏女归，请曰，玉工货钗，直七十万钱。王曰……但钗直若此，乃妖物也，祸必随之，女不敢复言，后钗为冯球外郎妻首饰。……涯曰：为郎吏妻，首饰有七十万钱,其可久乎!"[36]

早在1942年,岑仲勉先生撰《翰林学士壁记注补》,对王涯进行了重新评价。仲勉先生指出:"唐有两大狱,曰王叔文党案,曰郑注、李训党案,其情势略类清末康梁之案,所异者唐在除宦官,清在制母后耳。"又云:"吾人生千百年下,犹得发其覆,扬其私,使郑(注)、李(训)、王(涯)、顾(师邑)诸君子之名,不至终于'昧没',补缺犹雕虫之小技,诛奸昭论世之至公,谓非一大快事乎。"[37]

对于王涯所牵涉之郑注、李训之所谓"甘露之变"一案,历来有两种完全相反的评价。

一种以司马温公为代表。《资治通鉴》卷245有云:"(李)训、(郑)注本因(王)守澄进,卒谋而杀之,人皆快守澄之受佞而疾训、注之阴狡。"卷263评曰:"况李训、郑注反复小人,欲以朝谪诈之谋,翦累世胶固之党。"

另一种则以清代史家王鸣盛为代表。《十七史商榷》九一以为李训、郑注皆奇士,指出:"僖宗光启四年正月,下诏昭雪王涯以下十七家,诏曰:太和元〔九〕年故宰相以下十七家,并见陷逆名,本承密旨,遂令忠愤,终被冤证,六十余年幽柱无诉。此诏见王明清《玉照新志》。旧纪、传皆不载,《新书·王涯传》末云,昭宗天复初大赦,明涯、训之冤。"[38]

陈寅恪先生的《唐代政治史略稿(手写本)》有云:

> 然则李训为天下奇才,较当日外朝士大夫牛李党人之甘心作宫掖中阉寺附属品者,固有不同矣……后之史家何以成败论人也。[39]

同书又引《北梦琐言》卷伍"令狐公密状"条云:"唐大和中阉官恣横,因甘露事王涯等皆罹其祸,竟未昭雪。"陈寅恪先生又谓:

> 寅恪案:李训、郑注所以能异于宋申锡,而几成扫除阉寺之全功者,实在于利用阉寺中自分党派,如王守澄与仇士良及韦元素等之例是也……斯为文宗一朝政治上最要之关键,前人论史似甚少涉及者,特为标出之如此。[40]

按,李训为奇才说本出自唐文宗。《陈寅恪读书札记·新唐书之部》"李训等传赞"条云:赞曰:……文宗与宰相李石、李固言、郑覃称:"训禀五常性，服人伦之敬，不如公等，然天下奇才，公等弗及也。"[41]

岑仲勉先生《隋唐史》有云："（王鸣盛）《十七史商榷》卷九一"训注皆奇士"条，辨《新唐书》本传诡谲贪沓之说，语最公允，当日阉人势盛，士夫固多为作鹰犬者，《新唐书》仅据旧籍转录，正王氏所谓史官曲笔。"又云："司马光之论郑、李，与《新唐书》之论叔文，同一鼻孔出气，质言之，迂儒不可与言大事而已，然阉宦之怒郑、李、王（涯）、顾（师邑）诸君子，犹未息也，即《翰林学士壁记》之小小留题，亦芟除务尽……吾人生千百年下，犹得发其覆，揭其私，使郑、李、王、顾诸君子之名，不至终于'昧没'。"[42]

王涯的令式礼革新失败及乙卯政治革新失败的悲剧，象征着公元9世纪末唐代盛极一时的礼与令已走向"后开元礼"和"后开元令"的时期。

以礼而言，在贞观礼、显庆礼、开元礼的繁盛之后，如《玉海》所载有所谓"开元后礼"。贞元九年（793）有《大唐郊祀录》，元和十一年（816）有《礼阁新仪》。元和十三年（818）有所谓《曲台新礼》，"集开元二十一年以后，元和十三年正月五礼裁制敕格，吉凶五礼以类区分"。《续曲台礼》则收入元和、长庆间的礼仪礼制。这说明礼典已逐渐敕令化。[43]

与此同时，令格式也多为新的敕令所增益。而以敕令不断登台的"后开元礼"时期和"后开元令"时期，在东亚世界享有盛誉的"律令制"究竟有哪些划时期变化，究竟有着怎样的新的历史命运，却是有待未来研讨的课题。

注　释

[1] 姜伯勤：《秋林〈三至八世纪中国依附农民的形成〉一书介绍》，《中国史研究动态》1988年第6期。
[2] 韩国磐：《中国古代法制史研究》，人民出版社1993年版。
[3] 仁井田陞著，池田温（编集代表）：《唐令拾遗补》，东京大学出版会1997年版。
[4] 岑仲勉：《翰林学士壁记注补》（1942），见同氏《郎官石柱题名新考订（外三种）》，上海古籍出版社1984年版。
[5] 同上书，第254页。
[6] 陈寅恪：《陈寅恪读书札记》，《旧唐书之部》，第172页，上海古籍出版社1989年版。
[7] 同注[4]，第460、464、197～200页。

[8]《陈寅恪读书札记》,《新唐书之部》,第 4 页。

[9] 同注 [3],第 1221 页。

[10] 池田温解题:《大唐开元礼(附大唐郊祀录)》,古典研究会,汲古书院,1972 年。

[11]《唐令拾遗》中译本,长春出版社 1989 年版,第 841 页。

[12] 池田温:《唐令与日本令——关于编纂〈唐令拾遗补〉》,见《中国礼法与日本律令制》,东方书店,1992 年 3 月,第 178 页。

[13] 瞿同祖:《中国法律与中国社会》,中华书局 1981 年版。

[14] 以下王涯《准敕详度诸司制度条件奏》见注 [15]、[16]。

[15] 瞿同祖:《中国法律与中国社会》,第 138 页,中华书局 1996 年版。

[16] 同上书,第 140～141 页。

[17]《唐令拾遗补》,第 643～649 页。

[18] 见《唐会要》卷三十一《舆服·上》。《杂录》,《(太和)六年六月敕详度诸司制度条件等》。

[19] 李锦绣:《唐代财政史稿》(上卷)第一分册,第 374～375 页,北京大学出版社 1995 年版。

[20] 张泽咸:《唐代阶级结构研究》,第 469 页,中州古籍出版社 1996 年版。

[21] 唐长孺:《魏晋南北朝时期的客和部曲》,见《魏晋南北朝史论拾遗》,第 16～17 页,中华书局 1983 年版。

[22] 唐长孺:《唐西州诸乡户口帐试释》,《敦煌吐鲁番文书初探》,第 186～188 页,武汉大学出版社 1983 年版。

[23] 朱雷:《〈唐律疏议〉中有关"部曲"的法律条文》,见《中国前近代史理论国际学术研究会论文集》,第 474 页,武汉,1997 年。

[24] 姜伯勤:《中国田客制部曲制与英国维兰制的比较研究》,《历史研究》1984 年第 4 期。

[25] 同注 [20],第 408 页。

[26] 韩国磐:《隋唐五代史论集》第 73 页,人民出版社 1979 年版。

[27] 原田淑人原著,常任侠等译:《中国服装史研究》(即《唐代的服饰》、《汉六朝的服饰》和《西域壁画中所见的服饰》之中译本),第 122 页,黄山书社 1988 年版。

[28] 同上书,第 120 页。

[29] 段文杰:《莫高窟唐代艺术中的服饰》,《段文杰敦煌艺术论文集》,第 285 页,兰州,1994 年。

[30] 陈寅恪:《元白诗笺证稿》,第 260 页,上海古籍出版社 1982 年版。

[31] 池田温:《敦煌本判集三种》,《末松博士古稀纪念古代东亚史论集》(下),

1978 年。
[32] 韩国磐：《中国古代法制史研究》，第 311 页，人民出版社 1993 年版。
[33] 同上书，第 312 页。
[34] 同上书，第 313～314 页。
[35] 唐长孺：《魏晋南北朝隋唐史三论》，第 457 页，武汉大学出版社 1992 年版。
[36]《全唐文》卷八百十六，柳玭。
[37] 岑仲勉：《翰林学士壁记补》，见《郎官石柱题名新考订》，第 199～200 页。
[38] 同上书，第 199 页。
[39] 陈寅恪：《唐代政治史略稿》（手写本），第 208 页，上海古籍出版社 1988 年版。
[40] 同上书，第 217～218 页。
[41]《陈寅恪读书札记》《新唐书之部》，第 115 页，上海古籍出版社 1989 年版。
[42] 岑仲勉：《隋唐史》，第 320～321 页，高等教育出版社 1957 年版。
[43] 姜伯勤：《唐贞元元和间礼的变迁》，见《敦煌艺术宗教与礼乐文明》，中国社会科学出版社 1969 年版。
[44]（日）堀敏一：《律令制与东亚世界——我的中国史学（二）》，汲古书院，东京，1994 年。

（原载《中国古代社会研究：庆祝韩国磐先生八十华诞纪念论文集》，厦门：厦门大学出版社，1998 年）

唐令舞考
——兼论陈寅恪先生《元白诗证史》的文化阐释

陈寅恪先生致沈兼士手书有云:"依照今日训诂学之标准,凡解释一字即是作一部文化史。"[1]

大学三年级时选读《元白诗证史》一课,因学殖疏浅,对寅恪先生讲授内容每不能透彻理解。三十年来,渐有所悟。深感陈先生在这一课程中对字义、语义、用典的考释,与当代解释学的精神是相通的。

尚未淡忘的一点记忆是,陈先生一次在课堂上讲到:宋代江西诗派有古典,有今典,理解今典更不容易。这一论点至为精辟,因而印象颇深。典故的训释亦即一种文化阐释。解释江西诗派之用典,就是要在"古典"(旧籍出处)与"今典"(当时事实)这两个层面上,阐释这同一"符号"的两重意义,从两个或多个层面上阐明其背后的文化关系。

回想起来,《元白诗证史》一课正是着力于从广阔的文化关系乃至深层文化关系上,探究语义和用典。而要了解这种意蕴,必须遵循朴学方法以及当代比较研究方法,从读书、读字书开始。

陈先生在课堂上曾以"蓟丘之植,植于汶篁"一例,说明严谨的考据的真谛。前人曾以为此例为倒句成文,释为燕之蓟丘所植,皆植齐王汶上之竹。陈先生据《齐民要术》乐毅破齐种燕枣于齐事,证明此句并非倒句成文。指出在严谨的考据中,"解释之愈简易者,亦愈近真谛"[2]。由此,使青年学子避免穿凿附会,恪守朴学家法。

陈先生在课堂上还昭示学生以比较研究方法。如讲到《新乐府·阴山道》"纥罗敦肥水草好"一句时,提出可查拉德洛夫著《突厥方言字典》。陈先生还提到,旧藏此书已让出去了,现存北京大学,此书曾经价至一千美元,甚为珍贵。

通过这一课程,我们体会到,陈先生的朴学方法,其精神与当代学术潮流中蔚为新潮的文化阐释相通。在这一方法的启示下,本文拟从敦煌文书所见"令舞"一词的考释,探求其语义中所显示的唐代文化关系。1936年至1938年,罗庸、叶玉华二氏首次揭出敦煌P.3501号字谱与唐俗舞"打令"之关系，发明之功不可没[3]。其后四十余年间，论者中或有离开酒令文化而解释该类字谱的倾向。1986 年，敦煌研究院李正宇先生首次发见 S.5613 号《上酒曲子〈南歌子〉》[4]，这一意义重大之发见，使此类字谱研究重新走回与酒令关联的研究路向。饶宗颐先生指出："此类乃用于宴乐舞蹈之杂曲子，南歌子即其一，原为酒令，可以确知。"又谓："旧时成说以为小曲之词，只为徒歌而无舞，侑觞亦然。今观此谱，知其不然，酒令亦可有舞。"[5] 从而对此一发现之意义，做出了高度的评价。

在前贤诸宏论启发下，本文仅据"令舞"、"近"、"引"、"奇"、"交舞"诸词的释证，对其所反映的唐代文化精神略加推绎。

一、敦煌文书中所见之"令舞"

P.3618 号《秋吟一本》[6]有云：

> 㓨按（雕鞍）骏骑，打球绰绽[7]之衣；玉管金杯，令舞酒沾□□。□因五利，难谒冰霜。将退故之名衣，作缁徒之冬服。

又云：

> 打毬汗透罗裳，令舞酒沾半臂。

又云：

> 罗衣不挂因虫啮，半臂休穿为酒伤。

《秋吟一本》接写于敦煌佛赞卷之尾端。此一唱本用于征募故旧秋衣，供作僧徒冬服，实为一用于劝募化缘之唱词。

《秋吟一本》中，"令舞酒沾□□"句，当即"令舞酒沾半臂"。"半臂"为唐代时装之一种，亦称背子，隋始制之[8]。原为一种宫廷女服。《南部新书》载，唐玄宗之王皇后，于开元中失宠时曾对玄宗倾诉："一日诉之曰：三郎独不记阿忠脱新紫半臂，更得一斗面，为三郎生日为煎饼耶！"据《新唐书》卷二十四《车服志》描述半臂作为"半袖裙襦"，又为"东宫女史常供奉之服也"。半臂形制见于陕西乾县李仙蕙墓壁画、阿斯塔那出土之仕女绢画，及近日扶风法门寺供奉佛骨地宫所出之精美微型绣品，据该地宫物帐刻石，确知为"大红罗地蹙金绣半臂"。总之，半臂系一种短袖、袒胸、对襟结带之女式外套。作为初唐、盛唐风靡一时的时装，渐由宫廷女服演变为伎女、酒女的常服，致使家法森严之家禁此种女服。《妆楼记》云"房太尉家法不著半臂"，则表明"半臂"已从上流常服衍变为青楼女子的一种时髦了。

《朱子语类》卷九十二云：

> 唐人俗舞谓之打令。
> 舞时皆裹幞头。列坐饮酒，少刻起舞。

《说郛》本唐皇甫嵩《醉乡日月》《骰子令》条：

> 大凡初筵皆先用骰子，盖欲微酣，然后迤逦入酒令。

同书"觥律事"条又云：

> 凡乌合为徒，以言笑动众，暴慢无节，或累累起坐，或附耳啜语，律录事以本户绳之。奸不衰止者，宜觥录事纠之（注：以刚毅木讷之士为之）。有犯者，辄投其旗于前曰："某犯觥令"（注：抛法先旗后纛也）。犯者诺而旗收执之，拱曰："知罪。"明府饷其觥而斟焉。犯者右引觥，左执旗，附于胸。律录事顾伶曰："命曲破送之。"饮讫，无堕酒，稽首以旗觥归于觥主曰："不敢滴沥。"复觥于位，后犯者投以纛，累犯者旗纛俱舞。觥筹尽，有犯者不问。

唐代觞政中，酒微酣后入酒令。执罚者为"明府"，又称"樽主"。"二十人饮，一人为明府"，"管骰子一双，酒杓一只"，"凡主人之右主酒也"。下设"律录事"（"善令，知音，大户即酒量大者"为之，"席人有犯现下筹"）、"觥录事"，即《诗经》时代觞政中的"监"与"史"，在一般唐诗文中称"席纠"、"酒纠"。对犯令者所下之"筹"称"令筹"，有"牙筹"、"花枝"、"旗"、"纛"等。此"下筹"又称为"抛"，故上文中有"抛法"之称。"抛令"当即"下筹"。

上述引文中最重要的一句是"累犯者旗纛俱舞"。《太平广记》卷二五七引《抒情诗》：

> 唐处士周凯，洪儒奥学，偶不中第，旅浙西，与从事欢饮，而昧

于令章,筵中皆戏之,有宾从赠诗曰:"龙津掉尾十年劳,声价当时斗月高,唯有红妆回舞手,似持双刃向猿猱。"周答曰:"……今朝枉被花枝笑,任道尊前爱缚猱。"

此处记写红妆女伎为席纠,持令筹回舞,"似持两刃"(《太平广记》卷二七三引《卢氏杂说》记与"酒纠"绝句"少插花枝少下筹",则两刃即形容花枝、令筹貌),舞向犯令者处士周凯。周凯答诗"今朝枉被花枝笑,任道尊前爱缚猱",则意指心甘受罚。又据刘攽《中山诗话》报道,"大都欲以酒劝,故始言送,而继承者辞之,摇首接舞之属,皆却之也。至八遍而穷,斯可受矣"。则犯令者亦摇首接舞。故《醉乡日月》之"累犯者旗纛俱舞",既有向累犯者抛投令筹之意,复有持令筹起舞之意。一抛一打,一抛一耍,所谓"打令"、"抛打"、"抛耍",乃指席纠女伎与受罚者之间围绕抛令、送酒,手持令筹的一种俗舞,这也就是"令舞酒沾半臂"句中的"令舞"。

自唐高宗武后之世,迄至唐末,唐代的酒令文化作为一种特有的时代文化景观而盛极一时。它也反映在敦煌遗书中。

敦煌本王梵志诗云:"本巡连索索,樽主告平平。当不'怪来晚',覆盏可连精。"项楚先生对该诗有精辟的考索[9]。此诗反映了高宗朝壁州刺史邓宏庆于664—665年间所创"平、索、看、精"四字令。S.6836号敦煌本《叶净能诗》云:

> 帝(开元皇帝)又问:"尊师饮户大小?"净能奏曰:
> "此尊大户,真是巡流,每巡可加三十五十分,卒难不醉。"

所谓"饮流"即入流的饮户,具有"饮材"之士,《醉乡日月》云:"(饮)材有三,谓善令、知音、大户也。"又有进户法即增大酒量法[10]。当时有酒量、知音乐、善令章是入"饮流"的必备条件。

敦煌本P.3093号《佛说观弥勒菩萨上升兜率天讲经文》有云:

> 诗赋却嫌刘禹锡,令章争笑李稍云。

唐李肇《国史补》云,酒令"至李稍云而大备,自上及下,以为宜然"。项楚先生尝谓,李稍云见于《太平广记》卷二七九(出《广异记》)。考"陇西李稍云,范阳卢若虚女婿也"。而卢若虚之兄卢藏用为唐中宗神龙（705年）时中书舍人，则晚一辈之李稍云当系玄宗朝时人。至于李稍云酒令令章之流行当在元和间。诚如王重民先生指出，P.3093号文书上引文句，代表了元和太和时代（806—835）唐两京及江淮之风习[11]。《资治通鉴》会昌四年（844）记："上闻扬州倡女善为酒令"，监军"且欲更择良家美女，教而献之"。则李稍云将酒令令章定型化后，武宗朝酒令已成为"酒酣作技"[12]的"优倡"所必经专门训练的一种技艺。

晚唐五代敦煌所流传的诗文中，有以乐舞侑酒的例证，P.3632号《乡佐周状附诗一首》：

谨奉　　　来韵　兼寄曲子名
昨夜拳荟侄取赢，至今犹愲素中情。
赛荟应有《倾杯乐》，老仁争取不相迎。

P.2324号敦煌本《难陀出家缘起》亦云：

饮酒勾巡一两杯，徐徐慢拍管弦催，各盏待君下次勾，见了抽身便却回。

敦煌本 P.2718 号《茶酒论》亦有把盏"请歌"、"交舞"之论。P.3821号敦煌本曲子词："善能歌，打难令，正是聪明。"P.3911号又有："令筹更打《江神》。"《云谣集杂曲子》《浣溪沙》更有"纤手令行匀翠柳"，参之《唐语林》所记酒纠"手舞如风令不疑"，则令舞中犹重手舞。以上更证实敦煌所见令舞与酒令之密切关系。

《醉乡日月》保存了其时风行的各种酒令的名称，如：

骰子令第十一……旗幡令第十三。下次据令第十四。闪拿令第十五。上酒令第十六。并著问令第十七。……手势第十九……小酒令第二十五。

其中如骰子令等，据记载行此令时尚未酒酣入舞。酒令中的舞蹈多在酒酣之后，先由屡犯令者与女伎舞，至大醉时，则如王建《宴客词》所云"人人齐醉齐舞时，谁觉翻衣与倒帻"。与令舞有关之酒令至少有"上酒令"、"并著词令"、"抛打令"诸种。而 S.5613 号《上酒曲子〈南哥（歌）子〉》之新发现，是令舞与"上酒令"有关之确证。

二、"上酒曲子"与"曲拍"

李正宇先生新发见之 S.5613 号后梁《上酒曲子〈南哥子〉》，据饶、李两家录文，参校迻录如下：

  1. 上酒曲子《南哥子》，两段，慢二急三慢二。令至据，各三拍，单铺，双补。
  2. 近、令前捐（揖），引，单铺。奇、据、谏，双补。令、挼，急三，三拍折一拍。遇挼。
  3. 三拍折一拍，双补。舞、据后，后送。
  4. 开平己巳岁七月七日闷题德深记之。

敦煌发见之同类谱本，1925 年刘半农先生拟名为舞谱。[13] 然"舞谱"二字实为一晚出的名称，如南宋有德寿宫舞谱。唐宋之际文献中有"乐谱"、"拍板谱"、"管色谱"、"音谱"、"造谱"诸说，独尚未见有"舞谱"一说。

早期乐谱无拍节记录。张炎《词源》有云：

  若大曲亦有歌者，有谱而无曲……其说亦在歌者称停紧慢、调停音节，方为绝唱。

另一方面，早期乐工演奏中之"拍板"亦未记之于谱。故《乐府杂录》"拍板"条云：

  拍板本无谱，明皇遣黄幡绰造谱，乃于纸上画两耳以进。……韩文公因为乐句。

乐曲"拍为乐句"大体是唐中叶韩文公以后事，故《碧鸡漫志》卷二曾记载中唐之"牛僧孺亦谓拍为乐句"。《刘梦得外集》卷四《和乐天春词》亦谓中唐刘禹锡"依《忆江南》曲拍为句"。歌唱者从此不须自行"称停紧慢、调停音节"，而有"曲拍"可寻。王灼《碧鸡漫志》把这种记录了拍板的曲子，称之为"今所行曲拍"。张炎所谓大曲"有谱而无曲"，当指早期大曲虽有"乐谱"而尚无"曲拍"。

S.5613 号《上酒曲子〈南哥子〉》文书即该曲之"曲拍"记录。

我们说此一文书之不宜径称为"舞谱",还因为唐人关于乐、舞、歌的概念,尚未如南宋以后人那样明显之分化。唐末段安节所著《乐府杂录》"歌"条云:

> 歌者,乐之声也。

同书"舞工"条云:

> 舞者,乐之容也。

当时"舞"只是尚未脱离"乐"而独立存在的一种"乐"之内容。"舞容"亦即"乐之容",它当时只是附属于乐曲、表现乐曲内容的一种形式。

辨析这一点的意义在于,如果我们不拘泥于将此类谱本径视为"舞谱",就不会只从"舞容"的思路去解释这些谱字。事实上,上引 S. 5613 号文书中,不仅有舞容,更有曲制、节拍、片、段(乐段)的描述。

如上引文书之第二行有云:

> 近、令前掯(一释作揖)、引,单铺。

其中"近"、"令"、"引",各为当时曲制之专名。《碧鸡漫志》云:

> 凡大曲就本宫调制引、序、慢、近、令,益度曲者常态。

《词源》卷上"讴曲旨要"条云:

> 歌曲、令曲四掯匀,破、近六均慢八均。

冒广生先生云,"掯即拍也。""'慢'者慢板,'近'者紧板"。"引"与"序",皆散板。[14]

总之,"近"即"近曲",为"六均",即六拍,为紧板。"令"即"令曲",为"四掯匀",即四拍。张炎又谓"引、近则用六均拍",则"引"亦为"六均"。但"引"亦可能为散板。

综上所述,"近、令前掯、引,单铺",意指《上酒曲子〈南哥子〉》中,在"近曲"(或"近拍"[15])部分,在"起令"之前起板,亦即"掯",打拍。如该字释为"揖"则表示舞容为"揖",在"引"曲部分,舞人单人入"铺",铺即舞筵(白居易《柘枝舞》:"平铺一合锦筵开")。

在上引 S.5613 号上酒曲子中，奇、据、授、舞等均为舞容。其中"奇"字殊堪注意。

此字于敦煌文书中写作"㚢"，当即"㚢"，《集韵》上声五：

> 倚，㚢：隐绮切，说文依也。或作"㚢"，通作"猗"。

㚢即是奇，亦即倚——倚。唐彦谦诗云："锦筝银甲响鹍弦，勾引春声上绮筵。醉倚阑干花下月，犀梳斜弹鬓云边。"此"㚢"即"醉倚"之倚，或表示二人对舞中之相倚貌。

其他谱字含意前贤多已解释，兹不赘。综上看来，S.5613 号上酒曲子的发见，使我们确知，此种字谱的内容是用于酒令的杂曲子，杂曲子中，节拍十分复杂，故须详细记其"曲拍"。因而那些表示曲拍、曲节的谱字，也往往就是表示舞容的谱字。当然，也有一些谱字是不表示舞容而只表示曲制或者节拍的，这一点，可详见后面的例子。

三、"交舞"与"打令"

在敦煌所出 P.3501—2 号《遐方远》曲子之曲拍记录中，把"送"字以外的"舞容"部分称为"打令"。兹据柴剑虹氏整理后的谱字[16]移录于后：

> 准前，令三拍。舞、接、据，单。急三当［一］。前四段打令［前］两拍送、后四段打令后两拍送。本色相逢揖。
>
> 1 送送　令令令　舞　接接接　据舞
> 2 送送　摇摇摇　摇　据据据　舞接
> 3 送送　奇奇奇　据　舞舞舞　接据
> 4 送送　头头头　揖　与与与　送送
> 5 舞接　据据据　舞　约约约　送送
> 6 接据　舞舞舞　接　拽拽拽　送送
> 7 据舞　接接接　据　请请请　送送

本件前半篇是关于段式、曲拍、舞容的总叙，后半以谱字排列表现"曲拍"实情，多数谱字既表节拍又表舞容，少数谱字（如"头头头"）则用表曲制兼表节拍。

在 1—7 行中，以中间的"揖（揩）"字将曲子分成"前四段"与"后四段"。考日本正仓院藏《考古记》之《饮酒乐（大食调）》乐谱，末段有"换头"字样。敦煌乐谱中又常有"重头"字样。[17]换头当指改为另段曲头。上引《遐方远》第四行自二拍"送"以后，"头头头　揖"此四拍（若"头头头"为急拍三拍折一拍，外加上"揖"字一拍，则实际上共有二拍之时值）之舞容，应为"揖"。而"头头头"三字用以表曲制变换。一说"头"为头容。

特别有意思的是，从"前四段打令［前］两拍、后四段打令后两拍送"这一记载知道，前四段中，在两拍送以后之"令"、"舞"、"按"、"据"、"摇"、"奇"，均可总称为"打令"；后四段之"与"、"约"、"请"及"按"、"据"、"舞"等，亦可总称"打令"，则由此可见，"打令"即依曲子所作之"俗舞"的别称。

据朱熹报导，"送、摇、招、邀"都是俗舞打令之舞容，那么，为什么在前引文字中要将"送"与"打令"区别开来呢？

原来，"送"字除表舞容，也表曲式、曲拍，如《醉乡日月》中所谓"律录事顾伶曰：'命曲破送之。'"诚如饶宗颐先生指出，"送"兼有"送曲"、"送声"之意。我想这是上文将"送"与"打令"划分开来的理由。

文书中"本色相逢揖"一句殊堪玩味。"揖"字从饶先生释文。

"本"，即"本户"。《醉乡日月》："律录事以本户绳之。""本户"是"饮户"自己对自己的称呼，本户即饮户。

"色"，即伎色。张炎《词源》云："后之乐棚前用歌板色二人。"歌色为女伎或优人，板色为优人。则此处之"色"亦为伎人简称。

"本色相逢揖"，即抛令之女妓席纠（"色"）与打令之犯令饮户（"本"、"本户"）在对舞（打令）中经"慢打慢圆"、"急打急圆"，相逢而举手作"揖"状。则此句应为"令舞"往往是一种"交舞"的"佐证"。

中国古代有宴会起舞的传统。周一良先生《〈三国志〉札记》"以舞相属"条谓："古人宴会起舞，一人舞罢使他人续舞，即所谓属。"[18]而唐人令舞中之新潮形式，则为男女于酒宴中之"交舞"。"交舞"一词见于 P.2718 号《茶酒论》，略云：

酒乃出来："……有酒有令，人（仁）义礼智……"
　　茶为酒曰："……酒能破家散宅，广作邪淫，打却三盏已后，令人只是罪深。"
　　酒为茶曰："……不可把茶请歌，不可为茶交舞。茶吃只是腰疼，多吃令人患肚，一日打却十杯，肠胀又同衙鼓。"
　　酒为茶曰："……致酒谢坐，礼让周旋，国家音乐，本为酒泉。终朝吃你茶水，敢动些些管弦。"

由上可知，唐时饮酒有酒令，动管弦，以音乐侑酒，可把酒"请歌"，可为酒"交舞"，且"打却三盏"，就进入"邪淫"境界。暗示此"交舞"起于三巡之后，且为男女混杂之"交舞"。《遐方远》谱恰恰是送八次，对这一点说得最清楚的是刘攽的《中山诗话》（《津逮秘书》本）：

　　唐人饮酒，以令为罚［中略］，白傅诗云："醉翻襕衫抛小令。"今人以丝管讴歌为令者，即白傅所谓。大都欲以酒劝，故始言送，而继承者辞之，摇手接舞之属，皆却之也。至八遍而穷，斯可受矣［中略］。俗有谜语曰："急打急圆，慢打慢圆，分为四段，送在窑前。"初以陶瓦，乃为令耳。

白居易有"醉翻襕衫抛小令"句，又作"醉翻衫袖抛小令，笑掷骰盘呼大采"（《就花枝》）。襕衫为初唐及盛唐之男士常服，则"抛小令"者为男士。前引《秋吟一本》中"令舞酒沾半臂"，半臂为女服，则打令时之"交舞"乃发生于劝酒女伎与作为"继承者"男士之间。

唐代男女对舞之记载见于武则天世。《新唐书》卷八十三《安乐公主传》：

　　武攸暨与太平公主偶舞为帝寿。

《醉乡日月》中有抛打令（见《容斋随笔》），抛打令行令中亦有令舞，"醉翻襕衫抛小令"为男士舞容，而所谓"容娘只首奇，瘦拳抛令急"（《云溪友议》）为女伎。《唐人打令考》引五代《鉴诫录》，有谓"争奈夜深抛耍令，舞来援去使人劳"。则抛打令令舞中，有"解饮萧娘眼似刀"，抛耍令筹等物，"舞来"劝酒；亦有名儒之辈以舞"援去"，表示婉却。所以说，抛打令中无疑有男女交相舞之"交舞"。

男女"交舞"亦见于"并著词令""令舞"中。

皇甫松《醉乡日月》存目有云:"并著词令第十七。"

考唐张文成著《游仙窟》,在述饮酒、"酒章"事同时,记有"舞著词"事,其文略云:

即唤香儿取酒。俄尔中间,擎一大钵,可受三升已来,金钗铜环,金盏银杯……十盛饮器……杓则鹅项鸭头。

唐人饮酒以酒杓酌酒,据《醉乡日月》,作为酒主的"明府"管酒杓一双。故事中的崔十娘为提杓者,十娘请另一女子五嫂"作酒章",继以双陆、围棋赌酒,复令香儿等众婢设乐。其文又云:

十娘曰:"少府稀来,岂不尽来,五嫂大能作舞,且劝作一曲。"(十娘、五嫂)两人俱起共劝下官。……五嫂谓桂心曰:"莫令曲误,张郎频顾。"桂心曰:"不辞歌者苦,但伤知音稀。"下官曰:"路逢西施,何必须识?"遂舞著词曰:"从来巡绕四边,忽逢两个神仙,眉上冬天出柳,颊中旱地生莲,千看千种妩媚,万看万种嫋妍。今宵若其不得,刺命过于黄泉。"

张文成之大段自撰歌词的舞蹈,与十娘、五嫂的舞蹈一起,都是"著词令"酒令中的"令舞"。本来"舞著词"是唐代酒宴中一种常见风习,如《隋唐嘉话》记:"景龙中,中宗游兴庆池,侍宴者递起歌舞,并唱下兵词。"孟棨《本事诗》记:"赏内宴,群臣皆歌回波罗,撰词起舞。"敦煌歌辞《长相思》有云:"终日红楼上,□□舞著词,频频满酌醉如泥。"凡此说明,唐代酒宴中,有一种即兴的著词起舞的风习。不同的是,《游仙窟》载的是两名女伎与一名官人的对舞。

朱熹在报导"唐人俗舞,谓之打令"时,提供了一个谜底为"打令"的谜语:

送、摇、招、邀,三方一圆,分为四片,送在摇前。

所谓"三方一圆",即三人作圆舞。宋代史浩"采莲舞":"五人一字对立","舞上,分作五方"。则五方即五人,三人为三方。"三方一圆",即劝酒女伎二人与犯令受酒男士一人三方之交相圆舞。

这种一男两女三人交舞的形式,在理学兴起以后,已为世俗所不容。

《游仙窟》中的"两个神仙"应是青楼女子,陈寅恪先生《元白诗笺证稿》第四章附《读莺莺传》云:

> 且游仙窟之书,乃直述本身事实之作……,而"会真"即遇仙或游仙之谓也。又六朝人已侈谈仙女杜兰香萼绿华之世缘,流传至于唐代,仙(女性)之一名,遂多用作妖艳妇人,或风流放诞之女道士之代称,亦竟有以之目倡伎者。

诚如《唐人打令考》一文所指出:"著词令之能付歌筵者皆可舞,谓之舞著词。"此论甚的。

《游仙窟》对于理解"令舞"一词的重要意义在于:它不仅证明了"著词令"酒令与令舞的关系(当然,单纯唱酬送酒的著词令,也有不带令舞的),而且显示了令舞中男女对舞这个宋代理学产生后趋于灭绝的中国俗舞的被遗忘的形式。

四、后　　论

唐代令舞至朱熹时,已经成为一个失落了的历史之谜。

朱熹说:"旧尝见深村父老为余言:其祖父尝为之,收得谱子,因兵火失去。"残本《醉乡日月》中,唐酒令及令舞详情亦大量失传。酒宴中男女"交舞"的习俗,除少数民族地区尚存外,已失落于受理学统治的汉族地区。

什么是"令舞"在宋初迅速失落的原因呢?我们可以在陈寅恪先生《元白诗笺证稿》中找到答案。其第二章有云:

> 即唐代自高宗武则天以后,由文词科举进身之新兴阶级,大抵放荡而不拘守礼法,与山东旧日士族甚异。

又云:

> 然容斋所论礼法问题,实涉及吾国社会风俗古今不同之大限。……考吾国社会风习,如关于男女礼法等问题,唐宋两代实有不同。此可取今日日本为例,盖日本往日曾效则中国无所不至……但其所受影响最深者,多为华夏唐代之文化。故其社会风俗,与中国今日社会

风气经受宋以后文化影响者自有差别。[19]

唐人"令舞"文化正是随着高宗朝新兴进士文化的兴起而兴起的，李肇《国史补》云，酒令文化兴盛于高宗朝，"大抵有律令，有头盘。有抛打，盖工于举场而盛于使幕（幕）衣冠。有男女杂履舄者，有长幼同灯烛者，外府则立将校而坐妇人，其弊如此！"

"工于举场"即是说在新兴进士这个亚文化集团中，特别工于此道。令舞所代表的风习，既是一个富有"新兴"精神的风习，又是一个越来越"奢靡"的风习。

"令舞"确实反映了新兴进士集团不拘守礼法的开明气象，以及那种类似西欧中世纪骑士的流连于人间情爱的世俗精神。吴宓先生《空轩诗话》云：

> 寅恪尝谓唐代以异族入主中原，以新兴之精神，强健活泼之血脉，注入于久远而陈腐之文化，故其结果灿烂辉煌，有欧洲骑士文学之盛况。而唐代文学特富想象，亦由此云云。[20]

如李肇所报导，流行于"科场"（进士圈子）及节度使幕府"衣冠"圈子中的"令舞"，往往男士踩女士的鞋子（男女杂履舄），老辈和少辈在舞会中共聚一堂，女伎公然坐着而骑士们（将校）要站在一边，俨然如欧洲中世纪骑士时代的跳舞会，这是对儒家经学和正统名教的一种叛逆。

但"令舞"同时也反映了新兴进士集团的迅速腐化和中唐以后的奢靡之风，《元白诗笺证稿》第四章云：

> 即高宗武后以来所拔起之家门，用进士词科以致身通显……尚才华而不尚礼法，以故唐代进士科，为浮薄放荡之徒所归聚，与倡伎文学殊有关联。[21]

又云：

> 贞元之时……德宗方以文治粉饰其苟安之局……因此上下相应，成为一种崇尚文词、矜诩风流之风气。[22]

因而中晚唐"令舞"的发达，也是其时进士及节度使幕僚圈子中风俗"侈于游宴"、"风流绮靡"的一种表现。

这样，到宋代理学兴起时，"令舞"自然就不能见容于理学统治的这个"伦理世界"了。

这里还要说到的是：从陈寅恪先生的以上分析中我们还看到，这些分析已超出了对一代文学或一两个作家作品的狭义的文学史上或文献学上的笺证，而实际上已成为一种有广阔视野的文化阐释。这里，我们看到的不是一般性的作家传记学研究或文体学、修辞学的研究，而是从社会集团升降、道德标准与社会风习在历史转变时期的纷陈和变迁，来探讨社会变革时期的价值标准的变迁，从而把握住一个时代的智慧与情感的主要潮流。

20世纪晚期的文化阐释与语言学的发展有密切的关系，如对语义的"能指"和"所指"的分辨。陈先生辨析"古典"、"今典"之意亦与此相通。另外，当代对创作者主体意识的强调也是我们时代的潮流。而我们却看到，《元白诗笺证稿》中的一些别具慧眼的分析，与这种当代文化精神恰是相通的。《元白诗笺证稿》第二章《琵琶行》云：

> 则（《琵琶行》）既专为长安故倡女感今伤昔而作，又连绾己身迁谪失路之怀。直将混合作此诗之人与此诗所咏之人，二者为一体。真所谓能所双亡，主宾俱化，专一而更专一，感慨复加感慨。[23]

这些分析指出了创作主体与创作客体的交融。这些真知，体现了陈寅恪先生文化阐释与文学批评中的超前性的现代意识。

之所以能够如此，是由于陈寅恪先生有很深刻的对时代学术主流的分析精神和参与意识。1944年，陈寅恪先生在《大千临摹敦煌壁画之所感》一文中指出：

> 寅恪昔年序陈援庵先生《敦煌劫余录》蓄刱"敦煌学"之名，以为一时代学术文化之研究必有一主流。敦煌学今日文化之术之主流也，凡得预此潮流者，谓之预流。[24]

这里，陈寅恪先生所提倡的对于时代学术主流的参与意识，又与陈先生对神州文化的厚爱分不开。1940年8月2日，陈寅恪先生致杨树达先生信有云："幸为神州文化自爱。"[25]寅恪先生对"神州文化"一往情深，故对杨先生有此切嘱。而这也正是陈寅恪先生的中国文化阐释的根本性出发点。

以上，我们从唐"令舞"的考释中，重温了寅恪先生《元白诗证史》

一课及《元白诗笺证稿》一书中的文化阐释方法。通过这一实践，我们认识到：一方面，透过"令舞"，我们看到一种前理学时代的"少年精神"，一种肯定人生的盛唐气象，这种清明的"盛唐气象"或唐文化精神，为日本天平文化所大力接受并影响至今，但在中国至宋代则业已变形，以致对今日之影响甚微。另一方面，我们透过"令舞"的考释，看到中国中古民俗中的"男女礼法"问题中，出现了一种要么是"禁锢"要么是"奢靡"的怪圈。那种清明的健康的具有"少年精神"与人类尊严的"男女礼法"，除了在盛唐之世有短暂的闪光以外，并不能长久保存。即使是一种新兴的健康的文化习俗，亦迅速为封建官僚文士所腐败。这是中国传统文化精神中值得进一步探究的一个历史之谜。

注　释

[1]《沈兼士学术论文集》，第 202 页，中华书局 1986 年版。
[2] 陈寅恪：《蓟丘之植植于汶篁之最简易解释》，《金明馆丛稿二编》，第 261～262 页。
[3] 罗庸、叶玉华：《唐人打令考》，《国立北京大学四十周年论文集》乙编上，1930 年。
[4] 李正宇：《敦煌遗书中发现题年〈南歌子〉舞谱》，《敦煌研究》1986 年第 4 期。
[5] 饶宗颐：《敦煌乐谱舞谱有关问题》，"国际敦煌吐鲁番学术会议"论文，香港，1987 年。
[6]《敦煌变文集》下集，第 812 页，北京，1957 年。
[7] 绰绽，破裂意。见蒋礼鸿：《敦煌变文字义通释》，第 183 页，上海，1981 年版。
[8] 岑仲勉：《隋唐史》，第 649 页，高等教育出版社 1957 年版。
[9] 项楚：《王梵志诗论》，"国际敦煌吐鲁番学术会议"论文，香港，1987 年。
[10] 参见蒋礼鸿：《敦煌变文字义通释》，第 210 页。
[11] 王重民：《敦煌变文研究》，见《敦煌遗书论文集》，第 178 页。
[12] 参见《唐语林》所记"武宗数幸教坊作乐"事。
[13] 刘复：《敦煌掇琐》。
[14]《词源》后附江藩跋，载唐圭璋《词话丛编》第一册，第 269 页，中华书局，1986 年。《冒鹤亭词曲论文集》，第 228、231～232、258、306、310～312 页，上海古籍出版社 1992 年版。
[15]《碧鸡漫志》卷四："中吕调有慢，有近拍，有序"。又云："今歇指、大石两调（注："歇指"一作"揭拍"），皆有近拍。"
[16] 柴剑虹：《敦煌舞谱的整理与分析》（一）、（二），《敦煌研究》1987 年第 4 期、

1988 年第 1 期。
[17] 参见任半塘：《唐声诗》下编，图谱十七，第 617 页。
[18] 周一良：《魏晋南北朝史札记》，第 11 页，北京，1985 年。
[19] 陈寅恪：《元白诗笺证稿》，第 52 页。
[20] 转引自蒋天枢：《陈寅恪先生编年事辑》，第 75 页。
[21] 陈寅恪前揭书，第 86 页。
[22] 同上书，第 87 页。
[23] 同上书，第 47 页。
[24] 转引自姜德明：《书梦录》。
[25] 《积微斋友朋书札》，湖南教育出版社 1986 年版。

（原载《纪念陈寅恪教授国际学术讨论会文集》，广州：中山大学出版社，1989 年）

"天"的图像与解释
——以敦煌莫高窟285窟窟顶图像为中心

在敦煌艺术史上,在佛教、祆教、摩尼教、景教、犍陀罗艺术和波斯艺术等外来文化不断引入的同时,却始终牢固保持着中华文化的传统,其奥秘即在于:敦煌艺术渗透着中国礼乐文明。

莫高窟西魏285窟窟顶四披,出现了三皇(天皇、地皇、人皇)图像,并出现了中国传统礼祭中"五人帝"中之太昊帝(伏羲)、雷师等图像。人们不禁要问:这些传统图像为何出现于敦煌的佛教艺术中?

近年以来,段文杰先生[1]、史苇湘先生[2]等对285窟窟顶四披图像有精辟的研究。宿白先生[3]、贺世哲先生[4]则对285窟之历史背景有精深的分析。饶宗颐先生据《梨俱吠陀》与《摩登伽经》,分析了285窟"在图像学上的特色"[5]。以往,在回答本文卷首所提问题时,前贤多从佛教与道教的关系[6],以及《山海经》以来神话传统立论。本文拟从汉至北朝间礼学文献与五行学说文献的视角,作一补论。

一、敦煌西魏间中国传统礼祭天神图像出现的背景

在西魏时期莫高窟285窟、249窟窟顶四披图像中,在出现佛教天龙诸部的同时,也出现了与中国传统礼祭有关的内容。这类中国式图像在西魏佛教艺术中出现究竟有着怎样的历史背景?

北魏在平城时有拜天习俗。《北史》卷三《帝纪》载,北魏孝文帝十六年(492),"省西郊郊天杂事",太和十八年(494)"罢西郊祭天",革除鲜卑人的拜天旧俗,采用了崔浩以来的儒生礼制。

西魏"大统元年(535)春正月,戊申,皇帝即位于城西"。胡三省《资治通鉴》注云:"古者,天子即位御前殿,魏自高欢立孝武帝、复用夷礼,于郊拜天而后即位。"北魏高欢恢复了代都旧制,《北史》卷五《帝纪》载,中兴二年(532),高欢奉迎孝武帝于毡帐,"帝于毡上西向拜天讫"。从道武帝到孝文帝时,北魏因逐渐采以华夏礼制而废弃的"代

都旧俗",在532—535年以后逐渐复旧。金子修一氏注意到有必要探明拓拔族旧制中的萨满祭祀[7]。

因此,自北魏末的532年起,直到西魏即535—556年之间,这个时期与拜天有关的观念或制度至少有以下几种:

(1) 来自周典的祀天之礼,即中原礼制。天兴元年(398)"祀天之礼用周典"。天兴二年(399)祀上帝、五精帝、日月五星、天一、太一等。[8]

(2) 来自鲜卑的拜天之礼。如孝文帝太和十五年诏云:"先恒有水火之神四十余名,及城北星神,今圆丘之下,既祭风伯、雨师、司中、司命,明堂祭门、户、井、灶、中霤,每神皆有。此四十神计不须立,悉可罢之。"[9]据正光三年(522)及五年(524)的墓志神像,鲜卑人之水火雷电诸神仍保留于民间(详见下文)。西魏大统元年(535)恢复鲜卑拜天旧制,此一鲜卑天神系统仍当保存。

(3) 来自汉译大乘佛教经典中的天神系统。此一天神系统见于北凉昙无谶译《金光明经·鬼神品》、鸠摩罗什译《大智度论·释天王品》及《注维摩诘所说经》的鸠摩罗什注释。

(4) 拜胡天制。《魏书·灵太后传》有"胡天神"。《隋书·礼仪志》有"后周欲招来西域,又有拜胡天制,皇帝亲焉"。胡天神与祆神有关[10]。胡天神在图像学上又与印度教神图像有关。[11]

上述四类礼拜天神的观念,都可以在西魏285窟的图像中找到踪迹。

二、礼祀中的天神图像:日、月、天皇大帝、天一、太一

《通典》卷四十二《礼》二《郊天》上,"以祀天神"条注云:"天神,谓五帝及日月星辰。"在北魏时期,礼制之祭天神即祭"五精帝"及"日月星辰"。《魏书》卷一八一《礼志》四记,天兴二年(399)正月,太祖于南郊亲祀上帝、五精帝,并祀日月五星、天一、太一等。

莫高窟西魏285窟天顶东披,上部两侧有伏羲、女娲,均人头蛇身、蛇足、蛇尾。伏羲胸前有日形圆形,双手持圆规,女娲胸前有月形圆形,双手持矩尺及墨斗[12](图1)。

伏羲即太昊帝,亦是日神的象征。太昊帝是礼祭中五人帝之一,是礼

图 1　第 285 窟窟顶东披　西魏

祭中的五精帝之东方青帝灵威仰的配帝。

隋萧吉《五行大义》[13]卷五第二十一《论五帝》有云：

> 太昊帝庖羲者，姓风也。母华胥，履大人迹，而生于成纪，蛇身人首，以木德王天下，为百王先。易曰：帝出于震，震，木，东方主春，象日之明，故曰太昊……是谓羲皇，后世音谬，谓之伏羲。

在莫高窟 285 窟天顶东披，伏羲女娲的图像，代表日与月的图像。

从隋代肖吉所著《五行大义》卷五得知，天皇大帝、天一（地皇）、太一（人皇）是汉代以后十分重要的天神，也是天上的星辰。

《五行大义》卷五引《三五历记》，谓"天皇十三头"，又云"有神人十一头，号地皇"。又引《春秋命历序》云："人皇九头。"

莫高窟西魏 285 窟天顶东披北侧有十三头神，此即天皇太帝（图2），《五行大义》卷五引陶华阳云："此三皇，治紫微宫，其精为天皇大帝。"

《世记》云："天皇大帝曜魄宝，地皇为天一，人皇为太一。"则天皇即天皇大帝，又名曜魄宝。

图 2　敦煌莫高窟 285 窟　地皇十一头　西魏

285 窟天顶北披东侧有十一头神，此即地皇，亦即天一。《五行大义》引《三五历》云："有神人十一头。"南坡东侧有九头神，此即人皇，亦即太一（图3）。

图 3　285 窟　人皇太乙九头　西魏

三皇即天皇大帝曜魄宝、天一、太乙，作为天神，作为神星，游行于九宫。《五行大义》卷五云："又九宫十二神者，天一在离宫，太一在坎宫，天符在中宫，摄提在坤宫，轩辕在震宫，招摇在巽宫，青龙在乾宫，咸池在兑宫，太阴在艮宫，太一已如前解。余七神皆是星宫之名，与天一、太一行于九宫，一岁一移，九年复位……轩辕主雷雨，招摇主风云……"

285 窟窟顶西披上有二身置连鼓中的神，北侧者有十二连鼓，南侧者有十一连鼓。

段文杰先生以 285 窟西披北侧连鼓中神为雷公。[14]史苇湘先生引王充《论衡·雷虚篇》，除记雷公有力士、连鼓诸特征外，又云"画仙人之形，为之作翼。如雷公与仙人同，宜复作翼"[15]。285窟之雷公即有翼神（图4）。

图4　285窟　雷神　西魏

《史记·天官书》云："轩辕，黄龙体。"《正义》云："轩辕十七星，在七星之北，主雷电之神。"轩辕星在七星之北，为雷电神，此285窟西披之有翼神，颇疑即轩辕星神。

为什么说285窟中之有翼神均为天神呢？笔者试作如下讨论。

三、有翼天神图像与北朝畏兽天神图像的比较

莫高窟285窟窟顶四披有九位兽头、双翼、着衣裤、四肢有爪的神像。东披南侧一位，南披三位，西披上侧南北各一位，北披三位，共九位。

段文杰先生指出285窟窟顶画中有"兽头人身的'乌获'"。又谓："又一兽头人身怪人，手持铁钻，砸石发光，大约就是霹电。"[16]（图5）段先生的论断，启发笔者把285窟九个有翼神，与北魏墓志中有翼神阴刻线画作一比较。

美国波士顿美术馆藏北魏正光三年（523）冯邕妻元氏墓志，墓志盖顶中央为莲花，四周为一卷龙，上下左右有显示四隅有翼的兽头人身神像的名称，上名"啥螭"，下名"攫天"，左名"拓远"，右名"拓仰"。共四尊（图6）。

图 5 北魏墓志之霹电

图 6 285 窟窟顶北披（部分） 西魏

此墓志志石四侧亦绘有此种有翼神，上侧有"回光"、"捔远"、"长舌"等三尊，神鸟二尊。左侧有"挠撮"、"挈电"、"懂愭"、"寿福"等四尊，下侧有"乌获"、"礔电"、"攫撮"等三尊，神鸟二尊。左侧有"挟石"、"发走"、"搜天"、"啮石"四尊。共有神鸟四尊，有翼兽头人身神十四尊。连同盖上四尊，已知有名字的畏兽型天神共十八尊[17]（图7）。

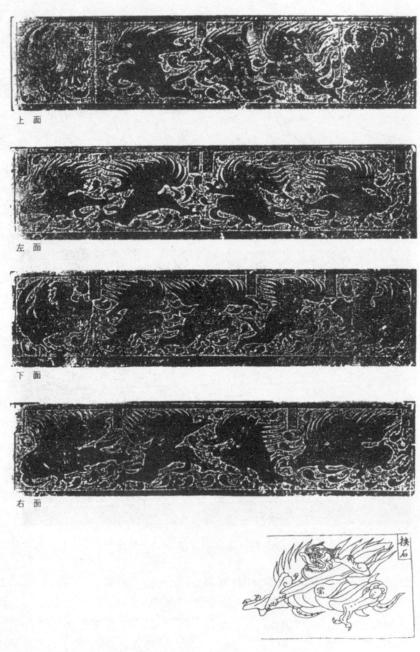

图7 畏兽 冯邕妻元氏墓志

1977年，洛阳市博物馆在洛阳市郊瀍河之上窑村东，发现北魏石棺。底部怪兽神鸟左右各十二尊，共二十四尊，其中鹰头凤身六尊，羊头凤身一尊，兔头凤身三尊，白虎二尊，朱雀一尊，青龙一尊，而有翼兽头人身之畏兽型天神左右各五尊。这些神兽在尔朱袭等墓志中亦见到。诸神名中，如"长舌"见于《山海经》，"乌获"见于《韩非子》[18]（图8），北魏巩县第一窟北壁见有畏兽十二身。第三窟北壁七身（存六身），第四窟窟门两侧礼佛图下各二身[19]。

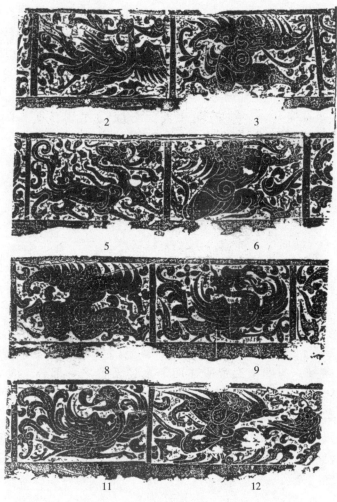

图8　洛阳瀍河北魏石棺所见畏兽

段文杰先生称此类图像为"兽头人身的'乌获'"之类，长广敏雄氏则据晋郭璞《山海经》注称之为"畏兽"。林巳奈夫氏注意到，那种从上肢长出长长的羽翼的畏兽，应该视为天上世界中的天神。又从永安四年铭文的重列神兽镜图像，可以推定有翼畏兽的天神的属性[20]。

把有翼兽头人身像推定为天神的看法，应该是正确的。这里仅能做出的一点补充是，北魏墓志这类"畏兽"形式的神，应该来自两个传统，一个传统是所谓"汉晋之旧"，如《魏书·乐志》记天兴二年（399）下诏太乐造"麒麟、凤凰、仙人、长蛇、白象、白虎及诸畏兽、鱼龙、辟邪、鹿马仙车、高絙百尺"，"如汉晋之旧"。在汉代沂南画像石中即有畏兽。另一个传统是鲜卑传统，如《魏书·礼志》记，"群臣奏以国家继黄帝之后，宜为土德，故神兽如牛。牛，土畜"。拓跋鲜卑崇拜神兽，《四库全书》本秦蕙田《五礼通考》卷八注意到《南齐书》中对北魏的如下报道："城西有祠天坛，立四十九木人，长丈许，白帻练裙，马尾被立坛上。"汉代沂南画像石中已有畏兽式神像，六朝畏兽为象征雷、电光、山狱、河川之神[21]。则北魏523年之冯邕妻元氏墓志中所出神像，应是鲜卑拓拔人中流行过的象征雷电山川的天神像。

《魏书》卷一八一《礼志》记，永兴四年（412）于宫中"又加置日月之神及诸小神二十八所于宫内，岁二祭，各用羊一"。408年，又于白登山立昭成、献明、太神庙，别置天神等二十三于庙左右。成延二年（436）诏曰："先恒有水火之神四十余名，及城北星神，今圆丘之下，既祭风伯、雨师、司中、司命，明堂祭门、户、井、灶、中雷，每神皆有。此四十神计不须立，悉可罢之。"

孝文帝于491年下诏全部用中原礼制中的祭祀，代替鲜卑水、火、星等天神的祭祀，一次取消鲜卑天神四十余名。笔者认为523年冯氏妻元氏中的十八名神，应即孝文帝所述四十余名天神之一部分，因墓志中的"长舌"为出水之神，而"掣电"、"霹电"、"迥光"等均为水火之神一类。只是孝文帝禁罢后，仍在元氏贵族的葬俗中于民间保存下来。

莫高窟285窟四披中九名人首兽身有翼神，其形象与前引北魏墓志所见有翼畏兽神像雷同。而285窟北披之持铁杵有翼神，即北魏冯邕妻元氏墓古像中之"挟石"神。《云笈七籖》卷二十四《日月星辰部》云：

北斗君，字君时，一字充。北斗神君本江夏人，姓伯名大万，挟万二千石。

北斗神君挟万二千石，285窟天顶北披又有此挟石图像，那么，此挟石是否象征北方天宫的星辰呢？那西披之有连鼓的畏兽形有翼神是否就是轩辕星神呢？285窟东西南北四披之有翼天神正与九宫星神同为九位，是不是一种巧合呢？此九名有翼天神加上天皇、天一、太一三位，不正好又合于九宫十二神之数吗？虽然这仍是一个有俟再考的问题，但有一点非常重要：这些拓跋人墓石画中的有翼神见于敦煌285窟天顶，无疑证明此类神为天神；而敦煌285窟所见有翼畏兽型天神频见于迁洛拓跋鲜卑的墓石画像，证明这些天神确是孝文帝前后鲜卑人曾在草原时期即已祭祀而被孝文帝弃置然后又于西魏前后复旧的那些天神。这些天神图像被引入了佛教艺术。

四、285窟天龙图像的佛学解释

敦煌文物研究所整理《敦煌莫高窟内容总录》记285窟内容云：

主室窟顶藻井画斗四莲花井心，三角垂幔铺于四披，四角画饕餮流苏。

西披画飞天、雷神、飞廉、化生、猕猴等。下龛楣两侧画山居禅僧六身。

南披画莲花摩尼珠、飞云、毗摩质多（开明）、迦楼罗（朱雀）、人非人（乌获）等，下画山居禅僧十一身。北披画飞天，迦楼罗（朱雀）、飞廉、毗摩质多（开明）、人非人（乌获）等，下画山居禅僧十身。东披画日天（伏羲）、月天（女娲）、飞廉、飞天等，下画山居禅僧八身。

史苇湘先生提出"佛教艺术对汉族固有神话形象的'假借'与'嫁接'"一说，又说："至于日（日天）、月（月天）、风（坏散）、雨、雷、电（身光、难毁、流炎、定明），这些被人格化、被神化了自然现象，在汉晋时期民间画工早已使它们的形象定型了。佛教要画这些题材，在敦煌当然只能画本地群众所熟悉的形象。"[22]

这就是说，在中国传统文化（礼祭、谶纬、道教、神话）中已经定型化的图像，在佛教美术中可以赋予新的意义，这些来自传统的图像符号，同一个符号，可以在不同层次上象征不同的意义。

285窟天顶全部图像，都应在佛教的天龙诸部的构成中具有其中的某一种含义。

汉译大乘佛教经典所描述的天龙诸部世界较早见于昙无谶译《金光明经·鬼神品》[23]。东晋僧肇《注维摩诘所说经》[24]多引鸠摩罗什注文，其中关于天龙诸部，此经有诸天、龙、神、夜叉、乾闼婆、阿修罗、迦楼罗、紧那罗、摩睺罗伽九部，较之宋代法云《翻译名义集》所载天龙八部多出一部，即在龙与夜叉之间，多出了"神"这一部，《注维摩诘所说经》卷一《佛国品》注释"神"有云：

什【即鸠摩罗什】曰：神受善恶杂报，似人天而非人天也。
肇【僧肇】曰：神受善恶杂报，见形胜人劣天，身轻微难见也。

可知在东晋前后佛教天龙诸部分类中有一部称为"神"，"似人天而非人天"，此类与所谓"人非人"不同，"人非人"指"紧那罗"，是"头上有一角"的"天乐神"。因此，285窟之九名有翼兽头人身天神图像，以佛教观念而言应属鸠摩罗什所谓之"似人天而非人天"的"神"，似不指所谓"人非人"（紧那罗）。

按罗什、僧肇注维摩诘经的解释，试将285窟天顶图像分述如下：

天：包括梵天、帝释天及其余大威力诸天。285窟中手持开敷莲花供养二有头光者，应为以莲花供养佛的诸天。诸天亦即提婆（Deva）。《大智度论》卷九云："天宝莲花，玻璃为茎，金刚为台……若诸天供养，应持天华。"[25] 285窟天顶东披中央莲花中有金刚石，此即"天宝莲华"，为佛国天上图景，又伏羲女娲图像，即表示日天、月天。

龙："什曰：龙有二种。一地龙，二虚空龙。"天空之龙，守天宫殿，285窟天顶东披有一龙（作飞廉图像），守护天宝莲华。西披左右各一龙（作飞廉图像）守护天华。南披中一白龙，守护天宝莲华。北披左上角白龙，守护天华，右下一龙（作飞廉图像）。

神：鸠摩罗什曰，神"似人天而非人天"。东披有天皇及有翼神各一。西披有翼神二（其中一为雷神）。南披人皇一，有翼神三。北披地皇一，有翼神三。天顶四披共计有神十二。

乾闼婆：什曰，天乐神也。俗称飞天。东披一，西披四。南披三，北披三。

迦楼罗：什曰：金翅鸟也。肇曰：金翅鸟神。西披二，南披、中一，北披二。

紧那罗：什曰：秦言人非人，其形似人，而头上有一角，遂称为人非人，亦天乐神。南披下右有一紧那罗，头有角，上身及脚裸，着印度式裙（四披飞天头无角，着遮住脚的长裙）。北披下又有一紧罗那。

综上所见，285窟窟顶四披图像，有些是来自传统神话图像，有些为佛教艺术所创图像，但所有的图像符号所表达的是佛教天龙诸部的象征。

五、后　　论

莫高窟285窟有西魏大统四年（538）、大统五年（539）发愿文题记。前引胡三省《资治通鉴》注云：西魏"复用夷礼，于郊拜天而后即位"。由于西魏在以中原祭礼拜天同时，又恢复鲜卑旧习，所以，我们很自然地看到，在285窟描绘佛教天龙诸部的图景中，既看见与中原祭天有关之太昊、天皇、地皇、人皇、雷师等图像，又看见鲜卑拜天时所不可少的翼兽头人身天神图像。

值得注意的是西魏亦有拜胡天制，《北史》卷五《帝纪》载，文帝大统"四年（538）春正月辛酉，拜天于清晖室，终世遂为常"。无独有偶，同一时期吐鲁番阿斯塔那524号墓所出《高昌章和五年（535）取牛羊供祀帐》有"供祀丁谷天。次五月廿八日，取白姚羊一口，供祀清浑（晖）堂清山神"[26]。则西魏之设清晖室同时，高昌亦有清浑（晖）堂之设，论者颇以为西魏清晖室与祆教之拜胡天有关。而我们又知道，祆教之大神其肖像与佛教天部中之摩醯首罗（大自在天）亦即印度教之湿婆图像相似。[27]

西魏北周之拜胡天目的之一是"招来西胡"。而285窟虽为东阳王所造窟，同时又有各家施主，其中一家大施主是来自㕎哒（滑国）的滑黑奴一家。因此，285窟之西壁依照㕎哒艺术以红色为地仗的风格（如㕎哒时期粟特地区瓦尔赫萨之"红厅"遗址[28]，壁画即以红色为地仗），绘制了诸天形象，从中或许可以透过佛教诸天形象的背后，看到西魏及西域地区拜胡天制的影子。

关于285窟西壁诸天图像，贺世哲先生有精深考释[29]。饶宗颐先生则根据吠陀作了深入的解释。据此图像，知四天王天在最底层，而大自在天（摩醯首罗）为最高层天，而那罗延天即毗瑟纽天是当时在贵霜及哒地区流行的地位崇高的天神。故于此西壁与大自在天在同一层，而帝释天则在四天王天与毗瑟纽天之间的中层，这种结构反映了当时中亚流行的观念，这是我们说其中可以考见拜胡天制影子的理由。

中国礼制的一个重要内容是祭天的制度、仪式、礼节和象征。中国礼乐文明以一种本土特有的文化与象征系统，对外来文化形式进行了选择、节制、改铸和扬弃。

中国礼祭中"天"的观念与象征系统，与印度大乘佛教及来自"吠陀"的诸天的观念及象征系统明显不同。

迄至西魏时期，中国礼祭中的"天"是主宰宇宙的力量，《周礼》云："天有时以生，有时以杀。"具体到西魏，占主流的礼制学说是郑玄的六天说与五方帝说，讲求六合、四方天帝的观念，作为祭祀对象的天帝、天神、星官，都表现为天上的各种星辰，如天皇大帝就是勾陈口中的一颗星辰。显然王肃的学说也传到了北朝。

而从印度传来的大乘佛教的"天"，可以追溯到吠陀中的神坛。大乘佛教的"提婆"（Deva）意译为"天"，亦即印度古之所谓神[30]。诸"天"即诸神，亦指自然之天。《黎俱吠陀》中的因陀罗后成为大乘佛教中的帝释天。大乘佛教诸天，构成一个从下层到上层的多重结构，最下层是四天王天，往上有帝释天，更高层有梵天，最高层是大自在天。这种由下而上的多重天结构与中国汉晋五行六合观念下的四方天帝结构颇不一样。

在285窟中，笔者正好看见胡风的西壁诸天图像与天顶的中国风的天部图像的鲜明对比：在哒美术所同样具有的红色地仗上是自下而上的四天王天——帝释天——大自在天的多重结构。在窟顶四披则是天顶与东、西、南、北四方天的结构。其白色地仗反映来自南朝的中国风格。这两种"天"的结构，反映了华胡文化之不同。

从西魏285窟天顶的东、南、西、北四披，确实可以看到四方天帝观念的遗痕。东披伏羲，即太昊帝，太昊帝是东方青帝的配帝。十三头神"天皇"，可以追溯到多种类型的"三皇五帝"说中之一种。其西披有主雷雨的轩辕神。其乘鸾女仙当是少昊帝之母[31]。其南披有九头神人皇即

"太一",又有南方之朱鸟,其北披有十一头的地皇即"天一",还有飞廉等。从汉代一直到唐武德间,郑玄的祭五方上帝(祭四方天帝是其主要内容)一直领导着潮流。当然,如前所说,这些与中国礼制祭天有关的图像,在汉译大乘佛教的天龙诸部的说法中,被重新赋予了新意义,即佛教天界的意义。重要的是,在佛教艺术中纳入中国礼祭图像,包括拓跋鲜卑以神兽、畏兽形象作为天神的这类图像,突出地反映了中国礼制文化力求在引入外来文化时仍然居于主导地位的顽强努力。这是中国礼乐文化的主体精神、统合力和辐射力[32]的又一个鲜明例证。

敦煌艺术中常常可以见到中国礼乐文化所发挥的统合力。敦煌莫高窟经变画中,常以中国礼俗图像用来表现来自印度的佛经故事。如唐武周圣历元年(686)所建之332窟有涅槃经变,其金棺出丧的场面,幡盖飘动,其图像实可视为唐代之丧礼图。又如12窟之弥勒经变中的婚礼图,表现了晚唐代乐制中的立部伎、坐部伎等,此外还表现了孝道、宾礼等内容。

中国礼乐文明的一个核心思想是"礼以节事,乐以和心"。莫高窟285窟壁画天顶图像,反映了以中国礼制来节制外来文化的引入,而在南壁及西壁的音乐图像中,则反映了中国乐制中对外来音乐的融合。从下表中,我们看见不少伎乐[33]均见于其时在河西走廊及敦煌流行的"西凉乐"与"天竺乐"。

莫高窟285窟南壁西壁伎乐明细表

	乾闼婆(飞天伎乐)	类别	天竺乐	西凉乐
南壁上方	1	唱歌		
	1	拍击行鼓		
	1	拍击腰鼓		
	1	吹奏竽篥		
	1	吹奏横吹		
	1	吹奏排箫		
	1	吹笙		
	1	弹奏直项琵琶		
	1	弹奏曲项琵琶		

（续上表）

	乾闼婆（飞天伎乐）	类别	天竺乐	西凉乐
	1	弹奏阮咸		
	1	弹奏箜篌		
	1	唱歌		
西壁正龛 龛楣	天宫伎乐			
	1	吹奏横吹		
	1	击掌而歌		
	1	拍击腰鼓		
	1	击掌而歌		
	1	弹奏琵琶		
	1	吹奏筚篥		
	1	击掌而歌		
	1	吹奏法螺		
	1	演奏曲项琵琶		

285 窟的飞天伎乐图及天宫伎乐图，其所执乐器[34]，大体反映了西凉乐在敦煌西魏时期的流行。《隋书·音乐志》云："西凉者，起苻氏之末，吕光、沮渠蒙逊等据自凉州，变龟兹声为之，号为秦汉伎。魏太武既平河西得之，谓之西凉乐，至魏周之际，遂谓之国伎。"可知西凉乐为北魏末及西魏、北周之际的国伎。

《魏书·乐志》云：太乐令崔九龙"所录，或雅或郑，至于谣俗、四夷杂歌，但记其声折而已，不能知其本意。又名多谬舛，莫识所由，随其淫正而取之。乐署今见传习，其中复有所遗，至于古雅，尤多亡矣"。可知北魏时古雅乐多亡，而四夷杂歌融入，如西凉伎中，"今曲项琵琶、竖头箜篌之徒，并出自西域，非华夏旧器"，"其乐器有钟、磬、弹、筝、挡筝、卧箜篌、竖箜篌、琵琶、五弦、笙、箫、大筚篥、长笛、小筚篥、横笛、腰鼓、齐鼓、铜钹、贝十九种，为一部，二十七人"。285 窟所见乐器多与西凉伎同。

285 窟所见乐器一部分亦见于天竺乐，如筚篥、横笛、凤首箜篌、琵琶、五弦琵琶等。《隋书·音乐志》云："天竺者，起自张重华据有凉州，重四译来贡男伎，天竺即其乐焉。"285窟所见诸乐器可看出是西凉伎与天竺乐在凉州一带的融合。

西凉乐与天竺乐的一大区别在于，西凉乐以龟兹乐与秦汉旧乐融合，其中保留了代表中华礼乐特色的磬，而285窟天顶四壁，在四大"铺首"[35]之下，缀有四大列特磬[36]，特磬高悬于天是一个象征，表明西魏之时在吸收西域之宴乐的同时，仍未忘怀于华夏之礼乐。

饶宗颐先生最近指出："在目前不断出现的地下文物，其本身已充分提供实证，去说明古代礼制的可靠性"，提倡重视"礼"的研究与"从制度史的观点来整理古史"[37]。池田温先生、金子修一先生、麦大维先生、伊珮霞女士的研究与 H. J. Wechsler 先生的《玉帛之奠：唐朝正统化的礼仪与象征》[38]，都反映出国际汉学界对中古礼制研究的关注。

中国礼俗图像和乐制图像的大量融入莫高窟佛教艺术，这本身就意味着"礼以节事"的重要功能。中国传统礼乐文明在与外来文化相遇时，对外来文化进行了节制、选择、扬弃和消化，从而保存了中国礼乐文明的主导地位，使印度传来的佛教艺术，终于演变为中国式的大乘佛教艺术。研究这个实例，可以从理论上提升我们对中外文化交流史的若干规律性认识。

本文围绕285窟"天"的图像及"诸天"的观念进行了讨论。中国道教与礼制在祭天方面常有相通之处，这方面的讨论暂时从略。从礼制视角而言，本文还留下了许多待讨论的问题，如敦煌地方祭风师雨师雷师方位问题，高明士先生有极重要的讨论[39]，今后当在此启发下对285窟图像中雷师方位等问题，作进一步的研究和讨论。

注　释

[1] 段文杰：《道教题材是如何进入佛教石窟的——莫高窟249窟窟顶壁画内容探讨》，《段文杰敦煌石窟艺术论文集》，甘肃人民出版社1994年版。

[2] 史苇湘：《敦煌佛教艺术产生的历史依据》，《敦煌研究》试刊第一期，1981年。

[3] 宿白：《敦煌莫高窟早期洞窟杂考》，《大公报在港复刊三十周年纪念文集》上卷，香港，1978年。

[4] 贺世哲：《从供养人题记看莫高窟部分洞窟的营造年代》，见《敦煌莫高窟供养人题记》，北京，1986年。

[5] 饶宗颐：《画颕——国画史论集》，时报文化出版公司1993年版。

[6] 宁强：《敦煌佛教艺术》，第36～41页，第128页，第139～140页。高雄复文图书出版社，高雄，1992年。

[7] 金子修一：《论魏晋隋唐郊祀宗庙制度》，《史学杂志》第88编10号，东京，1979年。

[8] 《魏书》卷一八一，《礼志》一。

[9] 《魏书》卷一八一，《礼志》一。

[10] 唐长孺：《魏晋南北朝史论丛》，第416页，生活·读书·新知三联书店1955年版。

[11] 董迪：《广川画跋》，卷四，《书常彦辅祆神像》A. M. Belenitskii，B. l. Marshak，and Mark，J. Dresden. Sogdian Painting. The Pictorial Epic in Oriental Art. P. 29. University of California press，1978．拙稿：《论高昌胡天与敦煌仗寺》，《世界宗教研究》，北京，1993年第一期。

[12] 《中国石窟：敦煌莫高窟》第一卷，敦煌文物研究所编，文物出版社、平凡社1989年版。

[13] （隋）萧吉：《五行大义》，《丛书集成初编》据《佚存丛书》排印。

[14] 段文杰先生前揭书，第322页。

[15] 史苇湘先生前揭文，第139～140页。

[16] 段文杰先生前揭书，第21页，第322～323页。

[17] 林巳奈夫：《兽环与铺首的若干问题》，《东方学报》第五十七册，京都，1985年，参见赵万里：《汉魏南北朝墓志集释》。Susan Bush：Thunder Monsters and Wind Spirits in Early Sixth Century China and the Epitaph Tablet of Lady Yuan（参见《敦煌研究》1991年第3期张元林译文。卜苏珊：《中国六世纪初的元氏墓志上的雷公，风神图》）。

[18] 洛阳博物馆：《洛阳北魏画像石棺》，（黄明兰执笔）《考古》，1980年第3期。

[19] 陈明达、丁明夷编：《巩县天龙山响堂山安阳石窟雕刻》，见《中国美术全集》雕塑编13，文物出版社1989年版。

[20] 林巳奈夫前揭文。

[21] 林巳奈夫：《汉代的诸神》，第138页，临川书店，京都，1989年。

[22] 史苇湘：《敦煌佛教艺术产生的历史根据》，《敦煌研究》试刊号第一期，1981年，第138～139页。参见孙作云：《敦煌壁画中的神怪画》，《考古》1960年第6期。

[23] 《大正新修大藏经》卷十六。

[24] 僧肇注，《注维摩诘所说经》，上海古籍出版社1991年版。其中大量引用鸠摩罗什注。

[25] 鸠摩罗什译：《大智度论》，福建莆田广化寺印。

[26] 姜伯勤：《敦煌吐鲁番文书与丝绸之路》第239页，文物出版社1994年版。《吐

鲁番文书》第二册，第 39 页，北京，1981 年。
[27] 姜伯勤前揭书第 253 页。
[28] 姜伯勤：《敦煌壁画与粟特壁画的比较研究》，《1987 年敦煌石窟研究国际讨论会文集》（石窟艺术编），第 162 页，沈阳，1990 年。
[29] 贺世哲：《敦煌莫高窟第 285 窟西壁内容考释》，《1987 年敦煌石窟研究国际讨论会文集》（石窟考古编），沈阳，1990 年。关于摩醯首罗天像与那罗延天像，可参阅松本荣一：《敦煌画研究》，732～743 页，同朋舍，京都，1986 年。
[30] 徐梵澄：《韦陀教神坛与大乘菩萨道概观》，《世界宗教研究》1981 年第 3 期。
[31] 《五行大义》卷五："少昊金天氏，姬姓，名挚，字青阳，母女节。"又谓"位在西方，主秋"。
[32] 姜伯勤：《敦煌社会文书导论》第一章《礼仪》及《后论》，新文丰出版公司，台北，1992 年。
[33] 参见牛龙菲：《敦煌壁画乐史资料总录与研究》，敦煌文艺出版社 1991 年版。
[34] 参见郑汝中：《敦煌壁画乐器分类考略》，《敦煌研究》1988 年第 4 期。
[35] 林巳奈夫前揭文。
[36] 牛龙菲前揭书第 18 页，略谓，285 窟东壁《说法图》主尊佛像两侧，乐器图饰，有悬磬（特磬），同窟窟顶四角乐器图饰有悬磬（特磬）。按，与"铺首"及玉璧同绘。又按，西凉乐以具有金石清音（方响等）为特色。
[37] 饶宗颐：《历史家对萨满主义应重新作反思与检讨——"巫的新认识"》，见《中华文化的过去、现在和未来（中华书局成立八十周年纪念论文集）》，第 410～411 页，北京，1992 年。
[38] Howard J. Wechsler. Offerings of Jade and Silk, Ritual and Symbol in the Legitirnation of the T'ang Dynasty. Yale University Press, New Haven and London, 1985.
[39] 高明士：《敦煌官方的祭祀礼仪》，1994 年敦煌学国际学术讨论会论文，敦煌，1994 年 8 月。

（原载《敦煌艺术宗教与礼乐文明》，北京：中国社会科学出版社，1996 年）

敦煌的"画行"与"画院"

从比较文化史的角度观察，东西方美术史上都有一个引人注目的现象：中世纪以及中世纪末季的专业画人，往往组织为"画行"或"画院"。丹纳在名著《艺术哲学》中，曾描绘了15世纪意大利艺术家"行会"中的灿烂群星[1]，并记述了16世纪中叶"铺子和学徒的制度被'画院'代替"[2]的情景。而早在10世纪的敦煌，在归义军曹氏时期，沙州不仅已经出现了民间的"画行"，还建置了隶属官府的"画院"。五代时期，沙州已是和南唐、后蜀交相辉映的另一处中国早期"画院"的滥觞地。

最早研究敦煌画院问题的，是早年在敦煌进行过实地考察的向达先生[3]。近年来，段文杰先生[4]、史苇湘先生[5]、饶宗颐先生[6]的专论中也论及了这一问题。本文在前人启示下试作一些说明，不当之处，恳请大家指正。

一、沙州"画行"与"知画行都料"

沙州手工业和商业中"行"的建置，在已知史料中，可上溯到盛唐时期。从P. 4979号《唐天宝十载酒行安胡到芬牒》[7]可知，当时沙州已有"酒行"之类的设置。

作为手工业诸行之一的沙州"画行"的记载，见于五代归义军曹氏时期。S. 3929号中有一组《节度押衙董保德建造兰若功德颂》的文稿。其中包括了草稿及修改稿，兹将其中的两种文本之有关部分摘录如下，以资比较。

甲本：

……厥有节度押衙知画行都料董保德等，谦和作志，温雅为怀，守君子之清风，蕴淑人之励节，故得丹青增妙，粉墨希奇。手迹及于僧瑶，笔势邻于曹氏。画蝇如活，佛铺妙越于前贤；逸影如生，圣会雅超于后哲。而又经文粗晓，礼乐兼精，实佐代之良工，乃明时之膺世。（时）遇曹王，累代道俗兴平。营善事而无停，修福固（而）莫绝。或奉 上命驱策，或承信士招携。每广受于缠盘，亦厚沾于赏赐。家资丰足，粮食有余。先思他（报）报于君恩，仍祈[8]当来之胜福。先于当府子城内北街西横巷东口弊居，联壁形胜之地，创建兰若一所。刹心四廊，图塑诸妙佛铺，结脊四角，垂拽铁索鸣铃，苑然具足。又于此嵒共诸施主，权修窟五龛，彩绘一一妙毕。又有信心，募召彩绘……住宿多时，居停日久，乃与侣上下，时伴尊卑，异口商议。偶因行侣会坐 众口/上下 商宜。（后略）

乙本：

……厥有节度押衙知画行都料董保德等，谦和作志，温雅为怀，抱君子清风，蕴淑人之励节，故得丹青增妙，粉墨希奇。手迹及于僧瑶，笔势邻于曹氏。画蝇如活，佛铺妙似于祇园；邈影如生，圣风雅同于鹫岭。而又经文粗晓，礼乐兼精。实圣代之贤能，乃明时之膺世。时遇曹王，累代道俗兴平。营善事而无停，增福因而不绝。或奉 上命驱策，或承信士招携。每虔受于缠盘，亦厚沾于赏赐，家资丰足，人食有余，乃与上下商宜，行侣评薄，君王之恩隆须报，信心之敬重要酬，共修功德，众意如何？寻即大之与小，尊之与卑，异口齐欢，同音共办。保德自己先住当府子城内北街西横巷东口弊居，联壁形胜之地，创建兰若一所，刹□四廊，因塑诸妙佛铺，结脊四角，垂拽铁索鸣铃，宛然具足。（后略）

甲本是初稿，质胜于文，往往记明了真实的细节。乙本在文字润饰后被骈文用典所取代。对照两件，可以考见董保德的身份，并探查"画行"的消息。

先论董保德的身份。从文书可知，董保德是一名有一定造诣的画师。文书说："手迹及于僧瑶，笔势邻于曹氏。""僧瑶"即张僧繇，南朝梁武帝时的名画家，擅长壁画，并能以天竺法画凹凸花，为阎立本所备极推崇，吴道子亦称"夺得僧繇神笔路"。曹氏即北齐曹仲达，约在张僧繇后五十年。张彦远《历代名画记》注云："佛事画有曹家样、张家样及吴家样。"董保德是师承前代宗教画巨匠张、曹的家法的。

作为画行中的画师,他经营的项目主要有壁画及肖像画。所谓"画蝇如活,佛铺妙越于前贤","佛铺"即宗教题材的壁画,壁画一幅称为一铺。所谓"邈影如生,圣会雅超于后哲","邈影"即肖像画,沙州道俗上层人士都有延请画师"邈影"的习惯。如《沙州文录》载《曹良才画像赞》即反映此俗。

董保德"粗晓"经文,说明他不是士大夫出身的画家,而只是有一定文化程度的手工业者上层。"乙本"说他"实圣代之贤能,乃明时之膺世",用语含混;而"甲本"说他"实佐代之良工,乃明时之膺世",则准确说明他是一名高级画工。

画师的收入是工价,即文中所说的"缠盘"。唐代画工赚取工价的情形十分普遍。日本僧人圆仁撰《入唐求法巡礼行记》第三卷记会昌元年(841)事有云:"唤画工王惠,商量画胎藏帧功钱。""晚间博士王惠来,画帧功钱,商量定予五十贯钱作五幅帧。"《大唐陇西李府君修功德记》谓"千金贸工",《大番故敦煌郡莫高窟阴处士修功德记》谓"贸良工,招锻匠"[9],所指均为开窟画壁之事。则董保德也就是施主们所贸请之一"良工"。

私家的"缠盘"和官家的"赏赐",使董保德集聚了相当的财富,故称"家资丰足,人食有余"。由于富有,他还取得了"节度押衙"的名号。

所谓"押衙",是节度使衙的武将僚佐,职在近卫亲从。押衙之职犹如天子之有金吾将军,是一种亲信之任,故有"随使"、"亲从"之称。安史之乱以后,使府押衙一作"押牙",极为常见。节度使衙的作坊、财富、仓储等亲要职任,往往以押衙兼充[10]。敦煌归义军时期押衙多如牛毛,它或者反映了富户贿买荣名,或者反映了节度使衙企图以此名号的委派而染指于可以积聚财富的行业。

作为富有的画师,董保德以独资及合资兴办了几件功德。

独资为主兴办的功德,是自己在当府子城北街西横巷东口的居处建家庙(兰若)一所。该小型佛庙内建有中心柱佛龛,四壁有塑像壁画,并且似以弥勒经变为题材,在壁画上描绘了"果唇凝笑,演花匀于花台;莲脸将然(燃),披叶文于叶座"等柘枝舞、花舞场面。

合资兴办的功德,则为"于此邑共诸施主,权修窟五龛,彩绘一一妙毕"（"甲本"），"又于窟宇讲堂后，建此普敬之塔"。

在有关修造功德过程的记述中，我们得见两个值得讨论的问题。第一，在"画行都料"周围，集结着一种上下、大小、尊卑的手工业中的封建等级关系。

"乙本"记董保德提出"共修功德，众意如何"的问题后，记云："寻即大之与小，尊之与卑，异口齐欢，同音共办。""甲本"则云，当时因道俗兴平，绘事工程几乎一日无停。在某一个间歇时期，"住宿多时，居停日久，乃与侣上下，时伴尊卑，异口商议"。这种尊卑、上下、大小的区分应与都料、博士、学徒的区分有关，亦与"画师"与"画匠"的区分有关。

在敦煌寺院账目中，我们多次见到"画师"与"画匠"的区分。如P. 2049号背a《后唐同光三年（925）正月沙州净土寺直岁保护手下诸色入破历》：

> 粟壹硕，先善惠手工与画柒（漆）器先生用。
> 粟柒斗，卧酒贴僧官屈画匠局席用。
> 粟贰斗，诸判官窟上看画师日沽酒用。
> 油壹胜半，僧官屈画匠贴顿用。

同一账目中分明记明"画师"与"画匠"，说明两者之间存在着差别。

同样，在P. 2032号背b《己亥年（939）净土寺破历》中亦可看到"画师"与"画匠"的区别，其中有：

> 粟玖硕，与画人手工用。
> 粟两石叁斗伍升卧酒钟楼上灰泥看画匠塑匠及众僧三时食用。
> 粟伍斗，于画师买锞用。

另外，我们在P. 3234号背《卯年（943）正月一日已后直岁沙弥广囲面破》中，看到"塑师"与"塑匠"的区别，如：

> 面五升，二月一日撩治佛塑师吃用。
> 面柒斗捌胜，上赤白僧及上沙麻塑匠等用。

韩愈《师说》有云："巫医乐师百工之人，不耻相师。"《唐六典》卷14"太乐署"记云："凡习乐立师以教。""师"与"弟子"相对，因而"画师"、"塑师"应是画业、雕塑业中教授生徒的师傅。柳宗元《梓人传》云:"梓人盖古之审曲面势者,今谓之都料匠云。"如S.3905号《唐天复元年辛酉四月十八日金光明寺造窟上梁文》反映了金光明寺在一次战火中毁坏后的修复工程,工程主持者为"马都料",其手下工匠则有"任博士",可见"都料"应是工匠中主管开料、筹划工程的高级技师,而"博士"则为一般工匠。

马克思说:"在城市中和这种封建的土地占有结构相适应的是行会所有制,即手工业的封建组织。""个别手工业者逐渐积蓄起来的少量资本及其与不断增长的人口比较起来是固定的人数,使得帮工和学徒制度发展起来了,而这种制度在城市里产生了一种和农村等级制度相似的等级制。"[12] 又说,在行会中,帮工和师傅之间存在着一种"宗法关系"[13]。从前引P.2032号背《己亥年净土寺破历》所见"粟伍斗,于画师买锞用",得知"画师"可以拥有并出售"锞"(带扣版、车具或金银小锭)这种商品,可以是拥有"少量资本"者。因而"家资丰足"的"画行都料"无疑属于"画师"等级。又从前引《入唐求法巡礼行记》得知,"画工"可称为"博士"。则画师即都料等级与画匠即博士等级之间,存在着一种上下关系;画师、画匠(即都料、博士)与学徒、厮役之间,则存在着一种"尊卑"关系。

"画行"是众多"行侣"的集合。在商议建造功德的记事中,我们还看到"行侣"的记载。如"甲本"中有:

乃与侣上下,时伴尊卑,异口商议。偶因行侣会坐,众口……上下

"乙本"中有:

乃与上下商宜,行侣评薄,君王之恩隆须报,信心之敬重要酬。

"行侣"指"画行"中的同行,即行中的都料、博士等。"甲本"中"因行侣会坐,上下"商议,改写为"因行侣会坐,众口"商议。原写成"上下",是着眼于师与匠、都料与博士间的上下关系,后改为"众口",则着眼于"行侣"间虽有等第之别,但又以一种共同利益维系起来[14],并能同等分享某些利益。尽管对于中国唐宋时代是否存在"行会"有分歧意见,但"行侣"这一记载的发现,有力地证明"行"不只指一种行

业或店肆,更指明是一种同业组织。

正如恩格斯所指出的,西欧行会与"马尔克公社"有关。《资本论第三卷增补》有云:"以后的一切同业公会,都是按照马尔克公社的样子建立起来的。首先就是城市的行会,它的规章制度不过是马尔克的规章制度在享有特权的手工业上而不是在一定的土地面积上的应用。整个组织的中心点是每个成员都同等地分享那些对全体来说都有保证的特权和利益。"[15]当然,中国唐宋的行会与西欧行会不尽相同,而且,沙州五代画行内是否享有某种特权我们亦不得而知。但我们却察觉到中国唐宋的行会,包括沙州画行也曾受到邑社组织的某些影响。

如 P.2991 号背面《敦煌社人平诎子一十人并于宕泉建窟一所功德记》,为"西汉金山国头听大宰相清河张公撰"。记文提到"有邑人义社某公等十人",表明平诎子等十人组成了一个"邑人义社"。该记略谓:"社众一等,修建之岁,正遇艰难,造窟之年,兵戎未息。于是资家为国,创建此龛。"该记结尾处铭赞中还说:"凿龛创窟,凭福所依,众心坚固,以毕为期,星霜再换,功德不迟,家财咸撒,决无改移。"说明该义社在战争年代的艰难时世中,花尽财力,并费了不止一年时间修造此功德窟。据史苇湘先生研究,"在 302 窟中心龛柱上写有'尽师平诎子',即画师平诎子,此功德记中有'手为功德已毕'一语,就是说亲自画完了一窟功德"[16]。这是沙州画行中的"画师"亦参加"邑人义社"组织的一个证据。

沙州金银行的行中之人,也曾参加过"社"。如榆林窟 24 窟窟内东壁门南供养人像第二躯题名云:

  社长押衙知金银行都料银青光禄大夫检校太子宾客郁迟宝令一心供养。[17]

此外,从唐代《房山石经》题记中,亦看到"行"的组织与邑社关联。如范阳郡屠行为修造石经于"行"中成立了"社",题记云:

  "屠行社官安令瓖合社人造经一条。天宝十一载四月八日建。社录柳庭宾。"[18]"屠行邑平正安令瓖合邑人等上经一条。天宝二载四月八日造。"[19]

房山屠行中成立的"社"又可称为"邑",其首脑称邑主(社官)、平正和录事,相当于敦煌社人文书中所称的"三官",邑社的成员称为"社人"或"邑人"。

以上各条证明,工商业"行"的组织或组织中人,因修建功德而组织"邑社"。那么,这个事实又说明了什么呢?

原来,中国古代的邑里之社本与奉祀土地神及农村公社有关,到了汉代,出现里、社分离和私人化,[20]并出现了私社。唐代敦煌城市中的社即属于信佛、救助、共办吉凶事宜的私人团体亦即私社。从敦煌文书中所见的"社条"来看,社中的每个成员都同等地享有出资的义务和进行赏罚、办理吉凶事宜或接受救助的权利。由于工商业"行"的组织中因为布施功德而往往有"社"的组织,这个事实本来似乎与工商业本身并无多大关系,但是,由于此种因缘,使邑社中的成员同等地享有权利和义务的原则,对行会组织也发生了不可避免的影响。证据是宋代赞宁撰《大宋僧史略》卷下"结社法集"条,内容是:

> 今之结社,共作福因。条约严明,愈于公法,行人互相激励,勤于修证,则社有生善之功大矣。[21]

本条释文中把"条约严明"的"社人"称为"行人",这就反证出"行人"也属于"条约严明"、"共作福因"的集团,即以成员同等共享权利和义务的原则组织起来的集团。正是在这个意义上"行人"可以作为"社人"的通称,正如宋代以后"行货"可以成为"物品"的通称一样。

画行作为"行侣"的同业组织,代表了行侣的共同利益,但同时亦受到官府的控制。如 S.0076 号《长兴五年正月一日行首陈鲁俏牒》有云:

> 行首陈鲁俏
> 　右鲁俏在
> 衙门随例祗候
> 贺伏听
> 处分
> 条件状如前谨牒

　　　　长兴五年正月一日行首陈鲁俗牒[22]

"行首"即行会头首。沙州行首须在归义军节度使衙行走供奉。画行亦当如此。

　　总之，"沙州画行"是敦煌绘画行业"行侣"的组织。"行侣"中应有"画师"、"画匠"、学徒弟子等不同等第。画行应设有"行首"。"画行都料"则是画行中有高级技艺的师傅。"画行"是沙州地区民间大量壁画（"佛铺"）、肖像画（"邈影"）制作的承担者。画行成员作为系籍的工匠户，也有在官府供奉的封建义务。

二、沙州"画院使"与"院生"

　　从事画业的"沙州工匠"，组织为"画行"以外，又与官设"画院"有关。榆林窟第35窟主室东壁南侧第三身供养人题名：

　　　　□〔施〕主沙州工匠都勾当画院使归义军节度押衙银青光禄大夫检校太子宾客（竺）保一心供养。

同壁男供养人像第四身题名：

　　　　节度押衙知画手银青光禄大夫检校太子宾客武保琳一心供养。

　　本窟供养人题名中又有敦煌王曹延禄[23]，据考定，曹延禄976—1002年在位[24]。由此条题记推知，至迟在宋太宗太平兴国元年（976）至宋真宗咸平五年（1002）之间，敦煌已有画院。当然，这不等于说沙州画院自宋代才开始出现。

　　中国绘画史籍中，"画院"之设，始见于五代时南唐及前后蜀。南唐画院中有"翰林待诏"等职，王蜀画院亦设"翰林待诏"，孟蜀画院有"翰林待诏"、"翰林祗候"等职，宋代画院则设有待诏、祗候、艺学、画学正、学生供奉等职。在那里，画院是供奉皇家的机构。在沙州，画院则是供奉敦煌王曹氏的机构。

　　沙州画院设"画院使"，则此种使职仍属唐五代节度使衙僚佐一类的职务。如唐幽州节度使下设有以押衙充当的"绫锦坊使"[25]。五代时王蜀曾设有"内库图画库使"[26]，则沙州"画院使"之设，似仍为五代时的成法。

沙州"画院"竺保除有押衙名号外，还带有"银青光禄大夫"的散官头衔。散位代表着章服的限制，银青光禄大夫为从三品，按唐制可以服紫。五代时期，庶人富户往往用在"诸都将衔官使下系名目"的方法，求取高品位的服色。故后唐天成二年曾敕令"诸都将衔官使下系名目者，只得衣紫皂衣，庶人商旅，只着白衣"[27]。这条禁令反证出当时民间庶人工商的服色实际上已超越了此限。至宋代，画院中以画艺进身者已可服绯紫[28]。画院中人服色品级的提高，反映了一部分被纳入王家画院的"画工"，已从卑下的"众工"地位转变为王家供奉者的地位。沙州画院亦当如此。

上述"沙州画院"和"画院使"的记载，使我们想起五代时沙州寺院账目中，曾得见一种画人称为"院生"。P. 2032 号背面《己亥年（939）净土寺破历》中有：

面叁胜，粟叁蚪，沽酒，看院生画窟门用。

同号《己亥年西仓破》有：

粟叁硕，付院生用。

那么，什么是"院生"呢？

930—931 年的敦煌卷子 P. 3716 号背面《新集书仪》题记有云：

天成五年庚寅岁五月敦煌伎术院礼生张儒通写。

P. 2718 号《茶酒论》之 970 年题记为：

开宝叁年壬申岁正月十四日知（伎）术院弟子阎海真自手书记。

由此可知，五代宋初沙州官属的阴阳卜筮天文历算人员组成"伎术院"，其中的学生则称为"弟子"或"礼生"。据《文献通考》卷 35《选举八》载，早在唐代，阴阳卜筮图画工巧都看作一类，其中出身的官员称"伎术官"。既然沙州"画院"与"伎术院"几乎同时出现，而"伎术院"中既有"弟子"、"礼生"，那么画院中亦当有"弟子"或"诸生"。

宋代画院在宋太祖时已有待诏、祗候、艺学、学生等院人名目的记载[29]。由蜀转来的赵光辅"太祖朝为图画院学生"[30]。沙州画人"院生"当即"画院学生"。宋代"画院听习学,凡系籍者,每有过犯,止许罚直,其罪重者,亦听奏钱"。这是说画院中习学诸生,其中一部分为"系"于匠籍的工匠子弟[31]。沙州院生亦应包括了众工的子弟。

如果我们关于"院生"上的述推证不误,则早在上件文书所系之939年顷,即在北宋开国之前的五代之时,敦煌已置有画院。这从939年顷已有"伎术院"之设,以及"画院使"不是宋制而属唐五代节度使僚佐系统,都可作为沙州画院产生于五代的旁证。由于沙州和成都地区有频繁的交通[32],沙州画院之设,无疑是受了前后蜀的影响。

三、"都画匠作"与官府作坊中的画匠

除沙州"画行"及"画院"中均见有画业工匠外,沙州画匠还出没于归义军节度使衙的官府作坊。

承施萍亭、贺世哲两先生指教:曹延禄当权期间开凿的榆林窟第32窟主室南壁残存四身画匠供养像与题名,其第四身"画匠弟子□(李)□(圆)心一心供养"。又,曹元忠当权时期开凿的第33窟主室东壁第八身供养人题名为:

> 清信弟子节度押衙□画厢都画匠作,银青光禄大夫白般缇一心供养。

我们试与宋制作一比较。《图画见闻志》卷3云:"赵长元,蜀人,工画佛道人物,兼工翎毛。初随蜀主至阙下,隶尚方彩画匠人,由于禁中墙壁画雉一,上见之嘉赏,寻补图画院祗候。"由是可知,在宋初,尚方作场与图画院是两个系统,赵长元隶属尚方作场,是彩画匠人,即官手工业匠人;而在图画院任职祗候后,他已由尚方画匠变为皇家供奉人员。

归义军时期,在沙州官府同样可见到这两种系统,即除"画院"外,官府作场中亦见有画匠。如 P.2629 号《官酒破历》中有"供门楼上画匠及勾当人逐日……断中"。P.2641 号《归义军节度使宴设司牒案》中有"百尺下修神堂画匠"、"偿设画匠"等记载。又如 P.4640 号《唐己未至辛酉年(899—901)归义军衙内破用布纸历》中有:

> (乙未年十二月十六日)同日,支与作坊司画钟旭细纸两,粘登

（灯）笼粗纸拾张。
（庚申年三月）十四日支与作坊粗纸壹帖。
（四月）廿七日，支与作坊造扇细纸壹束两帖。
（十二月）廿日，支与作坊使造钟旭细纸两帖，粘灯笼用粗纸壹拾伍张。
（辛酉年正月）廿二日，支与作坊司细纸壹帖。
（四月）廿六后，支与作坊使宋文晖造肩细纸壹束两帖。

正如宋尚方有彩画匠人、少府监文思院有"平画作"[33]那样，沙州归义军作坊亦有画匠。归义军使衙下调"作坊司"，主管者为"作坊使"，其内有画匠供作。此外，从前引榆林窟题记可知，还设有"都画匠作"的专门职务。

民间"画行"与官府画作，是官私手工业的两个不同系统。官属画院和官府画作，虽然都属于官府，但却分属手工业作场和王家供奉单位两种不同的性质。

四、后　　论

从以上所述我们可以看到，在沙州民间"画行"、官府"画院"及官府作场三种地方，都有"画匠"的足迹。在南北朝以迄于唐，作为工匠的画匠，应该是有匠籍的，因而我们不得不对其身份的流变略加追述和考察。

在敦煌吐鲁番文书中，吐鲁番阿斯塔那153号墓所出72TAM153：29、30号6世纪《高昌入作人、画师、主胶人等名籍》中有：

> 五月廿九日入作人：刘胡奴（中略）
> ▢▢▢客儿。次画师，将宝欢，石相胡，王辰虎
> ▢▢▢胡，张养子，廉善熹，黄僧保，马
> ▢▢▢合卅五人，六月二日，入作人画师：将宝
> 〔后缺〕

本件中，"入作人"之"作"指官府作场。画师编制中的头领称为"将"[34]。本件说明画师系于匠籍，并按日上值。直至唐初，"画师"仍被人看作匠户一类。唐太宗时，"阁内传呼画师阎立本"，立本"退戒其子曰：

吾少好读书属词,今独以丹青见知,躬厮役之务,辱莫大焉!尔宜深戒,勿习此艺"[35]。其实阎立本并非匠户,其时已主爵郎中,只因世俗仍将画工或画师看作工乐杂户,故自己也把画师之职说成是"躬厮役之务"。

在唐代河西地区,画匠仍被配役。吐鲁番210号墓所出《唐西州都督府诸司配役名籍》,其中73TAM 210:12—1(2)有:

〔前缺〕
□塞子　铜匠
　　　　以上并配本司
□海燕　弓匠
□□海　画匠　以上见定
　　　〔后缺〕

本件中,画匠与铜匠、弓匠、木匠、铁匠、甲匠、韦匠(制革匠)、皮匠、杀猪匠、油匠一起,被分配在官司应役。

在唐代前期,吐鲁番匠户中仍有以罪人配充的情况。如大谷3774号:"法曹符,为反逆缘坐移配匠处,不在放限事。"[36]又如大谷文书中吐峪沟所出《孔目司帖》有云:

孔目司帖,莲花渠匠白俱满失离,配织建中伍年春装布壹佰匹,行官段、俊俊……右仰织前件人准例放掏拓、助屯及小小差科,所由不须牵换,七月十九日帖。[37]

这就是说,唐前期匠户须完成官府的配役,才能免除差科(杂徭)。唐前期系于匠籍的画匠亦当如此。

不过,随着唐五代封建商品经济的发展,工匠在完成配役或"纳资"代役以后,可在个人经营中收取雇价。在唐代,前述高昌画师的计日上值的番役制度,随着"和雇"制度的发展,已逐渐由"长上匠"(上番期满后留役而获得报酬的定额工匠)和"纳资匠"(纳资代替上役)所取代[38]。画匠的情形亦当如此。

同时,在封建商品经济发展的背景下,沙州画匠亦进一步脱离农业。如S.4703号《丁亥年买菜人名目》属归义军时期,买菜人中的手工业者有:"吴都料壹步"、"安都料壹步"、"瓦匠索万兴壹步"、"梁户李留徒壹步"、"画匠田生壹步"。"壹步"即指买得壹步土地上的菜。画匠田生买菜而不种菜，说明田生是一个脱离农业的商品生产者。

总之，从敦煌所出大量壁画、绢画、白画、粉本画像来看，唐末五代宋初，敦煌画业兴盛。画匠或画人在唐末五代的身份地位已有所提高。高级画师往往处于设计者的地位。敦煌本金统二年《东面壁记》，内容系设计敦煌某一处壁画的草案，分成若干格，每格开列应画内容及颜色，间有佛头画稿[39]。敦煌寺院账目中亦可见到一些较高级画人的记载，除前引"画漆器先生"外，还有：

"画二斗，画床先生用。"（P. 2032号背面）

面壹石八斗五升，油肆胜六合，粟两石二斗五升，卧酒沽酒，画窟先生兼造食人及回来迎顿兼第二日看待等用。（P. 2032背《己亥年净土寺破历》）

唐宋画人本可分为士大夫与众工两途。宋代画学中亦分"上流"与"杂流"（《宋史》卷157《选举》三。《文献通考》卷42《学校》三）。而众工中又可分为画师与画匠。前引"画漆器先生"、"画床先生"、"画窟先生"是画院中的先生，还是画行中的师傅，抑或非工匠画人，还有待于进一步考定。但从收取工价来看，他们多半还是较高级的手工业画人。

在画工地位提高的唐末五代，我们也看到画人塑匠中分化的加剧。P. 3964号文书中就见有典卖儿子的塑匠都料赵僧子。另一方面，画行都料董保德"家资丰足"，画院使竺保则可依三品散号规制着紫色华服。这也说明，在阶级社会，文明的发展是在对抗中实现的。

我们对敦煌画行的认识还是初步的。接下来还有许多需要继续探明的问题。例如，既然五代以后沙州已有画院，那么，对于敦煌的壁画、绢画，如何与宋代的所谓院体画进行比较研究？宋画中有写宫室楼阁的"界作"，这种界画是否在敦煌绘画中已见其端倪？又如，既然沙州有画行的兴起，那么，内地手工业中的画行的实况又是怎样的？唐代行会制度的特点，是专制主义对商品生产有很明显的影响[40]，这个特点在画行中又是怎样体现的？另外，沙州的画行、画院与文艺复兴时期的意大利画家行会及"画院"有何不同？凡此许多问题，都需要在继续发掘资料的同时，进一步深入研究下去。

1983年3月

后　记

拙文初稿写出后承贺世哲、施萍亭两先生指正多处，又承惠示文中引及的题记的订正录文，谨致以深切的谢意！

1983 年 5 月 31 日

注　释

[1] 丹纳：《艺术哲学》，傅雷译，第 137～138 页。
[2] 同上书，第 143 页。
[3] 向达：《敦煌艺术概论》，《文物参考资料》第 2 卷第 4 期。《莫高榆林二窟杂考》。《文物参考资料》第 2 卷第 5 期，1951 年。参见《唐代长安与西域文明》，第 413～414 页。
[4] 段文杰：《试论敦煌壁画的传神艺术》，《敦煌研究》1981 年第 1 期。
[5] 史苇湘：《丝绸之路上的敦煌与莫高窟》，载《敦煌研究文集》，甘肃人民出版社 1982 年版。
[6] 饶宗颐：《敦煌白画导论》，见《画颔》，第 151～152 页，台北，1993 年。
[7] 池田温：《中国古代籍帐研究》，第 477 页。
[8] "仍祈"二字下旁书"酬答于施，然况轻酬于信施"。
[9] 参见《沙州文录》。
[10] 严耕望：《唐史研究丛稿》，第 228～233 页，香港，1969 年。
[11] 饶宗颐：《敦煌曲》，第 212 页，巴黎，1971 年。
[12] 马克思：《德意志意识形态》，《马克思恩格斯全集》第 3 卷，第 28 页。
[13] 同上书，第 58 页。
[14] 参见杨德泉《唐宋行会制度之研究》，《宋史研究论文集》，第 231～232 页，文章注意到笔者在论"行人"文章中利用了董保德资料，并指出："中国唐宋时代的行会，是否因为有上户、下户的矛盾，就不存在全体成员共同的利害关系呢？实际情况并非如此。例如唐代敦煌画行的'都料'董保德计议同行修一座画廊式的佛庙'兰若'，'乃与上下商宜'，'寻即大之与小、尊之与卑，异口齐欢，同音共办'……说明至少在修建'兰若'这件事上，画行之内上下尊卑的利害是一致的。"该文与认为唐宋没有行会，其时"行不是全体成员有共同利益的组织"的论点进了讨论，读后很有启发。
[15]《马克思恩格斯全集》第 25 卷，第 1020 页。

[16] 史苇湘：《丝绸之路上的敦煌与莫高窟》注116，见《敦煌研究文集》，第119～120页。
[17] 向达：《唐代长安与西域文明》，第414页。
[18] 曾毅公：《北京石刻中所保存的重要史料》，《文物》1959年第9期。
[19] 林元白：《房山石经初分过日记》，《现代佛学》1957年第9期。
[20] 宁可：《汉代的社》，《文史》第9辑，1980年。
[21] 《大正新修大藏经》第54卷。
[22] 《沙州文录》。
[23] 谢稚柳：《敦煌艺术叙录》，第487页。
[24] 贺世哲，孙修身：《〈瓜沙曹氏年表补正〉之补正》，《甘肃师大学报》1980年，第1期。
[25] 严耕望：《唐代方镇使府僚佐考》，《唐史研究丛稿》，第231页。
[26] 郭若虚：《图画见闻志》卷2。
[27] 《五代会要》卷6《杂录》。
[28] 邓椿：《画继》卷10。
[29] 滕固：《唐宋绘画史》第146页《宋代院人录》，陈蒿华：《宋辽金画家史料》，文物出版社，北京，1984年。
[30] 郭若虚：《图画见闻志》卷3。
[31] 邓椿：《画继》卷10。
[32] 陈祚龙：《中世敦煌与成都之间的交通路线》，《敦煌学》第一辑，香港，1974年。
[33] 《宋会要辑稿·职官》29，第1页。
[34] 《吐鲁番出土文书》第二册，第334页。
[35] 张彦远：《历代名画记》卷9。
[36] 池田温：《中国古代籍帐研究》，第361页。
[37] 《沙州文录·附录》。
[38] 唐长孺：《魏晋至唐官府作场及官府工程的工匠》，《魏晋南北朝史论丛续编》，第70～75页。
[39] 史树青：《敦煌遗书概述》，《历史教学》1964年第8期。
[40] 王永兴：《专制主义在唐代行会制度上的表现》，《光明日报》1956年2月16日，《史学》双周刊第76号。

（原载《1983年全国敦煌学术讨论会文集·石窟艺术编·下》，兰州：甘肃人民出版社，1983年）

敦煌戒坛与大乘佛教

敦煌戒场在5世纪初已出现[1]。大乘菩萨戒亦流行于敦煌。8世纪中叶，敦煌得见758年按唐朝敕令新授僧侣度牒的文件[2]。9世纪中叶，沙州高僧被唐朝授予京城内外临坛大德称号。会昌毁佛后佛寺重建时期中土按大乘思想建立的"方等戒坛"，亦陆续见于敦煌。张氏及曹氏归义军时期，官许戒坛及官授临坛大德的称号，屡见于敦煌文书。

研究敦煌戒坛的流变史，对于认识敦煌佛教的中国大乘佛教的特色，有重要意义。一方面，研究国家政权对戒坛和度牒的控制，由此观察中国大乘佛教的一大特点；另一方面，则是通过敦煌所见道宣律宗据《四分律》设坛授戒，通过敦煌流行之大乘菩萨戒，通过沙州之具有大乘色彩的"方等戒坛"，来阐明若干自上座部传来的小乘佛教，如何在中国、在敦煌当地的发展中适应了中国大乘佛教。另外，在菩萨戒的礼仪化趋向中，如何适应了中国士大夫的礼仪精神；而在方等戒坛的受戒中，又如何与国家政权所体现的礼与法的精神发生交涉。

一、沙州戒坛与临坛大德

唐律宗大师道宣于唐乾封二年（667）于长安净业寺设立戒坛，又撰《关中创立戒坛图经》[3]。《颜鲁公文集》卷十三《抚州宝应寺律藏院戒坛记》，表明戒坛设于律藏院。戒坛一般设于唐寺之律院，宋代时亦有设于禅院者[4]。

唐代宗时又由官府委任临坛大德。《大宋僧史略》下《临坛法》，记唐代宗永泰中（765—766），敕京师立僧尼临坛大德各十人，永为通式，遇缺即补，临坛大德之设始此也。以临坛律大德主持戒坛，反映了国家试图实现对戒坛的控制，由此实现对受戒人数和国家度牒钱收入的控制。

先是唐天宝十五载（756），肃宗在灵武，裴冕请鬻僧道度牒，以充军费。国家控制度僧权的同时，地方军事强人亦试图控制地方度僧权。长庆四年（824），王智兴请于泗州置戒坛度僧尼，许之。江淮自元和以来，不准私度，智兴欲聚货，首请置之。

在此背景下，由朝廷委任的"临坛大德"，即于9世纪中叶出现于敦煌，这当然反映了其时国家及地方政权对戒坛的控制。P.3720号唐大中五年（851）赐洪辩、悟真《第一件告身》，其中有："假内外临坛之名，锡中华大德之号。仍荣紫服，以耀戒缁。洪辩可京城内外临坛供奉大德。悟真可京城临坛大德。仍并赐紫，余各如故。"[5]此件系大中五年河西都僧统洪辩入朝使悟真入京奏对所受官告。

在敦煌所出邈真赞及莫高窟供养人题名中，有不少唐末及五代沙州"临坛大德"的名录，今试举如下：

（1）晚唐，临坛三学毗尼教主福慧。见P.4640号《李僧录赞》[6]，福慧为吐蕃管辖时期永康寺僧，其名见于P.2245号《四分戒本疏卷第三》。李僧录为福慧嗣侄。

（2）晚唐，龙兴寺临坛大德法真，俗姓马。见S.2113号《唐沙州龙兴寺上座沙门俗姓马氏香号德胜宕泉创建功德记》（乾宁三年，896）。道真见于S.520号《报恩寺方等道场榜》："北院厕：开张法律、莲张法师、龙法真、道明、界慈保。"即曾以龙兴寺临坛大德身份出席报恩寺举行的敦煌诸寺参加的"方等道场"。

（3）晚唐，登坛大德尼德胜，俗姓张。见莫高窟第94窟即张淮深窟题记[7]。

（4）晚唐，金山国时期，临坛供奉大德张和尚善才。P.3541号《唐故归义军释门管内正僧政京城内外临坛供［奉大德……］主兼阐扬三教大法师赐紫沙门张和尚［邈真赞并序］》："元戎擢法律之班，秉仪五坛。"据P.3100号文书，张善才于景福二年（893）任灵图寺主[8]。曾"秉仪五坛"，亦即临坛传戒。而灵图寺是设有戒坛的。前引邈真赞又云："洎金山白帝，……官宠释门僧政，兼赐紫绶恩荣，仍封京城内外之名，别列临坛阐扬之号。"

（5）晚唐，金山国时期，都僧统京城内外临坛供奉大德氾和尚福高。P.3556号《大唐敕授归义军应管内外都僧统充佛法主京城内外临坛供奉大德兼阐扬三教大法师赐紫沙门氾和尚邈真赞》云："清贞进具，四分了了于心台；守节无非，十诵明明于意府。"

（6）晚唐，京城内外临坛供奉大德阐扬三教大法师沙门□智，临坛大德□教□（诚）……沙门戒文。见莫高窟196窟何家窟供养人题名。

（7）后梁，京城内外临坛供奉大德，阎和尚会恩。P.3630号、P.3718号《大梁故河西管内释门都僧政兼毗尼藏主京城内外临坛供奉大德阐扬三教大法师赐紫沙门香号会恩俗姓阎氏和尚邈真赞并序》有云："自从进具，威仪不失于三千；得受戒香，驻想匪亡于八万。开遮七众，定意悬合于圣心；洁恳五篇，禁约不非于草系。精闲秘典，包含总览于三乘；演畅毗尼，八藏每谈于海口。"

（8）后梁，临坛供奉大德张和尚喜首。P.3718号《梁故管内释门僧政临坛供奉大德兼阐扬三教大法师赐紫沙门张和尚写真赞并序》有云："十载都司管内，训俗处下方圆。累岁勾当五尼，约身刚柔两用。""宣白释门要关。徒众千僧自悚。四分心台了了，八索趋骤以来迎；十诵意府明明，九丘波涛而涌出。"

（9）后唐，京城内外临坛供奉大德，范和尚海印。P.3718号《唐河西释门故僧政京城内外临坛供奉大德兼阐扬三教大法师赐紫沙门范和尚写真赞并序》有云："戒圆朗月，鹅珠未比于才公。""众谈师之奇美，谯公听纳入心。就加紫绶之班。"可知此时之赐紫为归义军曹氏所赐。

（10）后唐，临坛供奉大德刘和尚庆力。P.3718号《后唐河西敦煌府释门法律临坛供奉大德兼通三学法师毗尼藏主沙门刘和尚生前邈真赞并序》云："戒圆盛月，长严而密护鹅珠。""久年报恩任位。"本件有天成三年（928）题记。邈真赞作者灵俊亦为临坛供奉大德。

（11）后唐，临坛供奉大德马和尚灵信。P.3718号《唐故河西释门正僧政临坛供奉大德兼阐扬三教毗尼藏主赐紫沙门和尚邈真赞并序》有云："故得清廉奉节，高名透达于帝京；恩锡紫彰，府主崇迁于宠秩。"

（12）后唐，临坛大德胜明。见莫高窟166窟题记。同处有临坛大德、临坛供奉大德35人，详见后。

（13）后晋，临坛供奉大德张和尚。P.3792号《大晋河西敦煌郡释门法律临坛供奉大德阐扬三教毗尼藏主沙门香号　俗姓张氏和尚生前写真赞［并序]》有云："遂使金山圣帝，惬擢崇荣，谯王（曹议金）叹措而超迁，乃赐登坛之首座。一从秉义，律澄不犯于南宣。""升坛首座诣徒众，律仪不犯戒□清。"后有晋乙巳年（945）题记。

（14）后周，临坛赐紫大德曹法律尼。P.3556号《大周故大乘寺法律尼临坛赐紫大德沙门厶乙邈真赞并序》有云："法律阇梨者，即前河西一十［一］州节度使曹大王之侄女也。""登坛秉义，词辩与海口争驰。"

"临坛秉义,每播高踪。"

(15) 后周,京城内外临坛供奉大德贾和尚正清。P. 3556 号《大周故应管内释门僧正京城内外临坛供奉大德阐扬三教讲论大法师赐紫沙门厶和尚邈影赞并序》云:"及乎金坛受具,护二百而油钵匪亏。""历试法律都判,美誉独振于玄门。"

(16) 后周,普光寺临坛大德清净戒。P. 3556 号《大周故普光寺法律尼临坛大德沙门清净戒邈真赞［并序］》有云:"方欲宣传戒学,为释教之栋梁;秉义临坛,教迷徒而透众。""坚持戒学","登历戒坛"。此清净戒法律尼为张议潮之孙女。

(17) 后周,灵修寺临坛大德张氏戒珠。P. 3556 号《周故敦煌郡灵修寺阇梨尼临坛大德沙门张氏香号戒珠邈真赞并序》有云:"迁秉义大德之高科,授教诫临坛之上位。导之以德,近者肃而远者钦;齐之以仪,时辈重而人世仰。"

(18) 后周,京城内外临坛供奉大德张和尚福庆。S. 5405 号《张福庆和尚邈真赞》有云:"至于《四分》、《十诵》,犹涉海而姻浮囊","守节范 肇诫僧徒,每伏心猿","众佥秉义,上赐紫衣"。

唐末五代,沙州张氏及曹氏归义军政权,都十分重视沙州"临坛大德"的设置。这种重视,与五代时期以"官坛受戒"的背景有关。《五代会要》卷十二"寺"条有云:

> 后唐天成元年(926)十一月敕,应今日已前修盖得寺院,无令毁废。自此后不得辄有建造,如有愿在僧门,宜准佛法格例,官坛受戒,不得衷私剃度。

关于宋代的临坛大德设置情形,黄敏枝先生指出:"据日僧长命所留下来的六念文书,知道戒坛内临坛律大德实不只十人,而是二十人,包括知祠部、知六念、威仪首、发戒师、授五戒师、授十戒师、十戒和尚等秉律大德九人,和外引、内引请律学临坛大德二人,由第一座宗主(律宗极高者称宗主)到第十座讲经、律、论等内外临坛传戒大德十人,外加奉敕选补本戒坛内外临坛主一人,共二十人,其中赐紫的有九人。所以每一戒坛皆需临坛僧二十余人以备用。"[9]

我们从五代及宋的一些资料,可以理解到曹议金时委任了二十人以上的临坛大德的如此庞大数目的理由。莫高窟第 98 窟曹议金窟供养人题名[10]中，有临坛大德头衔的僧侣有：

  释门法律□（临）坛供奉大德沙门胜明
  释门法律临坛供奉大德沙门□惠
  释门法律临坛供奉大德沙门增受
  释门法律临坛供奉大德沙门庆林
  释门法律临坛供奉大德沙门庆福
  释门教授临坛供奉大德沙门道崇
  释门法律临坛供奉大德沙门慈恩
  释门法律临坛供奉大德沙门［筑寂］
  释门法律知使宅内阐扬三教大法师临坛大德沙门□□
  释门法律临坛供奉大德沙门定真
  释门法律临坛供奉大德阐扬三教讲论大法师沙门广信
  释门法律临坛供奉大德沙门庆达
  释门法律临坛供奉大德沙门道岸
  释门法律临坛供奉大德沙门净□
  释门法律兼管内诸司都判官临坛供奉大德沙门法胜
  释门法律临坛供奉大德沙门灵寂
  释门法律临坛供奉大德沙门法建
  释门法律临坛供奉大德阐扬三教讲论大法师绍宗
  释门法律临坛供奉大德沙门□果
  释门法律临坛供奉大德沙门海岩
  释门法律临坛大德沙门玄德
  释门法律临坛大德沙门庆力
  释门法律临坛供奉大德阐扬三教大法师……
  释门法律知福田判官临坛大德沙门惠净
  释门法律知五尼寺判官临坛大德沙门□□
  释门法律临坛大德沙门法界
  释门法律……［临坛大德］……
  释门法律知□使……［临坛大德］……表白法师沙门恒明
  释门法律大德沙门□□
  释门法律临坛大德沙门法润

释门法律临坛大德沙门聪进
　　□［释］门法律临坛大德……
　　释门法律［临坛大德］沙门……
　　释门法德临坛□（大）德沙门□□
　　释门法律临坛大德沙门智通

由上可知，曹议金任归义军节度使期间，其任命临坛大德约三十五人，其中更高一级的临坛供奉大德约二十人。

　　三十五名临坛大德、临坛供奉大德都是沙州比较著名的高僧，全都带有"释门法律"的头衔，"释门法律"应属都僧统所统之都司所任命。这就证明临坛大德确与传戒、授戒、监督守戒的寺内法律职能有关。其中"释门法律临坛大德沙门庆力"已见于 P.3718 号《后唐河西敦煌府释门法律临坛供奉大德兼通三学法师毗尼藏主沙门刘和尚生前邈真赞并序》，可知庆力为报恩寺僧，且有"毗尼藏主"衔，如果说"临坛供奉大德"是由地方政权曹氏归义军节度使任命的，那么主持律藏禀受的"毗尼藏主"[11]则是由沙州都僧统都司任命的。

　　"临坛大德"与"毗尼藏主"等职衔在敦煌的频繁出现，反映出以弘扬《四分律》为宗旨的道宣南山宗律宗在敦煌颇为盛行。P.3792 号《张和尚生前写真赞》记云："遂使金山圣帝，悒攉崇荣。谯王叹措而超迁，乃赐登坛之首座。一从秉义，律澄不犯于南宣。"南宣即南山宗之道宣。

　　唐代弘扬《四分律》的三派中，南山宗道宣依于大乘的唯识，相部法励依于小乘的《成实论》，东塔怀素依于小乘的《俱舍论》。汤用彤先生云："按道宣虽宗小乘四分律，然实视之为大乘，观其以心为戒体可知其意矣。而观于后世罕议四分为小戒者，亦可知其中消息矣。"[12]由上可知，敦煌官府控制的戒坛，其所弘扬之道宣南山宗四分律，以心为戒体，实际上赋有大乘佛教精神。

　　《四分律》本来自小乘律典。《四分律》中说戒称"羯磨"。羯磨原意为"业"，也用指授戒、说戒、忏罪等僧事处理，羯磨一词也用指会议办事。以大乘戒典而言，其菩萨戒本相当于小乘律藏中的戒本；而小乘戒典中的受戒法、受斋法、忏悔法相当于小乘的羯磨。所谓大乘戒乃系菩萨戒，而小乘戒为比丘戒。敦煌在流行来自小乘的《四分律》（如前所述由道宣赋以大乘佛教精神）的同时，又很早即已流行大乘菩萨戒。以下，我们即对大乘菩萨戒在敦煌的流传略加以讨论。

二、大乘菩萨戒与布萨文

在吐蕃管辖敦煌时期，敦煌举行每月两次的"布萨"传戒活动。S.2146号卷子中所载三件《布萨文》就是明证。

其中第二件为：

    1. 布萨文　夫法王应现，威振大千。法教兴崇，弘通是务。况宣传戒藏，每

    2. 月二时。精守不逾，福资家国。于是撞钟召众，奏梵延僧，香腾五云，

    3. 幡晖众采。总斯多善，无限良缘。即月庄严上界天仙、龙神八部，

    4. 惟愿威灵潜卫，圣德冥加，使日月贞明，阴阳克序，和风应节，甘雨

    5. 顺时，四人（民）有乐于安边，万里无虞于永岁。即愿□法永扇，释教弘敷，

    6. 一切含灵，俱登觉道。

同号卷子之第三件《布萨文》内容为：

    1. 布萨文　夫窃见流沙一方，缁徒累百。其能秉惠炬，建法幢，弘志教于即时，

    2. 竖津梁于来世者，岂非我教授之谓欤？故能使二部律仪，策懃而不

    3. 倦，三□□躅，相继而无穷。布萨之法，洗涤于烦（樊）笼；住持之功，继明于动指。唯愿

    4. 以斯自业，无蕴福因。先用庄严梵释四王，龙天八部，即愿福德逾增，威光转

    5. 盛。消除疫疠，利乐生灵。三边无变怪之忧，百谷有丰登之乐。又用功德，奉

    6. 资圣神赞普。伏愿明齐舜宇（禹），美叶尧汤。布恩惠于八

方,亲铨黎于

7. 一孑。次用功德,庄严我节儿、上论。伏愿荣高往岁,庆益今辰,次用庄严都督

8. 社公,惟福逐年长,寿逾金石,然后散沾法界,普及有情。

从 S.2146 号卷子的三件《布萨文》(另有一件未录全文)中,可以看见 8 世纪后半至 9 世纪前半期吐蕃管辖时期"布萨"进行的若干特点:

——"宣传戒藏,每月二时"。大乘戒经《梵网经》第三十七条云:"若布萨日,新学菩萨,半月布萨,诵十重四十八轻戒时,于诸菩萨形象前,一人布萨,即一人诵。若二人、三人至百千人,亦一人诵。诵者高座,听者下座。"可知《梵网经》中即有"半月布萨"的规定。

S.543V 号《大乘布萨维那文》也记载了半月布萨的规程。该文末段云:此一住处,一布萨,出家菩萨若干人,在家菩萨若干人,都合若干人。各于佛法中,清净出家,和合布萨。上顺佛教,中报四恩,下为含识各念阿弥陀佛。一切普诵持坐具。至上座前,白云:"今白月十五日(如月尽即云黑月),众僧和合布萨,请上座为众诵戒。"可知,半月"布萨"在每月十五日满月日(白月)及月末月尽时(黑月)举行。

——"精守不逾,福资国家"。作为大乘佛教半月一次的传戒大会,不仅是为了宣传精守戒律,同时也是为世俗家国祈福。这充分体现了大乘佛教僧俗"共同救度"的特点。这也是前引 S.543V 号《大乘布萨维那文》中所说的"上顺佛教,中报四恩"。

——"爰及教授阇梨,为劝导之主也……士庶展听闻之福……清梵共笙歌而合响。筹称解脱,顶戴受持。戒号防非……"(此段引文见于 S.2146 号中未引全文的另一件《布萨文》)。据此,可知吐蕃时期敦煌布萨会中,担任"劝导之主"者,可以是"教授阇梨"。作梵时由音声以笙歌伴奏,由唱导师作梵。

又据 P.3177 号文书,布萨说戒仪式中,由维那担任"打静"和"唱言"。仪式中有《入堂偈》、《净水偈》、《香水偈》、《浴筹偈》、《受筹偈》、《还筹偈》、《各诵经中清静妙偈》。从中我们知道有以香汤浴静筹、授予参加布萨的每一个已受菩萨戒的佛子以金刚解脱筹,以及归还此筹的仪式。

而在前引 S.543V 号之《大乘布萨维那文》中记有:担任打静的维

那，在正式开始布萨说戒时，要三次宣告："众中有未发菩提心、未受诸佛大乘戒者出。"然后为比丘及在家菩萨（居士）行筹。受筹是"金刚无碍解脱"的象征，而还筹实际上是使维那据此统计出席者僧俗各若干人。因此此筹亦有用于统计的功能。

在前引 S.543 V 号卷子中，相关内容依次有《和菩萨戒文》、《戒忏文》、《大乘布萨维那文》、《还筹偈》、《声闻布萨维那文》、《表叹文》、《谢邑文》[13]。同号文书中又有"僧法行"所写题记："戌年四月卅日，次至灵图寺布萨写十戒文记。"[14] 则以上一组文书似与 9 世纪前期灵图寺所举行之布萨活动有关。

在举行布萨时，也举行讲经，土桥秀高氏指出：王重民先生编《敦煌变文集》下集有 P.2931 号、S.6551 号、P.2931 号正文中有解说"净持戒"、"僧伽"的经文，S.655 号中有"升坐已了"、"先念偈"、"梵香"、"称诸菩萨名"，并将三归、忏悔、受五戒作法写入讲经文。可以看到从佛教的作为原始性法会之布萨向现代佛教徒所举行的法事的一种推移[15]。

宋法云编《翻译名义集》"布萨"条，谓意为"净住"，即净身口意，如戒而住。"长养"，即清净戒住，增长功德。而"布萨法"即说戒。半月一次的说戒，是大小乘一样的，小乘称为羯磨，大乘称为布萨。

也就是说，布萨法是大乘菩萨戒的说戒。大乘菩萨戒早已流行于西域。法藏《菩萨戒本疏》云："又闻西国，诸小乘寺，以宾头卢为上座。诸大乘寺，以文殊师利为上座。"

在敦煌本授菩萨戒牒中，S.1780 号《某元年沙州龙兴寺授有相等菩萨戒牒》确实以文殊师利菩萨为羯磨阿阇梨。S.1780 号文书内容：

〔前缺〕
1. 弟子有相于元年建未月七日申时于沙
   州龙兴寺受菩□□□□
2. 释伽牟尼佛为和上
3. 文殊师利菩萨为羯磨阿阇梨
4. 当来弥勒尊师为教授师
5. 十方诸佛为证戒师
6. 十方诸大菩萨为同学伴侣

7. 神卓法师为传戒和上
8. 归依佛不可坏，归依法不可坏，
9. 归依僧不可坏，归依戒不可坏。
10. 登四弘誓愿
11. 众生无边誓愿度，烦恼无边誓愿断，
12. 佛法无边誓愿学，无上菩提誓愿成。
13. 同首戒人　上惠　上智　等心　上仙
　　　惠明　法光　宝明
14. 　　广自在　妙果　庄严　药上　正元
　　　净心　净念　善光
15. 　　　和上　神卓

我们还看见 S.3798 号《雍熙四年（987）五月廿六日沙州灵图寺授清净意菩萨戒牒》、S.4882 号《雍熙四年（987）沙州三界寺授惠圆菩萨戒牒》、S.4915 号《雍熙四年（987）五月沙州三界寺授智惠花菩萨戒牒》。此三件均以阿弥陀佛为坛头和上、释迦牟尼佛为羯磨阿阇梨、弥勒尊佛为校授师。而不见文殊菩萨，这说明西域实行的以文殊菩萨为上座的授大乘菩萨戒的成法，在沙州实行过程中变通为一般俱以阿弥陀佛为坛头和尚的规则，这或许反映了"具有净土教思想的礼佛忏悔的宗教仪礼，浸透于一般庶民中"[16]。

菩萨戒僧俗两界均可得受。P.2196 号《出家人受菩萨戒法》内容有（一）序，（二）方便，（三）请戒，（四）羯磨，（五）受摄、大威仪戒法，（六）供养三宝戒，（七）摄善法戒，（八）摄众生戒，（九）略说罪相，（十）发愿或劝持。[17]

从敦煌及新疆所出有纪年文书题记考察，可以约略窥见大乘戒本在河西的流传。

我们知道，大乘戒本在中土有两大主流。"罗什三藏所传的梵网菩萨戒与昙无谶三藏所传的地持菩萨戒，不但是中国的两大主流，在印度也是两大主流。梵网是自弥勒传了二十余菩萨而到中国，地持是自莲花藏菩萨次第三十余菩萨传化而到中国。"[18]

昙无谶译之地持菩萨戒与敦煌有特殊的关系。据《僧祐录》记载：《菩萨戒本》一卷（别录云敦煌出），昙无谶译。

《菩萨戒优婆塞戒坛文》一卷，本系昙无谶译。考大谷探察队吐峪沟所获写本有题记为[19]：

优婆塞戒卷第七

岁在丁卯（427年）夏四月廿三日，河西王世子抚军将军录尚书事大且渠兴国与诸优婆塞等五百余人，共于都城之内请天竺法师昙摩谶，译此在家菩萨戒。至秋七月廿三日都讫。秦沙门道养笔受。愿此功德，令国祚无穷，将来之世，值遇弥勒。初□□

昙无谶所译戒本一直在敦煌流传。

P.2276号为隋仁寿四年（604）之《优婆塞戒经》。S.2500号为《菩萨戒本疏》卷下，有题记云："天宝十四载，写及听于此戒门。是真出世处，行目作立，沙门谈幽记，敦煌人也。"这是公元755年敦煌实行菩萨戒门的记录。

另一个主流是鸠摩罗什所传的梵网菩萨戒。《梵网经》自5世纪至10世纪在中土十分流行，亦有谓其为疑经者。同一系统的《璎络经》与《梵网经》都是顿立戒。敦煌写本中，S.3948号《梵网经》背面有题记云："此戒卷是灵图寺，别寺收得者不合……"北周写经《梵网经心地品》第十下卷，有武成二年（560）比丘欢释题记。

据土桥秀高氏研究，早期样式的菩萨戒是据《地持经》写的。而敦煌本S.2851号《菩萨羯磨受十无尽戒》、S.3206号《菩萨羯磨受十无尽戒法》、P.3025号罗什译《佛说菩萨戒本》、P.2950号罗什译《佛说菩萨受无尽戒羯磨》，与北图本制字4号《菩萨受无尽戒羯磨》一起的"受十无尽戒法"，都显示了拟为罗什所译的梵网戒仪的早期形态[20]。

大乘菩萨戒在敦煌僧俗中一直流行。S.071号卷子《摩诃般若波罗密经（小品）》卷四有题记为："菩萨戒弟子张洪元敬写流通供养。"说明六世纪末敦煌颇有菩萨戒弟子[21]。段文杰先生指出："五代瓜沙曹氏时期有《梵网经变》，主要表现了僧侣应遵守的十重戒和四十八轻戒。"[22]后唐长兴三年（931）沙州净土寺账目（P.2049号背）中，有"麦肆硕叁斗，赏当寺布萨法事保达、保会用"。后唐清泰三年（936）沙州傔司教授福集等状（P.2638号），其中也记有"布萨"及"支布萨法事用"的布匹开支。

土桥秀高氏在分析敦煌本《受菩萨戒仪》时指出，作为流传在中国的在家人、出家人的菩萨戒，表现出中国佛教所保持的世俗性的性质。另一方面的所谓比丘戒，保持了僧伽主体性的性质，坚持了佛法修行的本来的姿态。这两者的流传相互影响，发生变迁。概而言之，世俗人行菩萨戒，脱逸了僧伽统制的戒律本来意义，而向单方面的形式上的权威主义性的礼仪性的情况退化。[23]

因此，或者可以说，大乘菩萨戒在中国世俗性士庶中的流传，反映了中国礼制精神和印度传来的大乘佛教精神的合流，它也反映了佛教中国化的一个侧面。

三、大乘方等道场

沙州曹氏归义军初期，曹议金政权在敦煌以"荐国资君"为目的，在都僧统海晏的主持下，于普光寺举办方等道场。方等道场突出地反映了大乘佛教戒坛与国家政权的关系，反映了在《四分律》运用中所变通实行的不拘根机的大乘原则。

S.2575号《后唐天成四年（929）三月九日普光寺置方等道场榜》内容是：

1. 普光寺置方等道场　　榜
2. 　谨取三月十二日首净入道场。十三十四停。十五日请
3. 　令公祈愿。十六日停。十七日请禅律诸寺大
4. 　德荣发，其夜发露。十八日停。十九日问
5. 　想。廿日停。廿一日祈光。廿二日停。廿三日甄别。
6. 　廿四日停。廿五日过状兼井判。廿六日停，廿七日
7. 　受戒。廿八日别置登坛道场，限至
8. 　四月五日式叉须了。六日就僧寺求戒。
9. 右如来教式，历代兴焉；八藏玄文，今自
11. 见在。此时法事，不比别段之仪，须凭
11. 《四分》要门，弥罕练穷本典。仍仰都
12. 检校大德等不违　　佛敕，依律施行。
13. 稍有不旋，必当释罪者。天成四年
14. 三月九日　榜。

所谓"方等"为"广大而平等"之意。而所谓方等戒坛与"大乘方等教"有关。《大宋僧史略》卷下"方等戒坛"条云:"所言方等戒坛者,盖以坛法本出于诸律,律即小乘教也。小乘教中须一一如法,片有乖违,则令受者不得戒,临坛人犯罪,故谓之律教也。若大乘方等教,即不拘根缺缘差,并皆得受,但令发大心而领纳之耳。方等者即周遍义也。止观论曰:方等者或言广平。今谓方者法也,如般若有四种方法,即四门入清凉池,故此方也。所契之理,即平等大慧,故云等也。禀顺方等之文,而立戒坛,故名方等坛也,既不细拘禁忌,广大而平等,又可谓之广平也。"

唐武宗会昌毁佛,许多僧人还俗,宣宗以后,重建佛寺过程中不得不采取新的因应措施。唐宣宗大中二年(848),懿宗咸通三年(862)命建方等戒坛。前引《大宋僧史略》又云:"宣宗以会昌沙汰之后,僧尼再得出家。恐在俗中,宁无诸过,乃令先忏深罪,后增戒品。若非方等,岂容重入,取其周遍包容,故曰方等戒坛也。脱或一遵律范,无闻小过,入僧界法四种皆如,则不可称为方等也。然泛爱则人喜陵犯,严毅则物自肃然,末代住持,宜其严而少爱,则能为也。"

方等戒坛比小乘律教有更大包容性,还俗后重新受戒亦较宽大。其精神是"不拘根缺缘差,并皆得受"。

国家政权从扩大度牒收入及加强政权对寺院影响的角度出发,也促成方等戒坛的建立。《佛祖统记》卷第四十二"宣宗大中二年"条云:"二年,敕上都东都荆扬汴益等州,建寺立方等戒坛,为僧尼再度者重受戒法,五台山建五寺,各度僧五十人。"在前引 S.2575 号《普光寺置方等道场榜》中,在长达二十多天的受戒期中,其中"十五日请令公祈愿",即请曹议金祈愿,亦表明国家地方政权对方等戒坛的关注。同号(S.2575 号)同年之《都僧统置方等戒坛榜》首段云:"今遇令公鸿化,八方无爝火之危;……奉格置于道场,今乃正当时矣。"同样表明方等戒坛之设颇受地方政权形势的影响。

正是这篇《都僧统置方等戒坛榜》,从一个侧面反映出参加方等戒坛受戒的人,确实不少属"根缺缘差"者。如榜文禁止入道场者着"锦腰锦襟"、"绣口纳鞋",带"银匙银箸",禁止"夜后添妆","不许引礼乱仪",这从反面证明有某些富家子女是在思想准备不足时进入方等道场的。

值得注意的是,"方等戒坛"仍以《四分律》为准绳。如 S.2575 号

《普光寺置方等道场榜》云:"此时法事,不比别段之仪,须凭《四分》要门,弥罕练穷本典。仍仰都检校大德等,不违佛敕,依律施行。"而前引之《都僧统置方等戒坛榜》强调了王格条流与内典律教等两个权威来源,故云:"奉格置于道场,今乃正当时矣。准依律式,不可改移。"普光寺方等道场是一个度女尼的道场,故云:"为度尼人,真风陷半。戒条五百,一一分明。""国丰家富,僧俗格令有殊。戒条切制嚣华,律中不珮锦绣。""不许引礼乱仪。古云,君子入于学中,须共庶民同例。""辄有不遵律禁,固犯如来大由,便仰道场司申来。"又云:"或有恃势之徒,陈官别取严令。各仰览悉,莫云不知,尤咎及身,后悔无益。"这是说,即使以官府严令来将受戒者的违章事件保护起来,寺院方面则仍以坚持戒律为重。因此,榜文强调说:"香坛具戒,取次难逢。""戒仪微细,律式难更。忽追耻辱依身,律无舍法。""欲度人天,先凭戒律。令公(曹议金)洪慈,方等只为荐国资君,举郡殷诚,并总为男为女。但依圣条行下,是乃不失旧规。若也违背教文,此令交容不得。""若有固违之流,道场司便须申纠……斯事透露之时,司人须招重罚,新戒逐出坛内,父娘申官别科。"

又从 S.2575 号《道场司为下品尼流去住上都僧统状稿》与《普光寺道场司僧政惠云法律乐寂等为下品尼流去住上都僧统状稿》得知,此次方等戒坛,受戒者分为"式义摩尼"(限期二年的"学法女"和"正学女")、"沙弥尼"(先受三归五戒,再受十戒)。受戒者中有沙州五尼寺额管者。但受戒最后的节目则是"就僧寺求戒"。

如果说普光寺方等道场是度女尼的方等戒坛,那么,龙兴寺则是度比丘的方等戒坛设置地。P.3850 号背面《酉年四月僧神威等牒残卷》记"龙兴寺方等所状上","缘道场纳得麦一十八石六斗","诃梨勒计纳得一百廿九颗",如以每受戒人纳诃梨勒两颗计,则应有六十余人受戒。

S.520 号为《报恩寺方等道场榜》,内容是请诸司勾当分配,分工有前殿、北院浴室、南院浴室、北院消息、南院消息、威仪、北院厕、南院厕、唱经等,由都司及龙兴寺、开元寺、灵图寺、报恩寺、大云寺、莲台寺、金光明寺、三界寺、净土寺、乾元寺、永安寺等诸寺僧人参加。

方等戒坛在沙州的流行,也与敦煌地方政权对度牒收入的需求有关。据《释氏稽古略》卷三载,唐大中十年(856),命僧尼受戒给牒。P.4072 号请准乾元元年(758)敕假授新度僧道张嘉礼等度牒状。S.515

号有敕归义军节度牒,"许令出度者"[24]。P. 3952 号文书与告牒钱有关。

在敦煌文书中,保存大量授五戒、八戒的戒牒。五戒和八关戒斋都是在家戒(菩萨戒也可以是在家戒)。"八关戒斋是一日一夜受持,多受一次即多一次的收益,通常是以阴历每月的初八、十四、十五、二十三,及月底最后两天,通称为六斋日。"[25] P. 2994 号为《甲子年(964 年)正月十五日三界寺授李憨儿八关戒牒》,授戒师为释门僧正讲论大法师赐紫沙门道真。敦煌文书中所见李憨儿自三界寺传戒师道真受八关戒牒还有 964 年五月十四日(S. 532 号)、966 年正月十五日(P. 3140 号)、983 年正月八日(P. 3207)。可见八关戒可多次受持。重视在家人受戒,同样反映了敦煌佛教的大乘佛教精神。

以往,在研习中国佛教史过程中,常常遇到一个颇为困惑的问题,即:中土流行的《十诵律》、《四分律》都来自上座部,其小乘律教在中土大乘佛教的汪洋大海中如何能够适应呢?从敦煌看到的一个发人深思的事实是,尽管流行于敦煌的《四分律》来自小乘教典,但在后来的实行中,仍是"不拘根缺缘差"的大乘佛教思想占据主导地位。从敦煌所行道宣南山宗的依据大乘唯识而以心为戒体,到敦煌地方政权对"临坛大德"的设置和"方等戒坛"的倡导,都反映出受到国家权力管制、僧俗"共同救度"的大乘佛教特色。

注　释

[1] S. 797 号背《十诵比丘戒本比丘德祐题记》:"建初元年(405)岁在乙巳十二月五日戌时,比丘德祐,于敦煌城南受具戒。和上僧法性,戒师宝惠,教师惠颖。时同戒场者,道辅、惠御等十二人。"参见池田温:《中国古代写本识语集录》,第 80 页,东京,1990 年。

[2] P. 4072 号《请准乾元元年(758)敕假授新度僧道张嘉礼等度牒状》。

[3]《续藏经》第二编第十套,第一册。

[4] 黄敏枝:《宋代佛教社会经济史论集》,第 381 页,台北,1989 年。

[5] 唐耕耦、陆宏基:《敦煌社会经济文献真迹释录》,第四辑,第 29 页,北京,1990 年。

[6] 饶宗颐主编,姜伯勤、项楚、荣新江合著:《敦煌邈真赞校录并研究》,第 202 页,台北,1994 年。

[7] 敦煌研究院编:《敦煌莫高窟供养人题记》,第 31 页,北京,1986 年。

[8] 郑炳林:《敦煌碑铭赞辑释》,第 358 页,兰州,1992 年。

［9］黄敏枝前揭书，第 402～404 页。
［10］敦煌研究院编：《敦煌莫高窟供养人题记》，第 39～42 页，北京，1986 年。
［11］姜伯勤：《敦煌毗尼藏主考》，《敦煌研究》1993 年第 3 期。
［12］汤用彤：《隋唐佛教史稿》，第 184 页，中华书局，北京，1982 年。
［13］土桥秀高：《戒律的研究》，第 525～532 页，永田文昌堂刊，1980 年。
［14］池田温：《中国古代写本识语集录》，第 401 页。
［15］土桥秀高前揭书，第 632 页。
［16］土桥秀高：《敦煌的律藏》，见《敦煌讲座》7《敦煌与中国佛教》，第 243 页，东京，1984 年。
［17］同上书，第 266～267 页。
［18］释圣严：《戒律学纲要》，第 274 页，金陵刻经处，1991 年。
［19］池田温：《中国古代写本识语集录》，第 83 页。
［20］土桥秀高：《敦煌的律藏》，见《敦煌讲座》7，第 266 页。
［21］池田温：《中国古代写本识语集录》，第 155 页。
［22］段文杰：《开发敦煌石窟文化的丰富宝藏》，《敦煌研究》1990 年第 1 期。
［23］土桥秀高：《敦煌的律藏》，《敦煌讲座》7，第 267 页。
［24］唐耕耦、陆宏基：《敦煌社会经济文献真迹释录》第四辑，第 63 页。
［25］释圣严：《戒律学纲要》，第 94 页。

（原载《华学》（第 2 辑），广州：中山大学出版社，1996 年）

论敦煌本《本际经》的道性论

近半个世纪以来，对敦煌道书的研究，使我们对中国中古道教史及道家学说有了若干耳目一新的认识。

1945年，蒙文通先生发表了《校理老子成玄英疏叙录——兼论晋唐道家之重玄学派》[1]，文章不仅订正了将一件敦煌文书疑为老子孟智周疏的旧说，且对于重玄学派研究有发明之功，其影响惠及今日。

1956年，饶宗颐先生发表了《老子想尔注校笺》[2]，使佚失千年的天师道经典《想尔注》得以重新发现。《老子想尔注校笺》一书在国际敦煌学界和道教学界引起了热烈的反响。

1960年，吴其昱先生在巴黎发表了敦煌道教卷子《太玄真一本际经》十卷本影印本，并著有《本际经》引论[3]。国际上对《本际经》影印本所作书评已有十余篇。而现已发见的《本际经》写本，累计已达106件，约占敦煌道书卷子的四分之一。三十年来，研究者继踵而上，吴其昱、陈祚龙[4]、大渊忍尔[5]、镰田茂雄[6]、砂山稔[7]、尾崎正治[8]、卢国龙[9]等诸先生，各有贡献。

对《本际经》文本的研读，使我们感到一种震动。以往，我们读道宣《集古今佛道论衡》，常有佛道相互排拒下，道教在思辨水平上对佛教处于弱势的印象。如今，我们研读了《本际经》的湮没多年的文本，所得到的完全是另一种观感。这就如方东美先生所指出的："印度的佛学思想同中国的道家思想接触了之后，立刻产生交互作用，就是拿道家哲学的思想精神，提升佛学的智慧；再拿佛学的智慧增进道家的精神。"[10]以下，我们试以"道性论"为中心，探讨一下《本际经》如何在中国道教精神及中国大乘佛教的交互启迪中，致力于中国智慧的寻求。

一、《本际经》以前的道性论

"道性"一语见于《老子河上公注》，"道法自然"句注云："道性自然无所法。"[11]河上公章句所提出的"道性自然"，可视为早期道教对

"道性"的界定。

王明先生认为《老子河上公章句》出现之时，"盖当后汉桓灵之际"[12]。饶宗颐先生据敦煌天宝十载写本所记"系师定河上真人《章句》"，证定河上《注》自东汉已有流传，《想尔注》部分取自河上[13]，则《想尔注》产生在河上《注》之后，并受到河上《注》的影响。

《想尔注》继续发挥了道性论。《老子想尔注》"道常无为而无不为"条注云："道性不为恶事，故能神，无所不作，道人当法之。"同书"无名之朴，亦将不欲"条注云："道性于俗间都无所欲，王者亦当法之。"又云："道常无欲，乐清静，故令天地常正。"《想尔注》的道性论，似可概括为道性无为无不为论及道性清净论。

《想尔注》的道性清静的思想，为产生于北周以前的《升玄内教经》所承继；但是，《想尔注》的道性无为无不为的思想，在《升玄内教经》中却为"无所有性"及"法性空"的思想所取代。敦煌本 S.107 号《太上洞玄灵宝升玄内教经》云：

> 得其真性，虚无淡泊，守一安神。见诸虚伪，无真实法。深解世间，无所有性。

《道教义枢》卷八《道性义》第二十九引《升玄经》云：

> 《升玄经》云：臣知道反俗，何以故？法性空故。

《道教义枢》所引《升玄经》，与敦煌所出灵宝系《升玄内教经》为同一部书。

本来，《老子》及《庄子》原书也论及道的自性及体性。《庄子》云："形体保神，各有仪则，谓之性。"[14]陈鼓应先生云"'道'法自然"，就是"道"性自然。"道"的自性而显示创生万物的无目的性、无意识性[15]。《本际经》对此又有发挥。

隋唐之际出现的由五卷发展至十卷本的《本际经》，开始以重大篇幅论及道性。这一方面是承袭了河上公《注》、《想尔注》，尤其是《升玄内教经》的道性论传统；另一方面则是由于中国大乘佛教，尤其是三论宗的"佛性"论激发的结果。

中国大乘佛教的佛性论有许多家。隋三论宗吉藏在《大乘玄论》卷第三《佛性意》门[16]，曾列举了十一种佛性论。吉藏对此十一种均不同意，而同意河西道朗的第十二种解释"中道佛性"。吉藏说："非中非边，不住中边，中边平等，假名为中，若了如是中道，则识佛性。"

隋江南摄山吉藏的三论宗，是隋及唐初思想界中有重大影响的潮流。三论宗溯源于鸠摩罗什（350—409）于关河所传大乘龙树的中观学说[17]。在今本《道藏》中，我们仍可看见据传是鸠摩罗什《老子》注的一鳞半爪。《老子》"无为而不为"句鸠摩罗什注云：

> 罗什曰：损之者无粗而不遣，遣之至乎忘恶，然后无细而不去，去之至乎忘善。恶者非也，善者是也。既损其非，又损其是，故曰损之又损，是非俱忘。情欲既断，德与道合，至于无为，己虽无为，任万物之自为，故无不为也。[18]

鸠摩罗什巧妙地把大乘佛教的龙树中观学说之有无"双遣"说，用于解释老子的"损之又损"和庄子的"兼忘"。蒙文通先生有云："鸠摩罗什为般若一家大师，亦注《老子》，其弟子慧观、慧严亦皆有注。"蒙文通先生在论及上引罗什对老子"损之又损"的注释时指出，"般若之学入于道教，而义益圆满，遂冠绝群伦矣"[19]。罗什及其后学隋唐之际三论宗，影响了其时道教《本际经》的道性论对佛家中道观的采纳。

二、道性与中道：自然—真空论

敦煌本《本际经》中，道性又名法性、真性、道界性。《本际经》卷八《最胜品》云："等道界性，同虚空相。"佛教中佛性又称佛界、如来界。界义即"本性义"。道界性亦即道性。

P.2393 号《本际经》卷二《付嘱品》云："若说诸法无修无得，无灭无生，非有非无，非因非果，而有而无，非不因果。巧解因缘，假名中道。示教是法，乃名明师。"则"中道"是一种非有非无、不落两边的"正空"观或"真空"观。

1. 道性：真空、正空与相似空的对立

《本际经》把道性解释为"真空"，亦称"真实空"。P.2806 号《本际经》卷四《道性品》云：

> 道性者即真实空，非空，不空亦不不空，非法非非法，非物非非

物，非人非非人，非因非非因，非果非非果，非始非非始，非终非非终，非本非末，而为一切诸法根本。无造无作，名曰无为。自然而然，不可使然，不可不然，故曰自然。悟此真性，名为悟道。

"真实空"是与"相似空"相对而言的。同卷记张道陵作答时说道："虽悟真空，断诸结漏，而无知未尽，正解未圆。于诸法门，未悉洞了。何况卿等，学相似空，未称真境。""相似空"当指"说小乘有得之义，生灭法相，有有有无，有因有果"[20]。而"真实空"则是不滞于有无、有无双遣、"空非空"、"不空亦不不空"的"真空"观。故同卷称道君宣称要"开真空道"。

这种"道性即真实空"的"真空"观，是早期道教及玄学的"无"的观念的进一步蔓衍。P.3280号《本际经》卷九《秘密藏品》有云：

一切法性即是无性。法性、道性，俱毕竟空，是空亦空，空空亦空。空无分别，分别空故，是无分别，亦复皆空。空无二故，故言其即。

又云：

了达正空中道之相，是即具足。无俟更修，诸余法术。

则《本际经》的道性即真实空、真空，亦即正空。《本际经》卷二《付嘱品》云："万物皆是空无，性无真实，假合众缘，皆相待。"（P.2393号）可知《本际经》采纳了龙树的中观学说，亦即"缘起性空"说。缘起是有，自性是空。在方法论上，不取著名相，如《大智度论》卷六说："非有亦非无，亦复非有无，此语亦不受，如是名中道。"不落于对待，如《大智度论》卷四十三所说："离是二边行中道，是名般若。"[21] 如上《本际经》中所说的空——非空、不空——不不空、非法——非非法，都是二边，都是相对，中道正观不落于二边，不落于对待。王弼的玄学遣"有"，"以无为本"谓之玄，《本际经》以有无双遣超越了玄学，而借用中观名相把庄子《齐物论》的超越有无观发挥到极致。

2. 道性与无相道：法性与无相

《本际经》卷一《护国品》（P.3371号）在性与相即道性与色相的关联上进行了讨论：

> 法解曰：……若法性无相，则无有相，亦无无相。云何有于假有，而体实空？有假有空，何名无相？天尊答曰：为执性故，因缘方便，说诸法假，为执假故，因缘方便，说诸法空。空假之相，还复成假，是名无相……若有众生，稍习真解，学相似空，愿离世间，不住诸有，求解脱者，我即为说三界皆空，入无相道。

可知，"空假之相"即"无相"。如欲从修学"相似空"的低级阶段求得更高的超越，就要修学"真实空"，从而进入"无相道"。

"无相"是就法相而言的，《大智度论》卷三十《释初品中善根供养》云："又知诸物虚诳，如幻一相，所谓无相。"《注维摩诘经》卷六《不思议品》云："法名无相，若随相识，是则求相，非求法也……法不可见闻知觉。""无相"说亦是鸠摩罗什以后相当流行的观念。"道性即真实空"是就法性而言的。《本际经》声言性相平等。由道性真空论，自然也就推衍出法相上的"无相道"论。

"无相"与"无相道"的思想贯彻于《本际经》多卷之中。卷二《付嘱品》云："三清之人，见生灭相，觉无常苦，智明了故，体无相故，以智慧力，能知能觉。"又云："无上净妙真智身，寂灭无相莫能睹。"（P.2393 号）卷三《圣行品》云："道君答曰：夫道无也，无祖无宗，无根无本，一相无相。"此"一相无相"说显然与《大智度论》卷三十九所云"如幻一相，所谓无相"有关。卷四《道性品》（P.2806 号）论及"察无相想，是名为观"。卷九《秘密藏》（P.3280 号）有云：

> 十方天尊所得之身，即真道相。体合自然，无形无名，非造作法，如虚空相。无数劫来，又证此法同一，性相平等无二。

"真道相""体合自然"，这是承继了传统的道教思想，在这里《本际经》的"性相平等无二"的思想，又表现为"真道性"与"真道相"的统一，亦即"真实空"观与"无相道"说的统一。《本际经》的性相统一观，又统一于传统道教的"道法自然"说。

3. 道性：皆与自然同

《本际经》的道性论虽然曾采入鸠摩罗什的关河所传中观学说，采入了隋唐之际作为罗什后学的三论宗的中道观，但是，《本际经》仍然坚持了与佛教相异的道教传统，坚持了道性"皆与自然同"的学说。

老子云："道法自然。"这是道教的一个根本性出发点。P. 3371 号《本际经》卷一《护国品》云："此经能为众生，消净内魔鬼贼，宿结烦恼。开发真道自然正性，若人服行，四迷业障，诸漏根本，自然差愈。"这是说，当众生因业障与烦恼（诸漏）迷失本性时，宜以《本际经》来"开发真道自然正性"，使人心向道性复归，此"真道自然正性"当即"道性"。

在《本际经》卷四《道性品》（P. 2806 号）中，围绕着"云何识真本，道性自然因？"所设的问题是：怎样才能说是认识了真本？能否说自然是因位的道性？能否说自然是道性之因？

《本际经》否定了以自然为道性之因的说法。同卷云："理而未形，名之为性。三世天尊，断结诸习，永不生故。真宝显现，即名道果。果未显故，强名为因。因之与果，毕竟无二，亦非不二。"中道正观不落二边，也是超越于一般的因果观的。P. 3674 号《本际经》卷八《最胜品》云："无始无终，无生无灭，是常是实。以是义故，非因非果。"

《本际经》超越于一般的因果观，不以自然为道性之因。这等于说，不把老子的"道法自然"一语解释为"道"效法于自然，而是把"道法自然"理解为"道"的法则体现为自然。因此，《本际经》卷四《道性品》云："自然而然，不可使然，不可不然，故曰自然，悟此真性，名曰悟道。"由此可知道性亦可理解为自然真性。

道性表现为"真道自然正性"，表现为"自然""真性"，因而《本际经》认为"自然"不是因位的"道性"，而把"自然"看成"道性"的同一。所以，《本际经·道性品》记真多治（早期天师道二十四治之一）中一切大众礼拜天师而说颂曰："道性众生性，皆与自然同。"这也是《本际经》的道性论所显示的不同于佛教佛性论的最富特色的地方。《本际经》的道性论可概括为"自然—真空论"，此论又与《本际经》之本体论相关。

三、道性与道本

1. 关于道性、"本身"与本体的讨论

P. 3280 号《本际经》卷九《秘密藏品》是《本际经》中十分重要的一章，其中有一段关于道性、本身与本体的讨论。经云：

> 言本身者，即是道性清净之心，能为一切世间出世法之根本故，故名为本……是清净心，具足一切。无量功德，智慧成就，常住自在，湛然安乐。但为烦恼，所覆蔽故，未得显了，故名为性。若修方便，断诸烦恼，鄣法尽故，显现明了，故名本身。如此身者，本自有之，非今造故。故名为本。本非有性，非三世摄，方便说故……虽复说有，三世差别，体不动故，常住无变。

这里是说，"道性"是"清净之心"，其身相称为"本身"。"本身"所体现的本体，是永恒不变的（即所谓"体不动故，常住不变"）。当清净之心为烦恼所障时，清净之心未得显了，称为"性"；而清净之心去掉烦恼的障蔽，显现明了，称为"本身"。可知"本身"即道性，是不变的"本体"的显著状态。这里人们自然要问：上面所说的被烦恼所覆蔽的"性"，又与"道性"有何关系呢？于是，《本际经》同卷随即有以下一段讨论：

> 帝君又问：若是本身，性是具足。一切烦恼，云何能鄣？若本具足，而起鄣者，一切神尊，得成道已，亦应还失。何以故？体唯一故？太上答曰：虽体一，义有二，方便未足故，方便具足故。是故我言一切诸法，以空为性，为化众生，善巧方便，随宜演说。是言说性，犹如虚空，亦无分别。识本本身，皆虚空相。得无所得，故无所失；有所得，故有所失。是故凡夫，名为失者，十分神尊，名为常德。

《本际经》解释说，本体本来是唯一的。以空为性本来也是无分别的。但在意义上，却由于教化凡夫的方便，而分别为两种意义。对于十分神尊，是道性具足，超越于有无、得失。对于凡夫，为烦恼所障，其"性"从方便上说，处于清净心"未足"状态，此种凡夫之"性"，尚未具足道性。

为了进一步弄清《本际经》的这一思想，我们有必要弄清《本际经》中所特有的"本身"这一范畴。

2. "本身"与身相

"本身"是《本际经》吸取佛家身相学说，而又据道教重视本源及玄学讨论本体的传统，而提出的一种颇具特色的概念。

"身相"的认识，是"入重玄趣"的方便法门，故在《本际经》卷九《秘密藏品》中写道："明说身相，启方便门，令诸学者，入重玄趣。"

砂山稔先生指出：《本际经》中，所说种种身相，大体可别为两组。此两组为：①法身、道身、真身、报身、正身、本身一组。②生身、应身、分身、迹身、化身一组。第①组系表示元始天尊的本来身姿。元始天尊，有如虚空，无为自然，有着生出万物的作用。第②组说的是元始天尊，为救度众生，而现示之种种姿相，显示为各种具象性的样子。《本际经》卷十云："身相甚光明，仪容极姝丽。"[22]

佛教《涅槃经》有生身、法身之说。佛教常见的又有报身、应身、化身之说。然而"本身"却是道教及《本际经》中特有的概念。

《本际经》卷九云："本身为初始。""本身"有初始意义。同卷云："道为圣本，本即道根。""本对于末，因待假名，称为物始"，所以，"本身"在方便上可以假名为物始。《本际经》卷九云：

> 帝君又问，如是本身，能生万物，即是万物之本始者，此与神本有何差别？太上答曰：源其实体，无有二相。何以故？俱毕竟故，无始终故，不可说故。以善方便，亦得言异。所谓神本，是妄想初，一念之心，能为一切生死根本……言本身者，即是道性清静之心。

"本身"其实是道性清净心在身相上的体现。"本身"这一有别于佛教名相的概念，与当时道教对"本"、"道本"、"本际"的观念有关。

3. 真道性与"真一本际"

P.2463号《本际经》卷四《道性品》云："必欲开演真一本际，示生死源，说究竟果，开真道性，显太玄宗。"由此可知"开真道性"与"开演真一本际"密切相关。

那么，什么是"真一本际"，而什么又是"本际"呢？

"本际"应与"道本"有关。《本际经》思想可溯源于灵宝系的《升玄内教经》。P.2750号《太上灵宝升玄内教无极九诫妙经第九》云：

> 道言：泰清道本、无量法门，真一五气、太一九官、成具满足、灭度大诫也。

可知在《升玄经》中，"道本"是一种无量法门。"真一"指清净道气，一种清净的境界。而要进入泰清道本无量法门，应该"知无是道，绝无想，常住无，为无为，行无作，住无作，想无想，兴无兴。无际心，无际行，无际作，无际想，无际住，察诸性，了无根"。《老子河上公注》中，认为"始者，道之本也"。至《升玄经》时，已以"无"为道本。

《本际经》卷十《道本通微品》记前往净明国土的一百二十童子中，有"本初童子、本始童子、本玄童子、本无童子、本净童子、本极童子、本明童子、本首童子、本际童子、本相童子"。这里罗列了与"本"有关的各种名相，其中"本初"、"本始"、"本极"、"本首"诸语，具有本源意味，"本玄"、"本无"具有本体意味，"本净"、"本明"具有法性意味，"本相"具有法相意味，而"本际"一词兼有以上各种意味，尤其是兼有本体与本源的意义。

关于《本际经》中"本际"一词的意义，拙稿《〈本际经〉与敦煌道教》中另有讨论。隋三论宗吉藏著《中观论疏》，其中有《本际品》疏，略云："外道人谓冥初自在为万物之本，为诸法始，称为本际。"但佛教一般不同意外道人在本源论意义上的"本际"概念。故吉藏说："佛说生死长远，本际不可知"，"外人初立有本际，佛说无本际经破之。"[23]

但"本际"一词在佛教中有时也在讨论本体问题的意义上使用。佛教《中阿含经》卷第十有《本际经》，该处"本际"一词宜解作"真理的根据"、"万物的根本"[24]。

总之，"本际"一词原本为外道如安荼论者所习用。后来佛教亦间有使用。使用"本际"一词，在佛教中用于讨论本体之究竟，外道则用于讨论本源之起始。对于外道包括道教在本源论上的这种类型的"本际"说，佛教则认为此种"本际"是不可知的，可知"本际"一词有多义性。而道教正是利用这种多义性，在《本际经》中，把道教固有的本源论与玄学及三论宗佛教刺激下的"无本为本"的本体论讨论，联结起来。《本际经》提出了本体是"无本"的命题。道家常说的"返本"，被重新解释为返于"无本"。总的前提为"本性是空"，由此得出"无依无本，无断无得"的结论。

关于真一，《云笈七签》卷四十九有云："《升玄经》：太上告道陵云，汝昔所行，名为真一道者，是则阴阳之妙道，服御之至术耳，非吾所问真一，此昔教也。"在《升玄经》中，对"真一"的解说，正经历着重大的改变。从以服御之术、阴阳妙道为"真一道"，转变为以清净道气、"非有亦复非无"的大智慧作为真一境界。《本际经》中的"真一"说，继承了《升玄经》的这一变化，如吴其昱先生指出：关于"真一"，近于般若波罗密多（智度，慧度）[25]。《本际经》中的"真一本际"，犹言"道本通微"，是一种到达智慧彼岸的清净境界。

《本际经》卷四说："说此真一本际法门，使一切人平等解脱"，则所谓"真一本际"是一种法门，是用于"开真道性"的一大法门。《本际经》中的"真一本际"法门，是《升玄内教经》的"清泰道本"法门与"真一道"的革新性观念的进一步发展。

以上可见，当《本际经》继承《升玄经》对《老子河上公注》的"道性论"进行变革时，同时也对其"道本"说进行变革，这个变革，其实是汲取罗什及其后学的中观论，重新解释老子的"重玄"和庄子的"坐忘"、"俱忘"，由此寻求中国式智慧。

四、道性与道慧

1. "两半"义与一切智、道种慧及一切种智

P. 2806 号《本际经》卷四《道性品》讨论了智慧的品级，以及如何以"双观"来寻求"道慧"：

> 了无非无，知有非有，安位中道正观之域。反我两半，处于自然……双观道慧，反道种惠（慧），满一切种，断烟烬郭，圆一切智，故名真一。

P. 3208 号《本际经》卷九《秘密藏品》云：

> 虽无念虑，离分别想。以一切智，洞达空门，正解正观，穷理边底。与真实相，平等为一。以一切种智，照世间法，色法非色，心法非心。人天五道，四大六家，众生想念，果报因缘，于一念中，明了无碍。善识根生，宜随所行。世出世法，洞达究尽。

从上面两段引文中得见"道种慧"、"一切智"和"一切种智"等名相。此三智之说，见于鸠摩罗什所译《大智度论》卷二十七，论云：

> ……是名出世间。若菩萨能如是知，则能为众生分别世间、出世间，有漏、无漏，一切诸道，亦如是入一相，是名道种慧。

可知"道种慧"即菩萨所修的能用诸佛一切道法，发起一切众生善种的智慧。《大智度论》卷二十七在解释《大品般若》所论"欲以道种慧具足一切智，当习行般若波罗密！欲以一切智具足一切种智，当习行般若波罗密"时，论云：

一切智是声闻、辟支佛事，道智是诸菩萨事，一切种智是佛事。

由此得知，"一切智"指小乘声闻乘、缘觉乘的智慧；"道种慧"是菩萨的智慧；"一切种智"是成佛的智慧。

《本际经》中，把建立空观，称为一切智，而把超越于世法与出世法，觉悟色法非色、心法非心的最高智慧，称为一切种智。这些解说都明显看出《本际经》对《大智度论》等佛教名相解释的借鉴。但《本际经》对"道种慧"的解说，却显出了佛教所无的鲜明道教特色。

《本际经》以"返我两半，处于自然"来解说"返道种慧"（写本中两处的"反"字当训为"返"），这是以灵宝系《通玄定志经》中所见的两半义，来诠释道种慧。

六朝道典《太上洞微灵宝智慧定志通微经》有两半义，大抵说清虚之气，因氤氲之交，分半下降，使自然之气沦于三塗（途），而复我清虚之气，返我两半，则可处于自然。《本际经》卷四《道性品》亦谓，"烟煴"纲缊由暖润气而生，人的妄想倒想，就如此种轻薄的烟气，覆障清净的"道果"，形成"善业"、"恼业"两半，"两半生一"，造成福果枉降和苦果如是。只有返离两半，才能回归于自然。

P.3280 号《本际经》卷九《秘密藏品》又对"两半"一词从认识上予以解说。说是大圣皆是正观，"随众生故，半满不同。为钝根者，或时说有，或时说空；或时说常，或说无常，是名两半。前后异说，不得一时，随病发故，偏示一义，是名为半。前病除已，复显一药，用具足故，名之为满，了两半已，入一中道"。

"两半"说本来是道教经典，根据《周易》卷八"天地氤氲，万物化醇"的学说，解说轻浊气分合的宇宙生成学说。后来，演变为两半中以微烟障道果的"善业"、"恼业"分合说。此后，更进一步演变为以"两半"表示非中道"偏示一义，是名为半"说。不管"两半"如何变化，"两半"说所采用的是传统的中国思想资料。不论是说"两半"的分化还是说从"两半"中返回自然，在《本际经》的道性论中，乃是以道性清净心的观照来消除"半满",从而达到"具足圆满之相"。从"两半"返于自然,就能"圆一切智",就能"返道种慧",就能满"一切种智",从而达到"真一"境界。

2. 双观与兼忘

前引引文中的所谓双观道慧,所指为"气观"与"神观"。P.2231 号《本际经》卷六《净土品》云:

> 所谓一种,是发无上自然道意,如是正因最为根本。又有二种,所谓二观,气观、神观,即是定慧。

由上可知,气观是对"定"的寻求,神观是对"慧"的寻求。

以气观求定,在早期道教中当以内丹、导引的修炼来求得定力。但在《本际经》时代及其后,气观也赋予了如卷四《道性品》所云的"察无相想,是名为观"的意义。《道教义枢》卷五《二观义》有云:"义曰:二观者,定慧之深境,空有之妙门,用以调心,直趣重玄之趣。"又云:"气者气象为意,神、气而名,具贯身、心两义。身有色象,宜受气名以明定。心无难测,宜受神名,以名空慧。"参照《本际经》卷九《秘密藏品》,气观或指"体合自然,无形无名,非造作法,如虚空相"的对于自然之气的理解,来认识"身相"的虚空,从而达到"定"的境界。

而神观,则通过前述两半学说,认识"神本"的虚空。《本际经》卷四云:"烟者因也,煴者暖也,世间之法,由暖润气而得出生,是初一念,始生倒想,体最轻薄,犹如微烟,能郭道果。无量知见,作生死本,源不可测,故称神本。神即心耳,体无所有……本于无本。"

双观,即气观与神观,是追求重玄之道,达成有无双遣的调心术,并建立了初发道意之想—妙心—伏行心—中道正观的修习次第。

《本际经》又承袭了庄子"坐忘"、"双忘"的学说,以"兼忘"名为"初入正观之相"。P.3674 号《本际经》卷八《最胜品》云:

> 何谓兼忘?太极真人答曰:一切凡夫,从烟煴际,而起愚痴,染著诸有,虽积功勤,不能无滞,故使修空,除其有滞。有滞虽净,犹滞于空,常名有欲,故示正观。空于此空,空有双净,故曰兼忘,是名初入正观之相。

在《本际经》卷三《圣行品》中又云:"捐弃执滞,取舍兼忘。"可知兼忘即不滞于有，亦不滞于空，空有双净。庄子关于形、知俱忘的思想与罗什所传中观结合，成为《本际经》的兼忘论，而老子之"损之又损"的思想与罗什所传的中观论结合，则形成为《本际经》所致力追求的"重玄"之道。

那么，什么又是"重玄之道"呢？

3. 重玄：无上正真道意

P.2331号《本际经》卷六《净土品》有云：

> 修习二观，乃悟大乘无上之道，若有利智回拔之人，直向大乘，不须阶级。他方净土，悉以道意为其初业，生彼净土，即入定位。

修习气观、神观二观，就能觉悟大乘无上之道。但其初业则为"发道意"。《本际经》卷一《护国品》云"愿众生皆发道意"，"令诸未悟，普见法门"，则"皆发道意"即通常所说的发愿。《本际经》卷三《圣行品》云"发真道意，誓舍小乘"，则发真道意与追求众生平等解脱的大乘境界有关。

正如砂山稔先生指出的，《本际经》继承了《升玄内教经》的"自然道意"和"无上正真道意"的思想[26]。P.3341号《灵宝升玄内教经》卷七《中和品》云"即合无上正真道意"，的确，前引《本际经》卷六《净土品》亦云"是发无上自然道意"。值得注意的是，在《本际经》中，以兼忘重玄之道为真道意，而以重玄之道为"无上道"，亦即以重玄为无上正真道意。

P.3674号《本际经》卷八《最胜品》云：

> 何谓重玄？太极真人曰：正观之人，前空诸有。于有无著；次遣于空，空心亦净，乃曰兼忘。而有既遣，遣空有故，心未纯净，有对治故。所言玄者，四方无著，乃尽玄义，如是行者，于空于有，无所滞著，名之为玄。又遣此玄，都无所得，故名重玄众妙之门。

所谓"重玄"，是以罗什在庄子的启发下用中观思想解释老子"玄之又玄"的影响下而形成的一种理论。对"空"与"有""双遣"（双双破除），称为"兼忘"，亦即"空有双净"。但"兼忘"只是初入正观的第一阶段，这也即是"玄"义，将此"玄"义再行破除，"都无所得，故名重玄众妙之门"。如蒙文通先生云，重玄之学"双遣二边而取中道，则已显为释氏中观之旨[27]"。但本文末尾将有所论，罗什一派又受了庄子的影响。

《本际经》卷八《最胜品》中有："若修重玄，遣一切相，遣无所遣，名为道意"的说法，可知"重玄众妙之门"，亦即"无上正真道意"。故同卷又云："夫十方天尊发心之始，皆了兼忘重玄之道，得此解已名发道意，渐渐明了，成一切智。其余诸行，皆是枝条。"可知重玄之道是《本际经》所追求的最高境界。得此无上正真道意，"具一切智，成无上道，到解脱处，为大法王"（卷一《护国品》）。"成无上道，为说三洞大乘法门，使得修习，悟真实性"（卷三《圣行品》）。"了真法性，成无上道"（卷九《秘密藏品》）。"深思自了悟，仍成无上真"（卷十《道本通微品》）。

此"无上正真道意"，即"重玄众妙之门"，亦即"真一本际法门"。《本际经》卷四《道性品》云："说此真一本际法门，使一切人平等解脱"，卷三《圣行品》又称之为"究竟真一平等大道"，由此把道性的"无上"性与众生性统一起来。

"道本论"（本际论）和"道性论"是十卷本《本际经》这部经典中最重要的思想。其道性论的最高境界是重玄兼忘的清净心，这一道性论体现了庄子式的中国智慧，并对其后之道教与佛教禅宗产生了不可抹杀的影响。

五、《本际经》对唐代道教道性论及佛教禅宗的影响

讨论了《本际经》的道性论，我们从中强烈地感受到两种学术传统。

一种传统，是道教中的重玄学说对传统道教学说的增益。早期道教中《老子河上公注》与《老子想尔注》中的道性论，赋有朴素的"道性自然"说。北周以前出现的《升玄内教经》有"法性空"说，参见《道教义枢》卷八《道性义》所引。敦煌本《升玄内教经》卷六《开缘品》云："夫真道者，无不无，有不有。"P.2343号《升玄内教经》卷十又云："是故损有者，必先之于无，体无者，以无无为大。"《升玄内教经》已被认为是"理贯重玄，义该双遣"[28]。《升玄内教经》以重玄学说解释道性的思路，在《本际经》中得到了发扬光大。

另一种传统，则是以鸠摩罗什及其后学为代表的以中国大乘佛教寻求

中国智慧的传统。鸠摩罗什翻译了《大智度论》等，又为《老子》作注，不啻是带来了一股鸠摩罗什旋风。细读《本际经》，多处都可感受到罗什所译《大智度论》的影响。如《大智度论》有佛三密说。密即秘密。三密即身密、口密和意密，谓如来身、口、意三业，或现通，或说法，或思惟，皆非诸菩萨之所思议。于是《本际经》亦自称"开演秘密藏"。其卷九《秘密藏品》，所论《开演身秘密藏》、"开演口秘密藏"及"开演心秘密藏"，正好与本文所讨论之《本际经》中的身相——道本问题、中道性空问题及双观道慧问题三大问题相当。而此经之三秘的说法又无疑是借鉴了《大智度论》。

方东美先生指出："鸠摩罗什与道生、僧肇、僧叡这些天才思想家接触之后，产生了很大的影响。我们可以说，印度的佛学思想同中国的道家思想接触了之后，立刻产生交互作用，就是拿道家哲学的思想精神，提升佛学的智慧，再拿佛学的智慧增进道家的精神。"[29]

《本际经》在隋唐之际追寻中国智慧的思想大潮下，成为道家精神与佛学智慧结合的实例，并影响其后道性论及佛教禅宗的发展。

1.《本际经》对其后道性论发展的影响

如果说《本际经》全面发展了《升玄内教经》的道性论，那么，在《本际经》以后，《本际经》中所包含的"道性众生性"的思想，却在有唐一代得到其后继者的全新发展。而这一发展势头，又与三论宗吉藏"草木亦有佛性"的思想有关。他说："理外既无众生，亦无佛性。""不但众生有佛性，草木亦有佛性也。"[30]

唐初益州道士黎兴、澧州道士方长著《海空智藏经》，敦煌出有抄本。《海空智藏经》发挥了《本际经》的道性论。略谓："道性无生无灭。无生无灭故，即是海空。海空之空，无因无果。无因果故，以破烦恼。"又谓："道性亦尔，一人时和一切众生，道性不一不二，究竟平等，犹如虚空，一切众生，同共有之。"《海空智藏经》拓展了《本际经》关于"道性众生性"的思想，提出："众生道性，亦复如是，维遍五道，长短异身，而道性常一不异。"又云："一切众生，修持净戒，得入一乘。"

唐人著作《道门经法相承次序》[31]记有唐高宗问道于潘师正事，则是书当出于唐高宗以后。该书在道性众生性问题上又有发展，说："解众生性即真道性。"又说："一切有形，皆含道性。"这是将道性普及于"一切有形"。

唐高宗、武后时人清溪道士孟安排集《道教义枢》，更全面地发展了《本际经》的重玄之趣及道性论。

《道教义枢》分析了对"道性"的下述解释："道以圆通为义，谓智照圆通；性以不改为名，谓成因果。"该书继承了《本际经》"非因非非因，非果非非果"的思想，说："性语在因，谓有得果之性，此解虽强，亦未通理。若道定在因，则性非真道，真道非性。"孟安排在此书中指出："今意者，道性不色不心，而色而心，故研习可成。而色，故瓦砾皆在也。"此处发展了《本际经》卷九"以一切种智照世间法，色法非色，心法非心"的思想，却又提出"而色而心"说，目的是以"而色"引出道性于瓦砾中皆在的新说。

《道教义枢》总结出道性的五个特征。即：①正中。②因缘性。③观照性（观照有无二境，因有入无，明照真境）。④无为性。⑤道性以清虚自然为体，自然真空。

《道教义枢》把众生有道性的思想发展到极致。在吉藏草木亦有佛性的思想刺激下，《道教义枢》卷八指出："道性以清虚自然为体，一切含识，乃至畜生果木石者，皆有道性。"

十分明显，无论是吉藏的"草木亦有佛性"，还是继承了《本际经》道性论的《道教义枢》的"畜生果木石者，皆有道性"的思想，都可以在佛教牛头禅及南阳慧忠的思想中看到同样的领悟。

2.《本际经》对禅宗的影响

印顺法师在《中国禅宗史》一书中指出，中华禅的建立者不是慧能和神会，而是唐初润州牛头山的牛头宗法融（594—657）。印顺法师说：

> 牛头禅的"无心合道"、"无心用功"，是从道体来说的。以为道是超越于心物，非心境相对所能契合的……其实，这是受了庄子影响的。庄子说：玄珠（喻道体），知识与能力不能得，却为罔象所得。玄学化的牛头禅，以"丧我忘情为修"。由此而来的，如《绝观论》……发展所成的，南岳青原下的中国禅宗，与印度禅是不同的。印度禅，即使是达摩禅，还是以"安心"为方便，定慧为方便。印度禅蜕变为中国禅宗——中华禅，胡适以为是神会。其实，不但不是神会，也不是慧能。中华禅的根源，中华禅的建立者，是牛头。应该说，是"东夏之达摩"——法融。[32]

敦煌出有多种牛头法融之《绝观论》写本（北图藏本、石井光雄藏本、P. 2074号、P. 2732号、P. 2885号）。敦煌本《绝观论》有云："问曰：云何为道本，云何为法用？答曰：虚空为道本，森罗为法用。"这种"虚空为道本"的说法，与"以无为道本"的玄学相呼应[33]，也与《本际经》的道本论、真空论相呼应。

田中良昭先生提出了《绝观论》的道教要素从何而来的问题，对《本际经》与《绝观论》的关系未下结论。但又指出牛头法融的《心铭》中有"本际虚冲，非心所穷"语，指出以"大道"、"至理"、"本际"等语表示禅的究极，可以看出与老庄思想的共通的背景[34]。

卢国龙先生亦指出：《本际经》"无得诫"的提法，在惠能开创宗门禅的高宗武周朝，已经传播开来[35]。而惠能《坛经》中的"无相戒"，与此处的"无得诫"只是同一个意思的两种说法而已。

需要补充的一点是，敦煌本S.6241号《升玄内教经》已有云："今日所戒，亦无所戒。今日之相，亦无所相。今日之法，亦无所法。乃以无法为法，无相为相，无戒为戒。"《升玄内教经》是《本际经》的先行者，其"无相为相，无戒为戒"的思想，通过《本际经》的"无得诫"、"无相道"等思想，也一直影响到惠能的《坛经》。《本际经》对禅宗的影响，是昭然若揭的。

3. 后论：论庄子之学在重玄学说形成中的重要地位

在结束本文讨论之前，我们还得讨论的问题是：从《本际经》上溯重玄学说的发展，我们固然充分认识到王弼和鸠摩罗什的作用，又认识到老子"玄之又玄"的命题是重新阐释所凭借的文本，但我们还须强调的是，在大量汲取佛教名相的重玄思潮形成的过程中起决定作用的，应该是庄子之学。

《本际经》受佛教三论宗影响。所谓"三论"之一，是龙树的《十二门论》。僧叡所著《十二门论序》中却看到了庄子对佛家的强大影响：

> 事尽于有无，则忘功于造化；理极于虚位，则丧我于二际。然则丧我在乎落筌。筌忘存乎遗寄。筌我兼忘，始可以几乎实矣。几乎实矣，则虚实两冥，得失无际。冥而无际，则能忘造次于两玄……

隋三论宗吉藏，于隋大业四年（608）顷，曾为此序作讲疏，其《十二门论序疏》云，欲读懂此序，须"善鉴老庄"[36]。僧叡是鸠摩罗什的同时代人，也是罗什的门人。上引序文中，提出"筌我兼忘"。《庄子·外物》有"得鱼而忘筌"之说。筌为竹制捕鱼工具。"筌我兼忘"当指"物我两忘"、"能所双忘"的境界。而"虚实两冥，得失无际，冥而无际，则能忘造次于两玄"。"虚实两冥"即双遣有无，达到空冥境界，"冥而无际"，所得的空冥境界仍然是没有存在之边际的，这再一次的超越，就可"忘造次于两玄"。两玄即重玄。在僧叡序以庄子解中观学说的过程中，后来所见的重玄兼忘之说已呼之欲出了。人们现在将重玄之学追溯到东晋人孙登[37]。我们在相当于东晋末姚秦之世的罗什弟子僧叡的著作中，已见到从庄子出发的兼忘两玄说。

这是因为庄子的思想与后世的兼忘重玄之说是完全相通的。《庄子》内篇《齐物论》有云：

有有也者，有无也者，有未始有无也者，有未始有夫未始有无也者也。

庄子的这一思想，确实是与有无双遣、损之又损的重玄兼忘之论相通的。成玄英《庄子序》云："夫庄子者所以申道德之深根，述重玄之妙旨。"成玄英的《庄子疏》高度评价了庄子在重玄学派形成中的地位。

《本际经》与三论宗之中观学说都采取了"非有非无"的论式，但实际上仍有基本差别。刘楚华氏《成玄英齐物论疏中的佛家语》一文指出："庄子的'无'乃是指道是不能确定或不可概念化的意思，不同于释氏的虚空幻化。"[38]此说对认识《本际经》与三论宗之四句法的区别亦有启发。要之，《本际经》的道性论，依然是在"道性自然"的传统指引下，依凭庄子思想而吸收罗什之学的超越智慧。这种中国式的以庄学为主导的超越智慧，在隋唐之际，在唐代前期，曾促进了文化艺术之超越性的盛唐气象的开展。

附　记

本文所引用《太玄真一本际妙经道本通微品第十》，系日本天理大学图书馆藏大谷光瑞本。蒙北京大学中国中古史研究中心荣新江教授提供复印件，谨致谢忱。

注　释

[1] 蒙文通：《校理老子成玄英疏叙录》，见《蒙文通文集》第一卷《古学甄微》，第343～360页，巴蜀书社1987年版。

[2] 饶宗颐：《老子想尔注校笺》，见《老子想尔注校证》，上海古籍出版社1991年版。

[3] 吴其昱：《敦煌汉文写本概观》，《道教文献》，见池田温编：《敦煌讲座》5，《敦煌汉文文献》，第76～80页，东京，大东出版社，1992年。

[4] 陈祚龙：《关于道家〈本际经〉及其〈要略妙义〉与〈疏〉的敦煌古抄》，见《敦煌文物随笔》，台北，1979年。陈祚龙：《敦煌学识小》，《敦煌古抄〈本际经〉卷七的辑补与评介》，见《敦煌学津杂志》，台北，1991年。

[5] 大渊忍尔：《敦煌道经·目录篇》，第169～171页，福武书店，1978年。

[6] 镰田茂雄：《道藏内佛教思想资料集成》，《东京大学东洋文化研究所报告》，1986年。

[7] 砂山稔：《论〈太玄真一本际经〉——以"身相"、"方便"、"重玄"为中心》，见《金谷治教授退官纪念论集》，《中国人性探究》，1983年。同氏：《本际经札记——关于本际经的异名与卷九卷十接续问题》，《东方宗教》61号，日本道教协会，1983年5月。

[8] 尾崎正治：《太玄真一本际经》，见《敦煌讲座》4，《敦煌与中国道教》，东京，1984年。

[9] 卢国龙：《中国重玄学》，北京，1993年。

[10] 方东美：《中国大乘佛学》（《东美全集》），第32～33页，台北，1991年四版。

[11] 《道德真经注》，河上公注。《道藏》洞神部，363册。参见汤一介：《魏晋南北朝时期的道教》，第123页，陕西师范大学出版社1988年版。

[12] 王明：《〈老子河上公章句〉考》，见《道家和道教思想研究》，第297页，中国社会科学出版社1984年版。

[13] 饶宗颐：《老子想尔注校证》，第82页，上海古籍出版社1991年版。

[14] 《庄子》，《天地》篇。

[15] 陈鼓应：《老庄新论》，第72页，上海古籍出版社1992年版。

[16] 《大正新修大藏经》第45册。

[17] 吕澂：《关河所传大乘龙树学》，见《中国佛学源流略讲》，第86～110页，中华书局1979年版。

[18] 李霖：《道德真经取善集》，涵芬楼本《道藏》悲墨帙，424～427册。参见汤用彤：《读〈道藏〉札记》，见《汤用彤学术论集》，第407～408页，中华书局1983年版。

[19] 蒙文通：《古学甄微》，第323页。

[20] P. 2393 号《本际经》卷二《付嘱品》。

[21]《大智度论》卷四十三。

[22] 砂山稔:《论〈太玄真一本际经〉——以"身相"、"方便"、"重玄"为中心》。

[23] 吉藏:《中观论疏》之《本际品》,《大正新修大藏经》第 42 卷。

[24] 中村元:《佛教语大辞典》,第 1261 页,东京,1981 年。

[25] 吴其昱先生前揭文,《敦煌讲座》5,《敦煌汉文文献》,第 79 页。

[26] 砂山稔前揭文。

[27] 蒙文通:《古学甄微》,第 323 页。

[28]《道藏》太平部,母帙,《太上灵宝升玄内教经中和品述议疏》,759 册。参见卢国龙:《中国重玄学》,第 84 页。

[29] 方东美:《中国大乘佛学》(《东美全集》),第 32～33 页,台北,1991 年四版。

[30] 吉藏:《大乘玄论》,《大正新修大藏经》第 45 卷。

[31]《道藏》太平部,诸字 762 册,《道门经法相承次序》。

[32] 印顺:《中国禅宗史》第三章,《牛头宗之兴起》,第 128 页,上海书店 1992 年版。

[33] 同上书,第 112、117 页。

[34] 田中良昭:《敦煌禅宗文献研究》第五章第五节,《初期禅宗与道教》,东京,大东出版社,1983 年。

[35] 卢国龙:《中国重玄学》。

[36]《大正新修大藏经》第 42 卷。

[37] 蒙文通:《古学甄微》,第 322 页。

[38] 刘楚华:《成玄英齐物论疏中的佛家语》,《第二届国际唐代学术会议文集》(上册),台北,文津出版社,1993 年。

(原载《敦煌艺术宗教与礼乐文明》,北京:中国社会科学出版社,1996 年)

敦煌吐鲁番与丝绸之路上的粟特人①（节选）

比利时学者亨利·皮朗在《中世纪欧洲经济社会史》中指出，加罗林王朝时期，"除了犹太人就没有商人，从加罗林朝初期起，只有犹太人进行常规的商业活动"。"他们所经营的完全是香料和贵重物品的买卖"。②

马克思把中世纪的犹太人称为"商业民族"，并在《1857—1858年经济学手稿》中对"商业民族"多次进行了论证。③ 在东方，担任这种商业民族角色的，首先是粟特人。我们在此不妨回顾一下东方丝路上粟特人的研究史。

1965年，池田温先生发表了《8世纪中叶敦煌的粟特人聚落》④ 一文，指出在敦煌东约500米处，有一个称为"安城"的粟特人聚落，在唐朝治下，被编制为"从化乡"。通过这一研究，始知除在碎叶、罗布泊、伊州、凉州、六胡州、长安等地存在粟特人聚落外，沙州亦为一重要分布点。1978年，池田温先生又发表了《吐鲁番汉文文书所见的外族》⑤，其中揭示了8世纪初粟特人在西州定居著籍受田等情况。上述论著，对本课题研究有重要的启发。

长期以来，粟特人与中国中古经济文化的关系，一直是一个引人注目的问题。陈寅恪先生⑥、岑仲勉先生⑦、向达先生⑧都十分重视"九姓胡"

---

① 本文主要内容，曾蒙池田温先生推荐译介，以《敦煌吐鲁番与丝绸之路上的粟特人》为题，发表于《东西交涉》1986年2、3、4期，东京，井草出版社。
② 亨利·皮朗：《中世纪欧洲经济社会史》，乐文译，第10页，上海人民出版社1987年版。
③ 《马克思恩格斯全集》第46卷上册，第485～486页、40页、46页、172页。
④ 池田温：《8世纪中叶敦煌的粟特人聚落》，《欧亚大陆文化研究》Ⅰ，1965年。
⑤ 池田温：《吐鲁番汉文文书所见的外族》，《丝绸之路月刊》1978年，2、3合期，东京。
⑥ 陈寅恪：《隋唐制度渊源略论稿》，第79、81页，上海古籍出版社1982年版；《唐代政治史述论稿》，第29～32页，上海古籍出版社1982年版。
⑦ 岑仲勉：《隋唐史》，第445页，高等教育出版社1957年版。
⑧ 向达：《唐代长安与西域文明》，见《唐代长安与西域文明》，第11～16页。

在中国中古历史上的地位。桑原隲藏氏①、石田干之助氏②对凉州及长安的粟特人进行了开创性研究。伯希和氏据敦煌文书《沙州都督府图经》，明确提出了罗布泊地区的粟特人聚落问题③，羽田亨氏从文明史的视野对此有重要的讨论④。另外羽田亨氏⑤和蒲立本（E. G. Pulleyblank）氏⑥研究了内蒙古的粟特人聚落，扩大了粟特人聚落问题的研究。护雅夫氏详论了突厥汗国内部的粟特人，并总论了自碎叶以迄凉州的粟特人聚落⑦。列宁格勒的丘古耶夫斯基氏近年也发表了题为《敦煌地区粟特聚落历史的新材料》⑧的文章。

20世纪初敦煌等地粟特文写本的发现、30年代中亚穆格山粟特文文书的发现以及粟特钱币学的发展，促进了粟特历史研究的长足进展。⑨ A. U. 雅库波夫斯基⑩、O. I. 斯米尔诺娃⑪、M. N. 波哥留波夫⑫、V. A. 里夫施茨⑬、A. M. 别连尼茨基⑭、A. A. 叶鲁莎里姆斯卡娅⑮、A. M. 马尔

---

① 桑原隲藏：《论隋唐时代流寓中国的西域人》，《桑原隲藏全集》第二卷，309～352页，1968年。

② 石田干之助：《隋唐时代流入中国的伊兰文化》，《长安之春》（东洋文库），1967年。

③ 伯希和：《沙州都督府图经及蒲昌海之康居聚落》，冯承钧译，《西域南海史地考证译丛七编》，中华书局，1957年。

④ 羽田亨：《唐光启元年沙州伊州地志残卷》，《羽田博士史学论文集》上篇历史卷，京都东洋史研究会，1957年。

⑤ 羽田亨：《漠北之地与康国人》，《羽田博士史学论文集》上篇历史卷。

⑥ E. G. 蒲立本：《内蒙的粟特人聚落》，《通报》，第41卷，第317～356页，1952年。

⑦ 护雅夫：《东突厥国家内部的粟特人》，《古代突厥民族史研究 I》，东京，1967年；《追寻粟特商人的足迹》，《古代游牧帝国》第二章，东京，1976年。

⑧ L. I. 丘古耶夫斯基：《敦煌地区粟特聚落史新史料》，《东方国家与民族》第10册，莫斯科，1971年。

⑨ V. V. 巴尔托里德：《蒙古入侵时代的突厥斯坦》，《巴尔托里德文集》第1卷。

⑩ A. U. 雅库波夫斯基：《古代品治肯特》，《古代文化寻踪》，莫斯科，1951年。

⑪ O. I. 斯米尔诺娃：《粟特史纲》，莫斯科，1970年。

⑫ M. N. 波哥留波夫、O. I. 斯米尔诺娃：《穆格山粟特文书》第三册，《经济文书》，莫斯科，1963年。

⑬ V. A. 里夫施茨：《穆格山粟特文书》第二册，《法律文书》，莫斯科，1962年。

⑭ A. M. 别连尼茨基、I. B. 宾托维奇：《中亚丝织业史论略（论"赞丹尼奇"织品的考证）》，《苏联考古学》1961年2期。

⑮ A. A. 叶鲁莎里姆斯卡娅：《论粟特丝织工艺流派的形成》，《中亚与伊朗》论文集，国立艾尔米塔什博物馆，列宁格勒，1972年。

夏克①等学者，对粟特历史、文书钱币、丝绸、银器等方面的研究有重要的贡献。亨宁（W. B. Henning）②、舍菲尔德（D. G. Shepherd）③、佛里（R. N. Frye）④、雪菲尔（E. H. Schafer）⑤等，近年来提出了研究粟特历史及考古的新成果。一雄氏⑥、前嶋信次氏⑦、羽田明氏⑧、冈本孝氏⑨的有关研究亦令人瞩目。这些研究，为本课题提供了重要背景材料。

近年来，在中国吐鲁番地区，又发现约两千片汉文文书，其中不乏"昭武九姓"即粟特人的记载。唐长孺先生的《唐西州诸乡户口帐试释》一文⑩、马雍先生关于"萨薄"的解释、朱雷先生的《麴氏高昌国的"称价钱"——麴朝税制零拾》⑪等，对本课题研究中分析"归朝"人户、商胡的文化风习及贸易实况等，均有重要启示。新发现的吐鲁番文书资料还给人们提出了一个问题：除沙州等地之外，在西州是否也存在过某种粟特人聚落？

在前人研究的基础上，本文拟据新出吐鲁番文书对西州粟特人聚落的存在作一论证。同时，对"归朝"即入籍粟特人与未入籍"客胡"、"兴胡"作一辨析。此外，"丝绸之路"也是一条"白银之路"，因此，拟将敦煌、吐鲁番的银钱流通和铜钱流通与粟特的银钱流通和铜钱流通作一比较研究；并对"胡锦"、"番锦"、"粟特锦"在敦煌、吐鲁番地区的历史踪迹略加钩稽。从而，综合地来考察丝路、银路上十分活跃的商业民族粟特人在敦煌、吐鲁番地区究竟扮演了怎样的历史角色。

（在本文写作中，承池田温教授不吝赐教，又蒙东京大学东洋文化研究所所长尾上兼英教授关照，谨致以诚挚谢意。）

---

① A. M. 马尔夏克：《粟特银器》，莫斯科，1971年。
② W. B. 亨宁：《伊朗学论集》。
③ D. G. 舍菲尔德、W. B. 亨宁：《赞丹尼奇织品考》Zandaniji identified?《Aus der Welt der Islamischen Kunst. Festschrift für Ernar kühnel》，柏林，1959年。
④ R. N. R. 佛里：《伊斯兰伊朗与中亚（712世纪）》，伦敦，1979年。
⑤ E. H. 雪菲尔：《康国的金桃（唐代舶来品研究）》，1963年。
⑥ 榎一雄：《粟特与匈奴（一）》，《史学杂志》第64卷6号，1955年。
⑦ 前嶋信次：《丝绸之路上的秘密国——布哈拉》，东京，1972年。
⑧ 羽田明：《粟特人的东方活动》，《岩波讲座·世界历史·6》。
⑨ 冈本孝：《粟特王统考》，《东洋学报》第65卷3、4号，1984年。
⑩ 唐长孺：《唐西州诸乡户口帐试释》，《敦煌吐鲁番文书初探》，武汉大学出版社1983年版。
⑪ 朱雷：《麴氏高昌国的"称价钱"——麴朝税制零拾》，《魏晋南北朝隋唐史资料》第四期，1982年。

敦煌吐鲁番所见的两类粟特人

一、麴氏高昌著籍粟特人与唐西州粟特人聚落

1. 高昌麴朝的著籍粟特人

在吐鲁番所出十六国时期文书中，可以依稀看到一些胡人姓名，如车末都（《吐鲁番出土文书》，第一册，第149页）当系车师人。翟阿富（第一册，第121页）、翟定（第一册，第179页）可能属于高车。竺国双、竺黄媚（第一册，第173页）属于天竺或月氏。可是我们没有明确看到昭武九姓的人名。

现存吐鲁番文书中的昭武九姓人名，大致出现于6世纪。当然，粟特人进入吐鲁番地区事实上可能比现存文书材料所记早得多。

6—7世纪高昌已经有了著籍粟特人。证据是阿斯塔那151号墓所出《高昌逋人史延明等名籍》，其中有："九日逋人：史延明，北听干竺伯子。"又有："廿四日逋人：孟庆嵩、王欢岳；北听干程阿庆、唐善祐、白保祐。"（第四册，第188页）。其中，史氏出自史国（Kish），康氏出自康国（Samarkand），为粟特人后裔。竺氏为天竺人后裔，白氏多出龟兹白姓。"逋人"即逃人、逃户之意，只有著籍者才存在逋逃问题。

作为著籍的粟特人后裔，除康、史二姓最多外，还有何（Kushaniyah）、安（Bokhara）、石（Tashkend）、曹（Kabudhan）、米（Maymurgh）诸姓。这些被称为"昭武九姓"或"九姓胡"的粟特人入籍以后，和本地居民一样，拥有田园，担负赋役和兵役。

入籍粟特人拥有田亩，如阿斯塔那99号墓所出《高昌勘合长史等葡萄园亩数帐》中有"曹延海弍亩陆拾步"（第四册《补遗》，第63页）。

入籍粟特人担负调薪、租酒、酢酒、上马、供鞍等各种税收或封建义务。

交纳调薪的昭武九姓人口，见于《高昌延昌三十三年（593）调薪文书》的入调薪者，有"康不粪"、"康西忠"、"康师苟"。次年即延昌三十四年（594）调薪文书中有："将阿骀下史元相壹车"、"康□保壹车"。"将无贺下康阿和儿两车，康世和壹车"。"将奴奴下史养儿壹车"。"康师儿壹车"、"康师子壹车"、"史善伯壹（车）"、"康石子壹（车）"、"康

酉忠一车"等（第三册，第31～33页）。

交纳租酒的昭武九姓人口，见于《高昌张武顺等葡萄亩数及租酒帐》。其中有"康安得桃（萄）陆拾步"、"康崇相桃（萄）贰"、"康众憙桃（萄）壹亩"、"史伯悗桃（萄）壹亩陆拾步，无租"等（第三册，第50、55页）。

交纳酢酒的昭武九姓人口，如《高昌某年永安、安乐等地酢酒名簿》中有"康僧胡三（斛）六斗半"、"康黑奴四斛五斗"（第四册《补遗》，第6页）。《高昌某年浮桃寺等酢酒名簿》中有"康阿保儿四斛五斗"（第三册，第12页）。《高昌某年安乐等地酢酒名簿》中有"康僧愿一斛□□半"（第三册，第14页）。《高昌某年泞林等地酢酒名簿》中则有"泞林康养愿七斗半"（第三册，第15页）。

入籍九姓胡裔还负担"上马"，供用鞍及其他杂物。《高昌某年郡上马帐》中有"康寺紫马"、"康赵苟瓜马"、"康师儿赤马"、"康永儿留马"等（第四册，第164～165页）。《高昌合计马额帐》中有"康相崇合七匹"、"康憙□□"（第四册，第166页）。《高昌买驮、入练、远行马、郡上马等人名籍》中有康相崇、康憙儿、康永儿、康善喜、曹寺、康寺、康赵苟等（第四册，第169～170页）。《高昌义和二年（615）年参军庆岳等条列高昌马鞍辔帐》中有"谏议元海下康师子壹具"（第四册，第173页）。《高昌供用斧、车钏、辘辘等物条记》中有："安浮移"，"康牛殳儿车钏一"（第四册，第195页）。《高昌供用权、橃等物条记》中有"康奴得鹿㭲"、"康元训梯"等（第四册，第197页）。此外，又如《高昌东南西南等坊除车牛额文书》中，记及"西南坊除车牛额"时，记有"康海护，右壹人，十骑，除"（第三册，第134页）。

作为农业人口的九姓胡裔，入籍后分化为富有者和贫贱者。

阿斯塔那15号墓出土了一组康保谦有关文书，说明这个入籍粟特人是一个富有的地主。《高昌延寿十四年（637）康保谦买园券》，以"买价银钱"若干，从雷善祐边买园（第四册，第37页）。《高昌康保谦雇刘祀海券》，表明以银钱、粮雇人劳作（第四册，第39页）。《高昌延寿十二至十五年（635—638）唐保谦入驿马粟及诸色钱麦条记》记载，某年康保谦入绢钱五文，丙申年一次入驿马粟陆儿，戊戌岁十月十五日，康保谦入二月剂马羊钱，丁酉岁正月四日康保谦入乙未岁租酒银钱叁文，十一月二日偿纳丁酉岁七月剂田亩小麦肆儿（第四册，第34～36页）。

不少九姓胡人成为雇请"作人"的主人。如朱雷先生研究所指出，高昌"作人"是一种与南朝"十夫客"相似的劳动人手①，是一种其剩余劳动可以被购买和继承的封建依附者。如《高昌作人善憙等名籍》中有"康师子作人二人"（第三册，第138页），康师子为主人。《高昌史延高作人阿欢等名籍》中，史延高及史元善均为拥有作人的主人（第三册，第140页）。《高昌作人酉富等名籍》中，有"史阿愿作人苻弟"、"康怀满作人畔陀"（第三册，第141页）。《高昌作人相儿等名籍》中有"曹守隆"为作人之主人（第三册，第142页）。

另一方面，也有一些九姓胡裔沦为"作人"。如《高昌延昌二十二年（582）康长受从道人孟忠边出券》中，康长受为孟忠的作人，在交给主人十个月的"岁出价"后，停止上役十个月（第一册，第191页）。又如前引《高昌史延高作人阿欢等名籍》中有"张阿庆作（人）石得"，石得为作人（第三册，第140页）。

城居的昭武九姓入籍人口中，一些人从事手工业和商业。

一部分胡裔有某种手工业技艺。如《高昌入作人画师主胶人等名籍》中有"次主胶人"："康众□"、"白明憙、康师保、康致得"等。"次画师"："何相胡"。"五月廿九日入作人"："康廻君、康师保"等（第二册，第334页）。

一部分胡裔成为著籍的商人。如《高昌传判麴究居等除丁输役课文书》中有"次传商人役，康怀愿"，"为校尉相明作供人壹年除"。"次传商人役，康相愿为刘保欢营家壹年"（第三册，第90页）。康怀愿和康相愿均系商人，故被传供商人役，服役内容是为官员作"供人"、"营家"的劳役。当然这种著籍商人有别于未入籍的胡商。"兴胡"、"客胡"等商人另有关税负担，但并不像入籍居民那样担负各种力役。

由于粟特人谙熟当时的国际商业语言粟特语及突厥诸族语言，故有的入籍粟特人被派往管理客馆，或在客馆做接待工作。《高昌延寿十四年（637）兵部差人看客馆客使文书》中有："次氾胜欢，付曹破延用□□真朱人贪旱大官好延胡腾振摩诃赖使金穆乌因窅因日。次小张海因，付康善财，用看坞耆来射卑妇儿伍日。""次廿日，康阿父师、白埒子贰人，付宁僧护，用看珂寒萄。"（第四册，第132～135页）其中曹破延是客馆

---

① 朱雷：《论麴氏高昌时期的"作人"》，《敦煌吐鲁番文书初探》。

接待人员，康善财亦是。康阿父师则是客馆管理人员或客馆中的吏人。此外，《高昌曹石子等传供食帐》中，曹石子亦为客馆吏（第四册《补遗》，第 27 页）。《高昌元礼等传供食帐》中，康佛保为客馆吏员（第四册《补遗》，第 30 页）。

粟特人中又以骑兵善战著称，如"赭羯"，就出自昭武九姓中的各国①。从十六国的羯人到唐代的羯胡兵将，都与粟特人有关②。在高昌麴朝亦不乏九姓胡兵将，他们当然也是入籍者，如《高昌付官将兵人粮食帐》中有"鹿门曹高昌"、"虎牙康婆居"、"康婆居罗"、"将石子正"等，鹿门、虎牙、将均为军衔（第三册，第 26～29 页）。又如《高昌义和二年（615）七月马帐》中有"虎牙康师儿赤马"、"虎牙康相祐留马"（第四册，第 159～160 页），得知此二人亦为虎牙。《高昌诸臣条列得破毡、破褐囊、绝便索、绝胡麻索头数奏二》中有"虎牙史元善"（第三册，第 289 页）。此外，《高昌计人配马文书》中有"逻人"石智信和康申保，这是充巡逻人员的九姓胡裔（第二册，第 330～331 页）。

值得注意的是阿斯塔那 151 号墓所出《高昌丑岁兵额文书》（第三册，第 180 页），其内容是：

> 丑岁兵额，交何（河）付康阿陀儿有关，永昌付主簿阿那，宁戎付吏青守，永安付参军怀嵩，威神付主簿延海，田地付参军天护，黄（横）截付参军天养，林川付主簿楸之。

本件中的高昌丑岁据推定为义和四年丁丑（617）。当时交河方面军事委与粟特人康阿陀儿有关，而永昌主簿阿那疑与突厥之阿史那氏有关。617 年西突厥正值统叶护可汗势力盛大之时，619 年即位的麴文泰是统叶护可汗的附庸。《旧唐书·西突厥传》云："其西域诸国王，悉授颉利发，并遣吐屯一人监统之，督其征赋。" 628 年后，西突厥"欲谷设"（吐鲁番文书中作"依提具拙"）控制高昌。以欲谷设、高昌为一方，以咥利史可汗、焉耆为一方进行战争。由于西突厥卷入高昌国军事活动，而粟特人在东西突厥汗庭中均占有重要地位，所以一些入籍粟特人和未入籍的粟特人也进入了高昌军事部门。

---

① 《新唐书》卷二二一下 "安国" 条；《大唐西域记》卷一 "飒秣建" 条。
② 陈寅恪：《唐代政治史述论稿》，第 29～32 页。

例如《高昌诸臣条列得破被毡、破褐囊、绝便索、绝胡麻索头数奏》中有"史善伯入"、"一毡、索五、次康门陀挂入,未得"(第三册,第286～287页)等记载。此件由军将签署,当属军中收交报废物,则史善伯、康门陀挂得为兵人。同名奏文中有:"便索究(玖)张,虎牙史元善"入,则史元善为一兵将(第三册,第289页)。又《高昌计人配马文书》中有"逻人"石智信,又有"逻人康申保",这是充当巡逻人的九姓胡裔(第三册,第331页)。《高昌延寿十四年(637)兵部差人往青阳门等处上现文书》中有史某某等陆人,"用玄德门外上现伍日"(第四册,第129页)。史某亦当为九姓胡裔。

九姓胡裔除充当兵将,也充当文吏。《高昌某年传始昌县车牛子名及给价文书》中有"次浐林主簿康虎皮"(第三册,第219页),由此可以看出其官已至"主簿"。

以上说明,高昌入籍粟特人是一支活跃的力量。现在的问题是,高昌麴朝时是否已经存在过聚居的粟特人聚落?

这里有两个迹象值得注意。

其一,在高昌麴朝大量存在着家寺,如张寺、麴寺、索寺等。家寺中还有"康寺"及"史寺",如《高昌张武顺等葡萄亩数及租酒帐》中有"康寺僧幼桃(萄)半亩,租了","史寺"亦见于此件(第三册,第50～51页)。《高昌义和二年(615)七月马帐》中有"康寺赤紫马"(第四册,第159页)。直到高昌麴朝灭亡不久,如《唐贞观十五年(641)西州高昌县赵相,□夏田契》中,仍看到"康寺"、"小康寺"的记载(第四册,第47页)。"康寺"、"小康寺"和"史寺"的存在,说明来自昭武九姓的康、史二姓已跻身于当地大族之中,也说明康、史二姓人数不少,并有可能聚族而居。

其二,在高昌麴朝我们看到粟特人信奉祆教并有"萨宝"体制的证据。

池田温先生曾认为:伊兰系的祆教是外国居留者的专有信仰,因而一般认为长安、洛阳、凉州等祆祠所在地是移居者外族居民很多的都市。从而以敦煌祆神的存在作为沙州粟特人聚落存在的论据之一①。高昌麴朝存在管理侨民及胡裔的"萨薄"(第二册,第46页)及祆教寺院"胡天"

---

① 池田温:《8世纪中叶敦煌的粟特人聚落》。

祠,这也是高昌粟特住民很多,并有某种聚居情形的一种证据。

根据以上两个迹象,虽然不能骤然得出高昌麴朝时已有粟特人聚落的结论,但我们确实也不能排除这种可能性。

2. 唐西州粟特人聚落索隐

唐代管辖西州时期,我们看到了西州存在粟特人聚落的迹象。

贞观十四年(640)以后,入籍粟特人仍见于吐鲁番文书。他们与其他居民一起呈报"手实"。如《唐贞观十四年(640)西州高昌县李石住等户手实》中,有《贞观十四年九月安苦咄延牒》,安氏出自安国,其女"苦旦睦"及本人名"苦咄延"均为明显的胡名。同件文书又有某氏"男阿答奋年弍拾"、"妻曹年拾五"、"男宁毗年拾陆"、"妻曹年拾",亦为胡名胡姓(第四册,第72、73、75页)。《安苦咄延手实》另面有"曹破延"。《李石住手实》另面有"史留师、阴米□"、"何相意、何嘿仁"等(第四册,第88、89页)。阿斯塔那35号墓所出《武周载初元年(690)高昌县宁和才等户手实》,亦有"户主史苟仁年拾柒岁,白丁"、"户主大女曹多富年柒拾捌岁,老寡"、"户主康才宝"、"户主康才义"、"户主康鹿独年拾岁,卫士"等(第七册,第414~440页)。与《宁和才等手实》年代相近的《唐西州高昌县□婆祝等名籍》中有:"安猪□"、"康申住"、"史尾鼠"、"康以海"、"大女康申香"、"康阿伯"、"女史亥女"等(第五册,第206~207页),哈拉和卓56号墓所出《武周康欢隆等户残籍帐》中有某"里户康欢隆"(第七册,第313页)。

入籍粟特人在唐代可按均田法受田。如《唐西州高昌县顺义等乡勘田簿》中有:"何祐所延田 东渠 西道 南□□□北 邓女熹 合田一亩。"(第四册,第18页)"祐所延"为一胡名。阿斯塔那42号墓所出《唐西州高昌县授田簿》(第六册,第244页)属唐高宗永徽、龙朔前文书,其中有:

> 右给得史阿伯仁部田六亩穆石石充分
> 右给得史阿伯仁部田叁亩孙祐住充分
> □给得康乌破门陀□□

以上引文中"穆"亦为昭武九姓之胡姓,所记为史、康等人的部田之类授予穆石石等充作口分田。同件中又有:

□段二亩 都田 城东五里左部渠　东石陀　西曹祐
南勒曹
□给穆苟苟充分

上引左部渠部田二亩与石氏、曹氏等九姓胡人之田插花，而此类地段又授予穆氏充作口分田，同件中的胡人姓名记事还有"右给曹破褥充囧"、"南曹丑子"、"右给康怀住充口"、"右给康迦卫充囧"、"康隆"、"石毗"、"康延"、"何摩"、"曹宣"、"曹莫盆"、"康海伯"。本件反映了粟特入籍裔民受田的情况。又如《唐西州赵相憙等勘田簿》中有孙大牙田东康嘿仁（第四册，第25页），《唐西州张庆贞等勘田簿》中有张庆贞田之北，"北何相憙十二合田"等（第四册，第27页）。又如705—722年前后的《唐西州高昌县梁仲德等户主田亩簿》中有"康义才"、"曹龙囧"、"安君善"、"康海龙"、"何谷盆"等九姓户列入田地占有者之列（第八册，第240～241页）。

阿斯塔那5号墓所出文书有纪年者自665年至668年，其中《唐诸户丁口配田簿》记有："户主康阿廻年六十囧，一亩"、"户主康海憙年廿七，二亩"、"户主康埵奴年五十九，二亩"、"户主曹不之揽"、"户主曹玖子"、"囗主囧摩囧"、"户主安畔陀年卅七，二亩"、"户主康知囗年廿五，二亩"（第六册，第361～367页）。

作为田主，入籍粟特人可以出佃土地，也可以自佃耕作。如池田温先生所引述，唐天授二年、如意元年高昌诸堰头《申青苗亩数佃人牒》[①]中有：

康阿揽盆　二亩　佃人氾慈达　种乌麻　　（大谷一二一二）
何阿谷盆　二亩　佃人何元帅　　　　　　（大谷二三六八）
安阿禄山　半亩　佃人董玄护　　　　　　（大谷二三六八）
曹射毗　　□□　佃人史才全　种䌷　　　（大谷二三七三）
康呦尸毗　二亩　自佃种粟　　　　　　　（大谷二三七三）
何浮呦毗　四亩　自佃种粟　　　　　　　（堰头何浮知）
（大谷二三七三、大谷一〇四七）

---

① 池田温：《吐鲁番汉文文书所见的外族》，《丝绸之路月刊》1978年2、3期合刊，东京。

近年所出文书中又有：

　　　　康秃子　壹亩　佃人翟安智　　（73TAM501：109/3）（第七册，第194页）

当然，入籍粟特人中也有佃农，如曹射毗之佃人史才全，又如武周时有"佃人史囗囗"（第七册，第186页）、"佃人史玄政"（第六册，第192页）。甚至有沦为部曲者，如《武周先漏新附部曲客女奴婢名籍》中有"客女石多不六年陆囗囗"、"客女石肥罗年陆囗"，又有"部曲曹隆行"（第八册，第452页）。

在唐代，受田入籍的粟特人亦担负差科。如《唐仪凤二年（677年）后西州残差科簿（？）》中有"安仁子"、"囗畔陀"、"康子才"、"康圈圈"、"安安住"等（第五册，第208～211页）。另件唐差科簿（？）中有"武骑尉石服屯，年卅五。男贺婆，年十九"（第六册，第213页）。另件差科簿（？）中还有"安毗盆"、"曹阿榄盆"、"曹守洛"、"康海相"等（第六册，第217～221页）。武周时上番卫士名单中有"史苟女"、"康僧"、"康隆仕"等（第七册，第47～52页）。又《唐队正阴某等领甲仗器物抄》中有"甲伍领囗袋／袋二月廿日付康世多"（第五册，第215页）。康世多当为一军队人员。

唐代著籍粟特人中，一部分从事于手工业，粟特人精于波斯风及中亚风的银器、铜器的制作，也精于制革。故在西州铜作及制革业中，不乏昭武九姓人氏的踪迹。如阿斯塔那35号墓所出《唐西州高昌县下团头帖为追送铜匠造供客器事》（第七册，第45页）内容是：

　　高昌县　　帖团头傅囗囗
　　　　　　张囗
　　铜匠安明智　安大寿　石思囗
　　　　右件人等先造供客囗囗囗
　　　　至，仰速追送，立待三囗囗
　　　　丞尉张仁

本件无纪年，文中安大寿，又见于同墓所出《武周圣历元年前官史玄政牒》。安氏、石氏均为粟特系工匠。又《唐何好忍等匠人名籍》中有"曹阿□　曹提拖"、"何好忍　康失延"、"右件人韦匠"（第四册，第15页）。韦匠即制革匠。《唐贞观十八年（644）镇兵董君生等牒》中有"匠头康始延"，又有"六月二日付匠康始延"。另有"候治韦皮，请给，谨牒。

贞观十八年六月三日匠康畔提"（第六册，第128～130页）。又，《唐永徽元年（650年）后报领皮帐》文书中有"□□八十七□羊皮廿三年九月一日安折贤"、"□百廿五张生并付曹伽□□"（第四册，第289页）。安、曹均为九姓胡，此处亦与革制品事宜有关。同件文书残片中有"五十二张安折贤边纳付"，则安折贤为一纳付皮张的经手人（同上，第290页）。又《唐上元三年（676）某人辩辞为卖鞍马事》中有从"安"某处买鞍的记载（第五册，第205页）。

唐时入籍粟特人的婚姻情况也值得注意。如在《唐西州高沙弥等户家口籍》中有"囚主何兔仁年五十五，妻安年卅二"，这是九姓胡之间通婚的例子，而"（辛怀）贞妻康年十八"是九姓胡康氏与其他居民通婚的例子（第四册，第1213页）。在《唐何延相等户家口籍》中，如"曹僧居尼年卅，妻安年廿五，女英女年五"、"石本宁年廿二，妻安年十六"（第四册，第55页），则说明粟特裔民之间的通婚仍然十分频繁。

有一件阿斯塔那518号墓所出《唐户史到何等名籍》，内容是：

户史到何卅六丁　[下残]
户史木素五十一　[下残]
弟乌你与卅二　[下残]
户康炎但七十九　[下残]
户石阿列交五十七　[下残]
户史演那卅七丁　[下残]
□曹槃囚卅四丁　[下残]

本件系一残片，但却反映了唐代入籍粟特人聚居的情形。

在一个乡的范围内，发现相当数量的粟特裔民聚居，则见于唐高昌县崇化乡。《唐神龙三年（707）高昌县崇化乡点籍样》① 共存97行，内

---

① 《吐鲁番出土文书》，第7册，第468页。

容为：

〔前缺〕

户主☐

  右件户☐

户主大女张慈善年廿一　中女

  口大小总二　　中女一　小女一

   右件户括附，田宅并未给受

户主康义集年二　小男

  口大小总二　小男一　小女一

   右件户括附，田宅并未给受

户主魏双尾年六十　老寡

   右件户括附，田宅并未给受

户主大女陈思香年卅　丁寡

  口大小总三　丁寡一　丁女一　黄女一

   右件户括附，田宅并未给受

户主小女曹阿面子年十三　小女

  口大小总二　小女二

   右件户括附，田宅并未给受

户主大女安胜娘年卅二　丁寡

   右件户括附，田宅并未给受

户主黄女安浮呦壹年二　黄女

   右件户括附，田宅并未给受

户主李丑奴年五　小男

安乐里

   右件户括附，田宅并未给受

户主康禄山年卅九　白丁

  口大小总九　丁男一　丁妻一　中妻一　小男二

       黄女一　中男一　丁妾一

       小女一　黄男一

　　　　合已受田九亩八十步
　户主康陀延年卅三　白丁
　　　　口大小总八　丁男一　丁妻一　小男二　小女一　黄男二
　　　　合已受田一十亩卅步
　户主康思义年九　小男
　　　　口大小总七　小男一　老寡一　寡妻一　丁女一　中女二
　　　　小女一
　　　　合已受田八亩卅步
　户主何莫潘年八十　职资
　　　　口大小总十一　老男一　老男妻一　丁男二　丁妻二　小妻二
　　　　小女二　黄女三
　　　　　丁男秃子年卅六　卫士
　　　　　丁男安宝年卅五　丁品子
　　　　合已受田廿五亩卅步
　户主康阿子年六十二　废疾
　　　　口大小总九　老男一　老男妻一　丁男二　老寡一　丁女三
　　　　小女三

　　　　　丁男射毗年卅七　卫士
　　　　　丁侄男婆解盆年五十　卫士
　　　　合已受田廿三亩卅步
　户主康迦卫年五十七　卫士
　　　　右件户逃满十年，田宅并退入还公
　户主安德忠年十三　小男
　　　　口大小总八　小男一　寡妻一　中女一　丁女二　黄男二
　　　　合已受田一十亩七十步
　户主大女康外何年六十八　老寡
　　　　口大小总三　老男一　丁女二
　　　　合已受田三亩卅步
　户主大女康那虔年七十二　老寡

口大小总四　老寡二　丁寡一　丁女一
　　合已受田七亩卅步
户主大女何无贺呥年七十一　老寡

　　　口大小总五　老寡一　丁女四
　　合已受田五亩卅步
户主石浮呥盆年六十六　老男
　　　口大小总三　老男一　老男妻　小女一
　　合已受田一十亩卅步
户主竹畔德年五十　卫士
　　　口大小总九　丁男二　寡妻一　丁妻一　小男一　小女三
　　　　　丁女一
　　　丁弟僧奴年卌二　卫士
　　合已受田一十七亩卅步
户主竹熊子年卅一　丁品子
　　　口大小总五　丁男　寡妻一　丁妻一　小男一　丁寡一
　　合已受田九亩九亩卅步
户主大女康阿丑年七十九　老寡
　　　口大小总四　老寡一　丁女一　小女一　黄女一
　　合已受田五亩卅步

户主石浮呥满年卌　卫士
　　　口大小总四　丁男一　丁妻一　小男一　小女一
　　合已受田一十亩卅步
户主大女阴阿孙年卅五　丁寡
　　合已受田五亩卅步
户主曹伏食年六十七
　　　口大小总八　老男二　丁妻一　小女二　中女一
　　　丁弟尸罗年六十　白丁
　　　口男僧师年廿　中男

合已受田一十二亩卅步
　户主曹莫盆年卌　卫士
　　　口大小总七　丁男
　　　合已受田一十三亩卅步
　户主康寿感年七　小男

　　　口大小总七　小男一　丁寡二　小女三　中女一
　　　合已受田八亩卅步
　户主康演潘年五十一　卫士
　　　口大小总八　丁男一　丁妻一　小男一　丁女一　小女二
　　　　　　　　　黄男一　黄女一
　　　合已受田一十亩卅步
　户主安义师年卌　卫士
　　　口大小总八　丁男一　丁寡一　丁妻一　小男二　丁女一
　　　　　　　　　小女二
　　　合已受田一十四卅步
　户主萧望仙年三　小男
　　　口大小总三　小男一　丁寡一　丁女一
　　　合已受田五亩七十步
　户主安善才年五十　勋官
　　　口大小总八　丁男三　丁妻二　丁女一　中男一　黄女一
　　　丁男难及年卌　卫士
　　　　　　〔后缺〕

　　本件残卷存数片，以上为拼合后最长之一片断。据此片可以考见：
　　第一，本件缝背有《高昌县崇化乡神龙三年点籍样》等字样。此"崇化乡"乡名与敦煌县"从化乡"（即沙州粟特人聚落所在地）乡名颇类似，与"归化"、"慕化"等语①含义一样，都指所谓归属于"王化"之意。在吐鲁番所出唐代乡帐中，我们看到从"蕃域"归朝的记载，

---

①　池田温：《8世纪中叶敦煌的粟特人聚落》。

64TKM1：28（a）、31（a）、37（1）（2）（b）号文书中有：

　　　　　(三)六人□
　　　　合当乡归朝总□
　　　　　六人并□
　　　　　　四人　男□
　　　　　　二人　妇女
　　合当乡良贱总四百廿七
　　　　　　　　〔后略〕

在唐代，从"蕃域"或"绝域"归化者，称为"投化"或"归朝"，免十年课役①。高昌县"崇化乡"乡名表明其为归朝人的聚居地。

第二，全部现存残卷中，存户主名46人，其中属昭武九姓者为24人，计：康姓10户、安姓6户、曹姓4户、何姓2户、石姓2户。其中，(安)浮呦、(康)陀延、(何)莫潘、(康)迦卫、(康)那虔、(何)无贺呦、(石)浮呦盆、浮呦满、(曹)伏食、(曹)莫盆、(康)演潘等，都是典型的胡风名字。其他胡姓白氏2户、竹氏(竺氏)2户。汉姓户18户，则胡姓户多于汉姓户，由此可推知崇化乡中存在着来自昭武九姓的粟特人聚落。

第三，24名粟特人户主中，6名为府兵"卫士"，2名为"职资"，1名为勋官。正如池田温先生所指出，"通过这件点籍样，不仅说明8世纪初粟特人移民入籍受田，而简点征发为府兵卫士者也很多"②。由于粟特人中羯胡善战，故贞观十四年唐管辖高昌后，一部分入籍受田的粟特人被编入府兵地团。

第四，康义集、曹阿面子、安胜娘、安浮呦四户系括附的逃户，而康迦卫(卫士)一户"逃满十年，田宅并退入还公"，则神龙三年之前十年此乡已有逃户。这从侧面说明，高昌崇化乡之粟特人聚落不应该形成于高宗武后之世，而应上溯到隋末唐初或突厥人控制高昌麴朝之世，大体在6—7世纪的两个世纪中，昭武九姓人中曾有过迁入敦煌吐鲁番及河西地

---

① 仁井田陞：《东亚诸国的固有法与继受法》，《中国法制史研究(法与习惯・法与道德)》，第18页，东京，1981年。
② 池田温：《吐鲁番汉文文书所见的外族》，《丝绸之路月刊》1978年2、3期合刊，第15页。

区的潮流。

从以上所述我们初步判定，唐初管辖西州后，以高昌县崇化乡的居民构成中九姓胡裔比重甚大的事实，说明当地存在着入籍粟特人的聚落。

二、麴氏高昌及唐西州未入籍粟特"商胡"

高昌麴朝时期，还有一批不著籍的粟特人"客胡"和"商胡"，他们是旅居高昌的侨民。

例如，《高昌昭武九姓胡人曹莫门陁等名籍》[①] 内容为：

〔前缺〕

1. 一人，奴一人，曹莫门陁一人，何□遮一人，曹　　莫毗一人，安木之一人，何沛沛知□□囚，何簿畔一人，何都伦一人，

2. 何阿火一人，穆钵息一人，曹枯庞一人，曹少类一人，康莫天一人，康婆颉骑知一人，曹浮类一人，曹

3. 阿揽一人，曹遮斤一人，曹阿鼓畔陀一人，奴二人，安虎木一人，何荫布一人，何枯庚绵一人，曹头　　六

4. 贪旱一人，伽那贪旱一人，曹莫毗一人，曹浮贺一人，曹莫毗一人，曹演莫一人，曹提始潘一人，

5. 曹□□一人，曹虎但一人，曹钵息一人，曹贺力一人，曹阿逻山一人，曹贺都一人，曹莫里一人，

6. 曹俾山一人，曹莫槃一人，曹阿鼓揄一人，曹莫□一人，曹摩䫻畔陀一人，曹阿揽延一人，曹

7. 浮夜门畔陀一人，曹那宁潘一人，曹鸟□□□、曹枯庚虔一人，曹莫之一人，曹

本件无纪年，同墓出有《高昌重光元年（620）随葬衣物疏》，则本名册为7世纪初年以前物。登录者均无女眷及子女，仅第一行某人携奴一人，第三行曹阿鼓畔陀携奴二人。我们从唐代文书中"兴胡"携奴同行并参与奴婢买卖推知，本件可能是"客胡"的名册。其中，曹姓33人、何姓

[①] 《吐鲁番出土文书》，第三册，第119页。

7人、康姓2人、安姓2人、穆姓1人，另有名"伽那贪旱"者，似为突厥人。

在高昌麹朝，未入籍的"客胡"、"兴胡"，没有担负调薪、租酒、酢酒、上马、供鞍等封建义务，但在贸易中必需担负商税，其中见于文书的有两种："称价钱"和"藏钱"。

"称价钱"见于《高昌内藏奏得称价钱帐》，现存74行，其第1～4行内容为：

1. 起正月一日，曹迦钵买银二斤与何卑尸屈，二人边得钱二文，即日曹易[婆]□
2. 买银二斤五两与康炎毗，二人边得钱二文。次二日翟陁头买金九两半，与
3. □显祐二人边[得]□。[次]三日，何阿陵遮买银五斤二两，与安婆□
4. □□□钱五文。即日，翟萨畔买香五百七十二斤，鍮石叁[拾]□

以下70行录文见《吐鲁番出土文书》第三册，第318～325页。本文引文的断句，参考了朱雷先生《麹氏高昌国的"称价钱"——麹朝税制零拾》一文的意见。如朱雷氏指出，此处的"买"即"卖"。如引文第1行，应理解为曹、何二人进行银子的交易，高昌国官吏向此买卖双方征收钱二文。朱文还对称价钱税率作了估算，如金的交易大约四至五两纳一文，银的交易每斤纳一文。兹参照朱文附表，改制一明细表如下：

品名	卖方	买方	数量	称价钱	税率
金	翟陁头（高车）	□显祐	9两半		1文/4～5两
	□顚	康莫毗多（粟特）	10两		
	□伦遮	供勤大官（突厥）	8两半	2文	
	曹遮信（粟特）	何刀（粟特）	9两	2文	
	康毕迦之（粟特）	车不吕多（车师）	4两		
	康那宁材（粟特）	曹诺提（粟特）		4文	

（续上表）

品名	卖方	买方	数量	称价钱	税率
银	曹迦钵（粟特）	何卑尸屈（粟特）	2斤	2文	1文/1斤
	曹易婆□（粟特）	康炎毗（粟特）	2斤5两	2文	
	何阿陵遮（粟特）	安婆□（粟特）	5斤2两	5文	
	翟陀头（高车）	何阿伦遮（粟特）	8斤1两		
	康□□（粟特）	何刀胡迦（粟特）	2斤1两		
	□顺	何破延（粟特）	2斤	2文	
丝	□顛	康莫毗多（粟特）	50斤		1文/10斤
	康□圖迦（粟特）	康显愿（粟特）	10斤	1文	
	何刀（粟特）	□迦门胅（龟兹）	80斤	8文	
	车不吕多（车师）	白迦门胅（龟兹）	60斤	3文	
香	翟萨畔（高车）		572斤		约1文/40斤
	康不里冕（粟特）	康婆何畔陀（粟特）	252斤		
	□射蜜畔陀	康炎颇（粟特）	362斤		
		□有尼屈量	52斤	1文	
	康牛何畔陀	康莫至（粟特）	800斤 65□斤		
	□圇	何炙（粟特）	172斤	4文	
		康炎延（粟特）	92斤	2文	
	安符夜门延（粟特）	安符夜门遮（粟特）	33斤	8文	
郁金根	康乌圖畔陀（粟特）	圃不吕多（车师）	87斤	1文	约1文/100斤
硇砂	安□□（粟特）	康炎（粟特）	172斤		约1文/50斤
	曹破延（粟特）	圃那宁圃（粟特）	50斤		
	□射蜜畔陀	康炎顛（粟特）	241斤		
	白妹（龟兹）	康阿揽牛延（粟特）	11斤		
	康妹（粟特）	石莫□（粟特）	251斤	6文	
	康牛何畔陀（粟特）	康莫至（粟特）	201斤		

（续上表）

品名	卖方	买方	数量	称价钱	税率
铜	曹破延（粟特）	囡那宁囲（粟特）	41 斤		
鍮石	翟萨畔（高车）		30 + x 斤		
药	康夜虔（粟特）	宁祐憙（土著）	144 斤		
石蜜			31 斤		

上表所列高车、车师，均指其裔民。毫无疑问，在高昌麴朝，高车和车师的政治实体早已不存。朱雷先生前揭文对本文书所见税率有详细推算，并对货物类别及丝绸之路贸易特点有重要论证。本文仅补充两点。

一点是，文书反映了粟特人在高昌等地丝绸之路中继贸易中的重要作用。

在漫长的丝绸之路上，丝路贸易乃是一种接力式的中继贸易①。"兴胡"、"客胡"、队商依贩运能力、市场价格等因素，在各贸易中继站买进抛出。

本件中出现大量粟特人，其中，康姓16人次、何姓10人次、曹姓6人次、安姓5人次、石姓1人次。在上表所列35项交易中，因文书残缺而无买卖双方姓名者2项。双方中至少有一方为粟特人者29项，其中双方均系粟特人者13项，可见，中继贸易中的转手买卖，大部分均为粟特人（包括入籍、未入籍两类）参加。

如：何刀其人三月廿四日从曹遮信处买金九两，四月廿二日出卖丝八十斤与（白）迦门胁。何刀当为贩卖丝的商人。

又如：康炎颠一次购进香三百六十二斤、硇砂二百四十一斤，康莫至一次购入香陆百五十余斤，硇砂式百零一斤。这两种物资都是由西向东贩运的商品，说明粟特人在高昌这个贸易中继站进行着进一步向东转运或买进后再抛出的商业活动。

另一点是，文书反映了高昌王室"内臧"对进出口贸易的直接管理，反映出"称价钱"是作为王室收入的进出口贸易管理附加税。

北朝时期，市邑置有"市称"。如《魏书·食货志》云："其京邑

---

① 松田寿男：《丝绸之路论》；长泽和俊：《五代宋初河西地区的中继贸易》，松田寿男博士古稀纪念出版委员会编《东西文化交流史》，东京，1975年。

二市，天下州镇郡县之市，各执二称，悬于市门，私民所用之称，皆准市称以定轻重。"高昌麴朝多承北朝制度，高昌市邑亦应有"市称"之设。本文书所记商品有贵金属、丝、稀有矿产和香药四类，进出口时买卖双方以官府"市称"计算重量，由此形成"称价钱"。又如本件文书中有：

起九月十六日至到廿九日，无称价钱。
囯十月一日至到十五日，无称价钱。

这种停顿，说明文书反映的不是日常进行的一般交易，而是主要由胡商参与的输入、输出贸易。文书中又有：

都合得钱一百肆拾柒文
□岁正月十五日内藏　　奏

如朱雷先生在前揭文中指出："藏者，库西藏也，但是它区别于封建政府系统的税收机构，而属于所谓'御府禁藏'（《汉书·食货志》），即王室所有的机构。"朱雷先生这一论断是十分正确的。

我们知道，秦汉财政收支有"司农"和"少府"（小藏）的区别①。司农收支用于一般国计，而少府则用于天子及各级官员的供养。少府的来源在秦代是山泽市井之税之人口税。《史记·平准书》云："而山川园池市井租税之人，自天子以至封君汤沐邑，皆各为私奉养焉，不领于天下之经费。"卫宏《汉官旧仪》云："山泽鱼盐市税，以给私目。"

因此，高昌"内藏"之设，是继承秦汉以来"少府"（"少内"、"小藏"）、"私府"制度，是高昌国王的"藏钱之府"，供高昌王室开支，而"市税"即此种"内藏"来源之一。高昌王室及其"内藏"因而也直接管理胡商进行的进出口贸易。

除"称价钱"外，"藏钱"是高昌自商胡收纳的另一种税收。

如67TAM84：20《高昌条列出藏钱文数残奏》（第二册，第207～208页），第9～11行：

---

① 杨宽：《从"少府"职掌看秦汉封建统治者的经济特权》，《秦汉史论丛》第一辑，陕西人民出版社1981年版。

　　　　　　红锦二匹，平钱九十文。祁守义提婆锦□□□
　　　　　　□文。商胡握庚延出臧钱一百五十七□文□
　　　　　　□臧尽。赵武噂□文□

可知商胡需交纳"臧钱"。除商胡外，其他居民在参加交易时也交纳"臧钱"。可见，"臧钱"应是包括商胡在内的各种民户交纳的商税。又如60TAM337：11/37《高昌康鸡□等入银钱帐》中有"官臧银钱拾叁文半"的记载，可知"臧钱"往往以银钱交纳。这种市税当然也是用于供养高昌王室的。

在高昌麴朝，未入籍的"客胡"、"兴胡"在滞留期间，一般都住在"官馆"里，有时受到使团人员或准使团人员的待遇。

如《高昌众保等传供粮食帐》中有：

　　　五日，将天奴传，付康苟扫、张阿祐二人
　　　面三斛供何国王儿奚□□□

可知何国（Kushaniyah）国王之子是一住在客馆中的高级"客胡"（第二册，第283页）。同件中有"康典□经竟（境）食"，当指客胡康氏过境在客馆逗留事。同件中的康苟扫则是客馆中的吏员。康苟扫又见于《高昌令狐等传供食帐》（第三册，第261页）。"苟扫"一名又见于《高昌付思相等粗细粮用帐》，其中有"三斗，付宋谦忠，供康客儿客"（第二册，第296页）。

"客胡"、"商胡"中一部分人可能是以朝贡形式进行贸易的商胡。如《高昌重光三年（622）条列虎牙汜某等传供食帐二》（第三册，第171页）中有："康将，市肉叁节，自死肉十二节，面一斛五斗，供客胡十五人赏。"这些得到回偿的客胡，当进行了某种贡纳。

唐代未入籍粟特人"商胡"，同高麴朝时期一样，必须交纳商税，并住在客馆或邸店。《新唐书·西域传》下《赞》云："开元盛时，税西域商胡以供四镇，出北道者纳赋轮台。"唐代吐鲁番地区有"供客诸馆"[①]。交通

[①] 池田温：《唐开元十九年（731）正月至三月西州天山县到来符帖目》，《中国古代籍帐研究》，第361页。

要路上多有馆驿①。吐鲁番文书中有多件有关"北馆"的记载②。又73TAM506：4/14—9号《唐蒋玄其等领钱练抄》有"大练伍疋充客使停料"等记载。文书中亦见有"邸店"等，未入籍粟特商胡当住在这类客馆邸店之中。

在吐鲁番所出的法律文书中，可以看见著籍与不著籍两类粟特人在法律上的不同地位。著籍粟特人称为"当州百姓"、"庭州根民"、"都护人"、"当县夷胡户"等，他们有权受田进丁，同时也有赋役、兵役等封建义务，在刑事诉讼中按唐律判决。而不著籍粟特人在法律上视为"化外之人"，同类人之间犯罪问题按粟特法量处，与其他类人相犯，则按唐律判处③。

如64TAM35：21《唐咸亨四年（673）西州前庭府杜队正买驼契》，内容是：

咸亨四年十二月十二日，西州前庭府队正杜☒
交用练十肆疋，于康国兴生胡康乌破☒☒
买取黄敦驼壹头，年十岁，其驼及练即
交想（相）付了。若驼有人寒盗☒☒
者，一仰本主及保人酬当，杜悉不知。叁日不食水草，得还本主。待保未集，且立私契，保人集，别市契。两和立契，获指☒（为）验。

　　　　驼主康乌｜破｜延
　　　　买驼人杜
　　　　保人都护人敦
　　　　保人同乡人康｜莫遮｜｜
　　　　知见人张轨端

本件中，驼主为康国"兴生胡"，兴生意指兴治生产经商者。来自康国的康乌破延，所卖商品为黄敦驼，"敦"即"䑝"，指阉过之驼。买主为西

---

① 池田温：《唐天宝十三或十四载（754—755）交河郡郡坊草料帐》，《中国古代籍帐研究》，第487页。

② 大庭修：《吐鲁番出土北馆文书——中国驿传制度史资料》、《西域文化研究第二，敦煌吐鲁番社会经济资料》，京都，1959年。

③ 仁井田陞：《中国法制史研究（法与习惯·法与道德）》，第20页。

州百姓，保人为"都护人"即安西都护府管内人。

来西州的商胡粟特人，往往请在当地著籍的粟特百姓担保。73TAM509：8/12－2《唐开元十九年（731）兴胡米禄山卖婢市券抄件》①，内容是：

开元拾玖年弍月　日，得兴胡米禄山辞，今将婢失　满儿年拾壹，于西州市出卖与京兆府金城县人唐荣，得　练四拾足。其婢及练即日分付了，请给买人市券者，准　状勘责，问口承贱不虚。又责得保人石曹主等五人款，保　不是寒良诇诱等色者，勘责状同，依给买人市券。

用西州都督府印　　　练主
　　　　　　　　　　婢主兴胡米禄山
　　　　　　　　　　婢　失满儿年拾弍
　　　　　　　　　　保人　高昌县石曹主年卌六
　　同元　　　　　　保人　同县曹娑堪年卌八
　　　　　　　　　　保人　同县康薄鼻年五十五
　　　　　　　　　　保人　寄住康萨登年五十九
　　　　　　　　　　保人　高昌县罗易没年五十九
丞上柱国玄亮　　　　史
　　　　　　　　　　　券
　　　　　　　　　　史竹无冬

本件系一"市券"的抄件，所记"用西州都督府印"即说明原件用印情况，"同元"指本抄件同原件。《唐六典·两京诸市署》条谓市署"以三价均市"，"奴婢牛马立券"。本件即出卖奴婢的市券抄件。保人石曹主、曹娑堪、康薄鼻都是高昌县著籍的粟特人，康萨登则是在高昌县寄住的粟特人。中村不折藏唐开元二十九年六月家畜买卖文书中有"兴胡安忽娑"及"保人安失护"②。

未入籍的粟特人兴胡，也可以"保人"身份出现在法律文书中，如

---

① 《吐鲁番出土文书》，第九册，第26页。
② 仁井田陞：《唐宋法律文书》，图版第三，东京文化学院东京研究所，1937年。

73TAM509：8/10《唐开元二十一年（733）石染典买马契》中①，"练主"即买方为"西州百姓石染典"，以大练十八匹买马一匹，文书署名部分中有："马主　别将康思礼年卅四。保人兴胡罗世郎年卅。保人兴胡安达汉年卅五。保人西州百姓石早寒年五十。"由此可知，"兴胡"身份不同于"西州百姓"，亦即未著籍。从"兴胡"可以在市场上为人担保，可知"兴胡"在地方上亦当进行了一定登记手续，并有相当的资产，否则难以作为担保人在契券等法律文书中出现。

唐代法律上有"藩域"和"绝域"及"内地"之分。粟特在波斯以东，属"藩域"②。唐朝对进出口贸易实际上是严密控制的。外藩与缘边互市只能由官方管理，如《白氏六帖·事类集》引唐《关市令》说："诸外蕃与缘边互市，比令互官检校其市，官司先于蕃人对定物价，然后交易。"这是说互市贸易由官司定价，在指定范围内所获物资允许出口；另外，以朝贡形式进行的贸易，以鸿胪寺"酬答"③及朝廷"赐"的形式给予的，也可以出口。

在此范围以外，未入籍兴胡在内地贸易所获物资并不允许随意出口。如S.1344号《开元户部格断简》中有云："敕：诸蕃商胡若有驼逐，任于内地兴易，不得入蕃。仍令边州关津镇戍严加捕捉。其贯属西、庭、伊等州府者，验有公文，听于本贯已东来往。"④又根据关市令，锦、绫、罗、縠、䌷、绵、绢、丝、布及牦牛尾、真珠、金、银、铁，均禁止携出西北边关。由此可见，两类粟特人在实际贸易中又可区分为三种情况。

第一种，未入籍粟特商胡，经互市官及鸿胪寺特许，可将"互市"所得及受赐货物出口。

第二种，未入籍粟特商胡，可以在内地进行贸易，但所得货物未经许可不得随意出口。

第三种，已入籍粟特人，其籍贯属西州、庭州、伊州等州者，持有"公验"者可在著籍本贯以东进行贸易。

如，73ATM221：5《唐贞观二十二年（648）庭州人米巡职辞为请公

---

① 《吐鲁番出土文书》，第九册，第48页。
② 《唐会要》卷一〇〇《杂录》。
③ 见《白氏六帖事类集》卷二二蛮夷贡赋二六引唐《主客式》。
④ 仁井堕《唐律令及格的新资料——斯坦因敦煌文献》，《中国法制史研究（法与习惯·法与道德）》，第286页。

验事》①，其内容是：

> 贞观卅三□庭州人米巡职辞
> 　　米巡职，年叁拾　　奴哥多弥施，年拾伍
> 　　婢娑匐，年拾贰　　驼壹头黄铁勒敦捌岁
> 　　羊拾伍口
> 州司：巡职今将上件奴婢驼等，望于西
> 州市易，恐所在烽塞，不练来由，请乞
> 公验。请裁，谨辞。
> 　　巡职庭州根民，使往
> 　　西州市易，所在烽
> 　　塞勘放，怀信白。
> 　　　　廿一日。

米巡职出自昭武九姓米姓。米国即 Maymurgh。但米巡职已著籍，本贯为庭州，故称"庭州根民"，取得公验（旅行身份证明）后，可在庭州以东兴易。

综上看来，两类粟特人在刑法、贸易法上的法律地位是确不相同的。

尽管两类粟特人法律地位不同，但在整个丝路贸易中，两类粟特人都同样起着其他民族队商与内地交易的中介作用。由于粟特语是国际通行的商业语言，也由于粟特人外语知识丰富，他们经常充当译员。如《唐译语人何德力代书突骑施首领多亥达干收领马价抄》②内容是：

```
1  □钱式拾贯肆伯文
2     右酬首领多亥达干马叁足直。
3     十二月十一付突骑施首领多亥达
4     干领。
5         译语人　何德力
```

译员粟特人何德力代理突骑施首领多亥达干签署收条。由此可见，粟特人是丝路贸易中起着相当作用的贸易中介。

---

① 《吐鲁番出土文书》，第七册，第8～9页。
② 《吐鲁番出土文书》，第八册，第87页。

以上，我们讨论了吐鲁番地区两类粟特人的情况。以下，转入敦煌地区有关情况的探讨。

三、敦煌的粟特人聚落与两类粟特人

敦煌城东安城及从化乡的粟特人聚落，是池田温先生首先发现的。由于在国内不易读到池田先生《8世纪中叶敦煌的粟特人聚落》一文，兹将此一大著之主旨介绍如下。

池田先生指出：敦煌伊兰系居民聚落存在的事实，一直可以由以下两点明了。第一点是敦煌地区的安城有一袄教神殿。第二点是在敦煌县得知有伊兰系居民聚居的从化乡。

沙州文书中，所谓"城东袄"或"安城袄"用称同一神祠。安城，藤枝晃氏理解为安国（Bokhara）出身者的居留地。魏礼氏（A. Waley）考虑到安城可能是安氏筑造之城。池田先生指出，然而安城之名，有可能是包含希冀安定、平安的汉名，特别是敦煌西边的罗布诺尔西南，7世纪康国（Samarkand）大首领所率集团移住并建筑诸城，名为典合城（石城镇）、七屯城、新城（弩支城）、蒲桃城、萨毗城，考虑到这里绝无称为康城的例子，应该说把安城与安国、安姓联系起来是十分困难的。

至9世纪，安城火袄又加入到年终追傩此种纯粹汉族风俗中去。通观诸种资料，考论袄祠的变迁，恐怕自8世纪末以降，祀袄主要是中国人以中国式仪礼进行祭祀。从而，如以袄神为背景考察伊兰人的聚落，其年代当应限定于8世纪中叶以前。

池田温先生发现在P.3559（c）《从化乡天宝十载（751）前后的差科簿》中，从化乡民载有236人，22姓。人数较多的康、安、石、曹四姓占全人数六成。其次加上罗、何、米、贺、史五姓，共占全人数九成。康氏源自康国，安氏源自安国，石氏源自石国，曹氏源自曹国，何氏源自何国，米氏源自米国，史氏源自史国，贺氏恐怕是粟特地区的贺国所出身，罗氏或系粟特南方相邻的吐火罗（睹货逻）国所出身。据此，从化乡的居民，多数系由粟特，一部分是由吐火罗方面移住的伊兰民族乃至其后裔。

从化乡差科簿中除胡姓外又具有胡风名字的约100人。其中如：罗阿铛、康阿揽延、罗阿了黑山、石阿禄山、安边庭、石毕娑、安薄鼻、康薄

鼻、贺薄鼻、石勃帝忿、康不弄、罗锴娑、安达汉、罗达数番、罗特憗、安咄迦、曹咄利支、曹忿、石忿鼻（2 人同名）、石忿特、康伏帝番、何伏帝忿、康伏帝忿、曹伏帝延、安伏帝延、罗伏帝延、康伏多、何伏罗勒、何伏稍、康伏吐忿、罗拂舡、康拂舡、史佛舡、石拂罗坛、米拂耽延、康河诃、安胡数芬、康火拔、安忽娑、康迦舡、安加沙、石羯槎、康羯槎、康羯师范、康羯师忿、米褐厎、石俱罗、米离失、曹罗汉陀、曹米毡、曹磨色多、石磨娑、罗磨娑、何莫贺咄、康莫论、安能迦、何尼尼、曹宁力、罗宁宁忿、安盘陀、石普火邎、曹染磨、安沙厎、安射勿盘陀、石失忿、罗湿数延、安数鼻、罗数延、安数延、罗顺陀、康思计延、安苏密、贺吐屯、石突昏、安突昏、康无达延、罗乌湿、康乌苏密、安勿多、罗勿沙、曹悉加耽延、康悉迦支、米炎帝、米炎帝越、石延陀、安也舡、安也希、曹引吐迦宁、康逸斤、石裕娑、康裕娑、康者羯、康之目延、康主磨、何主煞、康□支等。

其中如"阿了黑山"或"阿禄山"当系享宁所拟 rwxsn 的对音。"拂耽延"享宁拟为 'prtmy'n，"者羯"或是马迦特（J. Marquart）所拟 Tchâkar。池田先生又注明，勃帝忿为 βγtym'n，"特憗"为突厥语 Tigin，"达汉"为突厥语 Tarqan，"忿"为 β'n，"伏帝延"为 pwty'n，拂罗坛为 wrδ'n，"磨娑"为 mwš'kk，"莫贺咄"为突厥语 Baratur，"宁宁忿"为 nnyprn，"吐屯"为突厥语 Tudun，"乌苏密"为突厥语 Ozmiš，"乌悉多"为 wyšδt 't，"逸斤"为突厥语 Irkin，"无达延"或为 wrδy'n？。

从化乡差科簿中胡姓而取汉风名字者为 111 人，胡姓而名字不能断定为胡名或汉名者为 25 人。

关于这一聚落的位置，池田先生认为，神祠所在的安城与作为唐行政区划的从化乡，或可认为是同一实体的异名。如安城的称呼所示，他们系城居，并有唐朝乡里编制，其中三个里之一在文书中记为"慕道里"。聚落中有 4 个以上的村。粟特人这一聚落的位置，正好是州城驿的邻接点，据《沙州都督府图经》，州城驿在城东 200 步（约 300 米），是沙州交通的核心，可以看出，粟特人与通商紧密相关，其移住的基本动机是贸易活动。池田先生的结论是：称为安城而编制为从化乡的粟特人聚落，其地点在敦煌县（沙州）城东 500 米处。

敦煌这一粟特人聚落形成的由来，无直接资料可据。据池田先生分析，第一，7 世纪初隋炀帝大规模招来胡族，可以认为是粟特商人大举东进的重要契机。第二，7世纪后半期粟特人在伊斯兰的迫使下逃亡东方。第三，贞观年间（627—649）由康国大首领康艳典率领的集团移住于敦煌西边1500余里的石城镇。综上而论，敦煌粟特人聚落的形成，约以隋至初唐为上限，以7世纪中叶为下限。

池田先生还论述了聚落的机能，指出"从化"在纯粹的汉语中是依从王化之意。归化、慕化等语，用以指胡族归属依附中华的行为。此一乡名，系在此粟特人聚落编制为乡里之时，依据汉人的中华意识而命名。这样，居民们期待着与一般汉人相等的权利和唐朝的庇护。唐朝对胡族与汉人的贸易有严格的限制。据唐代《主客式》，蕃客入朝途中禁止与人民交涉。作为"兴胡"的胡商，私下仍与汉人贸易。考虑到兴胡的活动，推测既已编附为百姓的从化乡居民，大体是扮演媒介者的角色。

池田先生还讨论了敦煌从化乡粟特人聚落的消失。从化乡一名最晚见于乾元二年（759）的官卖度牒文书。安城祆神到10世纪仍存，可以认为，其建筑物虽存，但原有居民的子孙已经离散，戌年吐蕃时期寺户名簿表明，有的粟特人聚落的子孙已隶属于寺院而被役使。池田先生认为，8世纪末吐蕃占领敦煌时，这一聚落已经消失，离散后有力量者前往粟特或回鹘地区，若干留下来的后裔则依附于汉人寺院。这一聚落的寿命凡百数十年，不出五六代人。

池田先生的结语指出：推测安城粟特人聚落出现于7世纪前半期，其时通过与汉人的通婚及定居而实行了汉化。成为唐朝公民的聚落居民的最大作用，是作为通商交易的中介人而维护粟特人的利益。8世纪中叶，粟特本土政情不安，坦逻斯战所见的粟特诸国与唐的对立、唐的内乱、吐蕃占领河西，助长了聚落居民离散的倾向。可以认为，敦煌粟特人聚落的消长，也暗示了罗布泊和伊州粟特人聚落的命运，进而正面地显示了经由河西走廊的中国与中央亚细亚的交通的历史动向。

近年来池田先生又指出日本龙谷大学图书馆所藏之大谷一四〇一号文书①是最早出现从化乡名称的文书，内容为：

1　□□□子　总　　张令端
2　□□□叔　　从化乡百□□□

---

① 小田义久：《大谷文书》，第1卷，第53页，图版第118页。

3　　　　　□□之节等□□□
〔后缺〕

1989年，陈国灿先生撰文指出，根据吐鲁番阿斯塔那225号墓所出文书所记，张令端曾在沙州豆卢军任子总管，卒于任后，归葬西州张氏家族墓地，并推测张令端入葬在唐景龙（707—710）以后。《敦煌县录事董文彻牒》证明长安三年（703）三月尚无从化乡，因此这件记载从化乡的残文书只能是长安三年以后至景龙间的文书。

陈先生指出，神龙二年（706）十二月西突厥故将阿史那阙啜忠节，与西突厥首领娑葛屡相攻击。景龙元年（707）顷，阙啜勒兵攻于阗、坎城。"原居于且末河流域的昭武九姓胡人，在受到阙啜的暴力威胁时，迅速逃往敦煌以求得沙州刺史保护。沙州官府把这大批避难而来的胡人当作慕义来归、从化内附者，在敦煌划出地域加以安置，并建乡设制、编入户籍。这恐怕就是从化乡的由来，其时约在景龙元年（707）。"①

以上所论都是在敦煌著籍的粟特住民，敦煌所见未著籍的粟特商胡，则可上溯到斯坦因1907年在敦煌以西汉代烽火台所发现的5件粟特文完整的书信及若干断片，莱赫尔德（Reichelt Ⅱ）将之编号为A51至A58，共8号。

近年哈尔玛达（J. Harmatta）重译了A52号书简，其中多次提到敦煌，如（括号内数字为原简行数）：

(23) 我们自敦煌（δrw″n）去金城（kmzym），销售大麻织品、毛毡（毯）。
(24) 有钱有米酒的人，到处都站得住，其时
(25) 我们卖出了 x + 4 件织品与毛毡。
(26) 殿下，就我们而言，我们希望
(27) 在金城至敦煌的商业信用，
(28) 尽可能保持长久。……

又如：

(38) ……我又派纳锡安（Nasyān）去敦煌（δrw″n）

---

① 陈国灿：《唐五代敦煌县乡里制的演变》，《敦煌研究》1989年3期。

(39) 后来他离华，旋又返回，现又离去，已与我告别。

再如：

(57) 我复派范拉兹玛（Vanrazmaγ）去敦煌（δrw″n），

(58) 为取 32 袋麝香，此系我本人所得。他将会以此交给你，收到后

(59) 分为五份。塔赫西茨班达（Taxsičβandaγ）取三份，皮阿克（PIθāk）一份，你一份①。

关于此件文书的年代，众说纷纭②，现有认为属于东汉末（2 世纪至 3 世纪之交）③ 及西晋末④等多种意见。

从这一书简看出，粟特人商队以姑臧（今甘肃武威）为集结地，前往洛阳、金城、敦煌各地，其商队在一处驻有 100 名粟特人，另一城驻有 42 人，其卖出货物为大麻织品、毛毡等，其购入品为丝绸、麝香等，其通货为银钱。从前述粟特人纳锡安自敦煌离开中国国境旋又返回，说明他们是来往于中国国境内外的未著籍粟特商胡。

另一封书简似从姑臧寄出，其中言及葡萄酒、胡椒、米的价格，通货亦用银钱⑤。

A51，是一个女儿写给母亲的信，叹息敦煌生活之苦，A53 是同一人写给其丈夫的信，怒言"作尔妻苦也"。两封信为同一人寄出，当自敦煌寄往故乡撒马尔汗（sm'rknδn）⑥。这都是敦煌存在着未入籍粟特人的确证。

最后，试根据敦煌汉文文书中的资料，补述吐蕃管辖以后沙州粟特人

---

① J. 哈尔玛塔：《伊斯兰化前中亚史粟特语史料》，见《伊斯兰化前中亚史研究资料导论》，布达佩斯，1979 年。

② W. B. 亨宁：《粟特古代书信的年代》，《伦敦大学东方与非洲学院通报》第 12 卷，1948 年。

③ 林梅村：《敦煌出土粟特文古书信的断代问题》，1985 年敦煌吐鲁番学术讨论会论文；黄振华：《粟特文及其文献》，《中国民族古文字》，1982 年。

④ 陈国灿：《敦煌所出粟特文信札的书写地点和时间问题》，《魏晋南北朝隋唐史资料》第七期，武汉大学，1985 年；F. Grenet、N. Sims-Williams：《粟特古代书信的历史年代范围》，载《伊朗历史的过渡期》（《伊朗学研究 5》），1987 年。

⑤ 榎一雄：《外国人记录所见的敦煌》，《敦煌讲座》Ⅰ，《敦煌的自然与现状》，第 274 页，东京，1980 年。

⑥ 吉田丰：《粟特语文献》，《敦煌讲座》Ⅵ，《敦煌胡语文献》，第 202 页。

的动向。

在吐蕃管辖时期，若干粟特裔民仍具有丝路商人的色彩，如 P. 2912 号《某年四月八日康秀华写经施入疏》：

```
1  写大般若经一部，施银盘子叁枚共卅五两
2  麦壹伯硕  粟伍拾硕  粉肆斤
3    右施上件物写经，谨请
4    炫和尚收掌货卖，充写经
5    直，纸墨笔自供足，谨疏。
6          四月八日弟子康秀华
```

据同号文书中，有23行中有炫和尚签字的出卖胡粉的记录，"胡粉半两准麦两石"至两石五斗，则四斤胡粉折合麦128～160石。胡粉是一种化妆品，也是丝路上的一种进口货物。

又据 S. 2228 文书，吐蕃时期"丝绵部落"中的著籍者，如安佛奴、康通信、康友子、曹保德、康再兴、安善奴、米屯屯等为粟特人。某部落中有石季季、石专专、米和和、米奴子、安保真等。S. 5824 号文书中，行人部落中有康进进、安国子。

归义军时期应仍有许多粟特裔民，如 P. 5038 号《丙午年九月一日纳磨草人名目》中有安赤颜、石章友、安员信、史怀位、安瘦儿、安善安、曹保儿、安保定、石集儿、石他悉宾、安再庆、安山住、康再达、康神奴、石集儿、石流住、曹安三、安员遂等。P. 5038 号《欠柴草人名》中有曹流憨、安和胜等。

在归义军时期，出自康氏、安氏、和氏的粟特裔民，担任押衙一类职务。如 P. 3146 号背《辛巳年（981）八月三日衙前子弟州词及翻头留残祇衙人数》中有安愿成、安全子、何员昌、何再定、康富定、史再富等。P. 3721 号《己卯年十一月二十六日冬至日断官员》中有安来兴、安速朱丹、安富昌、安愿长、康再升、康愿通、康得友、康保定等。P. 3721 号《庚辰年正月十五日夜见在巡礼都官》中有石进盈、安文清、石胜定、安永文、曹丑奴、米富兴等。P. 4660 号有《康通信邈真赞》，同号记"康使君""族氏豪宗"。可见，著籍粟特裔民长期活跃于沙州。

四、敦煌、吐鲁番两地两类粟特人状况的比较

敦煌地区的本时期两类粟特人状况，详见池田温先生《8世纪中叶敦煌的粟特人聚落》一文。这里，仅将以上所述吐鲁番情况与敦煌地区作一简略的比较：

第一，在敦煌及吐鲁番地区，在很早时期就已出现未著籍的粟特人商人。

敦煌地区的粟特商业居民或上溯到4世纪西晋永嘉之乱后，敦煌所出著名粟特文书简中，记明粟特商人由敦煌来到金城，卖出麻布、毛毯等，收到香料若干，并向粟特国内发出绢帛若干①。

在吐鲁番地区，如前述高昌麴朝的祠部文书中，有"萨薄"一职，此即"萨宝"。高昌麴朝"萨薄"一职的发现，也说明吐鲁番地区在五六世纪已有粟特队商。

第二，在敦煌、吐鲁番两地都有入籍粟特人的聚落。在敦煌，如池田温先生考证，敦煌县从化乡及其他的安城，是为入籍特人的聚落。本文以为，在唐西州高昌县的崇化乡，也存在着同样的粟特人聚落。

第三，敦煌、吐鲁番在7世纪以前，都曾是白银通货的流通区。而活跃在丝绸之路上的商业民族粟特人是银钱流通的推行者。敦煌所出另一件粟特文书简中，言及葡萄酒、胡椒、米的价格，并记明使用银币②。吐鲁番粟特商人所交纳"称价钱"及"臧钱"亦以银钱为单位。

为了更进一步地说明粟特人在敦煌、吐鲁番商业贸易中所起的作用，我们不妨转入对两地区本时期与此相关的银币流通问题的讨论。

敦煌、吐鲁番的流通经济与"白银之路"上的粟特人

4—7世纪，从波斯以东到中国河西走廊，流行银通货。《隋书·食货志》云："河西诸郡，或用西域金银之钱，而官不禁。"虽可能有本地铸

---

① 榎一雄：《外国人记录所见的敦煌》，《敦煌讲座》Ⅰ，《敦煌的自然与现状》，第269~270页，东京，1980年。

② 同上书，第274页。

造的钱币流通，但是，萨珊波斯银币和部分西域银币仍起着国际通货的作用。值得注意的是，敦煌、吐鲁番银通货的流行与国际商业民族粟特人有关。

一、7世纪前的敦煌、吐鲁番地区与粟特地区的银币流通

至7世纪末，西州直至西边的安西、疏勒一带，在货币流通方面，钱帛兼行。而钱货方面，又是银钱与铜钱兼行。

阿斯塔4号墓所出唐高宗朝文书《唐支用钱练帐一》①，其中可举出如数项支出：

> 更钱八文，亦用餧胡乍城。
> 用钱拾文，幢□□餧麦。用麦造粮据史德城。
> 更练一疋，曹师边用餧蹢。
> 用一疋，餧赳迴来河头。
> 用一疋，曹愿住处买羊。
> ……住内拨换城。用练半疋，餧米。买婢，阙练一疋。
> 更用同（铜）钱六文，餧麦。
> 用银钱二文买一脚肉。更用钱廿一文买赵。
> 安校尉下，银钱六文，铜钱卅一文。

本件为一残卷，故仅选录若干片段。从中可知当时拨换城（今阿克苏）和据史德城（今巴楚东北）一带，帛练、银钱、铜钱同时都作为通货使用。丁福保《古钱大辞典》谓有"高昌吉利"银钱②。"高昌吉利"钱目前已发现十余枚，但质地不详③。而当时内地并不流行银币，敦煌、吐鲁番却流行银币，其原因与以粟特人为大宗的西域商胡有关。

粟特地区早已流行波斯银币。嗣后又按照波斯Baharam五世（421—438年在位）银币样式仿造。关于此种仿币的制作年代，学者中有两种意

---

① 《吐鲁番出土文书》，第六册，第434页。
② 丁福保：《古钱大辞典》下编，十画，第303页。略谓，据张丹斧（丹翁）报道，袁世凯之子寒云公子及董康等人曾收藏此钱。又据《泉汇》所载，谓是高昌国铸，而未详时代。
③ 《新疆钱币》，新疆美术摄影出版社、香港文化教育出版社1991年版。

见。巴尔托里德认为，粟特 5 世纪已制造此币；维克则认为此种钱币始造于 7 世纪。这种钱币系银铜合金，银约占八成，铸造于安国①。大抵 5—8 世纪前半期，粟特一直流行此种银币。

1932 年春，原苏联塔吉克共和国哈衣拉巴德·扎赫马塔巴德省卡尔阿衣穆克城堡废址中，曾发现粟特文文书，一般称为"穆格山文书"。它们是 8 世纪初叶粟特王公档案的遗留。文书中不止一次提到银币。如 A5 号文书②中有（数字表示文书中的行数）：

    1 这些银钱中，付 βγr ['ʾβ] trč 马价
    2 二百（银钱）……
    6 付 wyšyčh 靴价二银钱
    12……付纸、绢价八银钱
    26……付 rywč 屋价一百银钱
    27 付典礼官十五银钱

B8 号文书③是一件 707 年或 708 年购买土地的法律文书，其中第 6～11 行内容为：

    阿斯曼恰之子马赫契与赫舒姆万达克，自伐伦洪达之子施尔瓦格恰及沙马伏沙拉卡边，买别什胡瓦德地方沼泽旁地半段，附道路、菜园（?）。栏栅内地段付二十五银钱。

另外，B14 号文书记载了一笔一百万银钱的数目。本件是致哈哈沙尔"德黑干"（领主）的信件，这笔巨款或许是给阿拉伯人的贡纳。

总之，5—8 世纪前半期，粟特人使用波斯银币及本地制造的银钱，这些银币应被带到敦煌和吐鲁番地区。它们与可能有的本地银钱一起流通。

敦煌、吐鲁番地区受波斯及粟特影响流通银币，是有其内在原因的。

---

① V. V. 巴尔托里德：《蒙古入侵时代的突厥斯坦》，《巴尔托里德文集》，第Ⅰ卷，第 262～265 页，参见 O. I. 斯米尔诺娃：《粟特史纲》，第 156 页。
② M. N. 波哥留波夫，O. I. 斯米尔诺娃，《穆格山粟特文书》第三册，《经济文书》，第 51～52 页，莫斯科，1963 年。
③ V. A. 里夫施茨：《穆格山粟特文书》第二册，《法律文书与书简》，第 47～48 页，莫斯科，1962 年。

其一，当时河西地区丝的出口换回了白银或银钱。由于当时西北及华北仍有广阔牧场，马匹进口量不如唐中之后那样巨大，因此，造成了白银的内流。

其二，当时国际上的货币流通与贵重品交易有关。金银通货主要用于丝、珍宝、香药等珍货的交易，而民间的商品生产尚不发达，农村中地方小市场对货币的需求远不如唐中叶以后巨大。故铜币的流通在本地区仍然有限。

这两个条件在7、8世纪之交发生变化。在敦煌、吐鲁番地区，由白银内流演变为铜钱外流，从而影响到粟特地区铜币流通的兴盛。

二、7世纪粟特的铜币流通与敦煌吐鲁番铜币流通的关系

吐鲁番阿斯塔那35号墓所出《武周如意元年（692）里正李黑收领史玄政长行马价抄》，表明银钱一文值铜钱三十二文①。自武周以后，银钱逐渐从文书中消失，说明铜钱和帛一起作为敦煌、吐鲁番地区的货币形式。

在西州的胡人、粟特人手中无疑拥有了许多铜钱。如吐鲁番所出706年前后的《唐西州某县事目》② 中有：

户曹牒为追□□胡并钱赴州□□

而活跃在敦煌、吐鲁番等地的粟特商人，不仅把西国的银币带来，同时，也把唐的铜币带到粟特等地区，近年在粟特地区曾发现"开元通宝"等唐钱，由此影响了粟特的货币格局。

据《布哈拉史》记载，阿布·别克尔（632—634）已铸钱③。

据考古发现，7世纪初的粟特王世失毕发行了大、小两种唐式铜钱，即方孔钱。后来在位的粟特王拂呼缦，所发行铜钱正面有"开元通宝"的铭文，反面为粟特文铭文。同一时期还有背面有安国标记，正面为唐字

---

① 《吐鲁番出土文书》，第七册，第441页。
② 同上书，第342页。
③ O. I. 斯米尔诺娃：《粟特史纲》，第157页。

的汉文粟特文二体钱。此外，笃沙钵提、泥涅师师、突昏、乌勒伽、咄葛等粟特王，都发行了唐式铜钱①。

值得注意的是，这种铜钱的单位是"文"，穆格山文书 B27 号是一件逐日登录的账历，纸裂为 5 片，存 6 行，另面为汉文文书，内容是：

1 ……上（月）……；二十七文——
2 ……上（月）九日；四十文——上月十日；
3 三十文——上（月）十一日；四十二文——上（月）十二日，二十又？又二文
4 ——上（月）十三日；一百文——上月十四日；三十又？文——上（月）十五日，
5 ……五十文——上（月）十六日；二十又？文——
6 上（月）十七日；四十二文——上（月）（十八日）；六十九（？）文——上（月）（十九日）②

文书中的"上月"意即本月前一月。据 M. N. 波哥留波夫与 O. I. 斯米尔诺娃注释云：本件文书是逐日支出（？）钱币的账历，单位为"fen"，粟特语为 pny，突厥语作 puñ，都来自汉语的"分"。

无疑，两氏认为粟特铜钱单位"fen"来自汉语是正确的。但据同一时期的吐鲁番文书，如在高昌麴朝时期，银钱称"文"，铜钱则可以称为"个"，如《高昌延寿十四年（637）四月参军海相等五人入辛卯岁钱条记》中有"辛卯岁钱壹文，铜钱拾肆个"（第五册，第 24 页）。至唐代，铜钱的单位称为"文"，如《唐课钱帐历》中的"百文付药直"（第五册，第 279 页）。《唐质库帐历》中的"尹娘正月十八日取伍拾文"（第五册，第 314 页），所指都是铜钱。因此，唐代铜钱的单位是"文"。粟特语 pny 当是"文"的借词。

从上面的事实看到，自 7 世纪 20 年代到 8 世纪 40 年代一百多年间，唐代铜钱规制所代表的唐代货币文化，对粟特有重要的影响。

---

① 粟特王号译名据冈本孝《粟特王统考》，《东洋学报》第 65 卷 3、4 号，1984 年 3 月。又，考古发现的粟特钱币铭文中，尚有 m'stn 等三位粟特王不见于汉籍。

② M. N. 波哥留波夫、O. I. 斯米尔诺娃：《穆格山粟特文书》第三册，《经济文书》，第 56 页。

这种情形是怎样造成的呢？

斯米尔诺娃认为，7世纪中叶形成的撒马尔罕王国，是以撒马尔汗（康国）在经济上的先进为前提的，唐国逐渐地对周围的小领地施加影响，并加以占领。7世纪第二个十五年，中亚诸国与中国的商业及政治关系得到了恢复，粟特的造币业正是在这个时期采取了中国钱币的样式。他还认为，粟特内部贸易的发展，地方市场的发展，要求货币的划一。其结果是，7世纪第二个十五年，转向发行中国式货币。7世纪中叶，其规制已近于唐钱规制①。

这里还需要说明几点：

第一，随着唐代商品生产的发展，地方市场中商品生产逐渐发达，在敦煌、吐鲁番地区乃至河西地区，铜钱转而兴盛。

例如，大谷文书中的《唐天宝二年（743）交河郡市估案》，说明当时市价均以铜钱计算②。

第二，在西域地区，唐代铜钱具有唐朝"藩域"地区流通手段的职能乃至国际货币的职能，并以唐钱为代表的货币文化影响了西域地区。

例如，近年在阿克·贝辛（碎叶）及品治肯特发现了"突骑施钱"。其中一些钱币的铭文是粟特语，斯米尔诺娃推测钱币发行掌握在粟特人手中③。而护雅夫氏则认为，这种所谓"突骑施钱"中，最初是从属于突骑施政权的粟特人聚落首领发行Ⅱ型和Ⅲ型钱，其后，突骑施汗国以突骑可汗名义发行Ⅰ型钱④。由这个实例可见，粟特人在突骑施人中传播或应用唐的货币文化，也起了引人注目的作用。

第三，唐代由于武后以后的河西马政的衰落，牧场缩小，自中叶以后，每年要输入大宗马匹，在等价的或不等价的市马交易中，除丝绢出口外，造成大量铜钱的外流。

这样，北朝时期沿着"白银之道"流入银钱的情况至唐代为之一变，变为沿着"丝马交易"之道流出铜钱的状况。虽然，这在客观上扩大了

---

① O. I. 斯米尔诺娃：《粟特史纲》，俄文本，第157页。
② 池田温：《中国古代物价初探》，《史学杂志》77编1、2号，1968年。
③ O. I. 斯米尔诺娃：《突骑施钱币的分类与铭文》，《东方学研究所学术简报》第16册，第527～544页，1958年。
④ 护雅夫：《论所谓突骑施钱的铭文》，《三笠宫殿下还历纪念东方学论集》，日本东方学会，东京，1975年。

唐朝货币文化的影响，但却逐渐失去了在丝路贸易中较优越的地位。无论在银钱的输入还是在铜钱的输出中，粟特人都有很重要的作用。当然，在丝绢贸易中更是如此。

敦煌吐鲁番所见的"胡锦"与粟特锦

粟特人在中国丝绸输出西方的贸易中的中介作用已为世所习知，而中亚粟特本土的绢锦生产和销售却鲜为人知。自从1959年著名伊朗学家亨宁解读了一件中古粟特锦题铭，并由舍菲尔德进行丝织品标本分类研究之后，大大打开了人们的眼界。而这一研究，也启发我们注意到唐中叶以后敦煌文书中所记"胡锦"、"番锦"、"毛锦"等语的内涵，并注意到吐鲁番所出一部分织锦实物的归属。

一、敦煌文书所见的"胡锦"、"番锦"和"毛锦"

敦煌出 P.4975 号《辛未年三月八日沈家纳赠历》中有：

> 胡锦一疋。

此件为9世纪以后文书，辛未为851年、911年、971年。则敦煌在9—10世纪间，有"胡锦"流传。敦煌本 S.4215 号《杂物帐》中又有：

> 小胡锦褥子。

公元926年沙州向五代时期后唐王朝的贡品名单中亦有"胡锦"。《册府元龟·帝王部》纳贡献、后唐庄宗同光四年正月条：

> 沙州节度使曹义全（金）进谢赐旌节官诰玉鞍具二、玉团、硇砂、散玉鞍辔铰具、安西白叠、胡锦、雄黄、波斯锦、红地松树毦褐、胡桐泪、金星举、大鹏沙。

"胡锦"还见于宋建隆二年（961）于阗王李圣天的贡品名单中，于阗摩尼师贡琉璃瓶二、胡锦一段（《宋史·于阗传》）。天圣三年（1025）于阗又贡"胡锦"（同上书）。熙宁十年（1077）于阗黑汗王贡"胡锦"（《宋会要辑稿》蕃夷七、朝贡）。宋元丰四年（1081）"拂菻国贡方物"，略谓拂菻产"胡锦",并以"胡锦"为俸给之一种(《宋会要辑稿》,蕃夷四之十九)。可知 10—11 世纪自沙州、于阗直至拜占庭所见之西胡织锦,其时被称为"胡锦"。所谓"西胡",如王国维《西胡考》一文所示:"西域诸国,自六朝人言之则梵亦胡,自唐人言之,则除梵皆胡,断可识矣。"① 西胡中包括了高昌以西的各伊兰语族,如于阗人、粟特人、波斯人等,也包括了远在拂菻的拜占庭人(罗马人和叙利亚人)。所谓胡锦当出自这些西胡人之手。

敦煌文书中又见有"番锦"。

P.3432 号《吐蕃管辖时期(9世纪初)沙州龙兴寺卿赵石老脚下佛像供养具经等目录》中有:

> 阿难裙,杂锦绣并杂绢补方,并贴金花庄严,番锦缘,及锦绢沥水,长肆箭,阔两箭,贰。

S.6276 号《永安圣寿招提司帐历》有:

> 大红锦伞壹,番锦缘。

以上二例说明,"番锦"一词自吐蕃管辖时期已流行。而番锦多作丝织制品边缘装饰之用,说明其价格甚昂贵。

"番锦"一词又见于 P.2613 号《唐咸通十四年(873)正月四日沙州某寺徒众常物交割历》,其中有:

> 红绫大幡额壹,长肆拾肆尺伍寸,番锦腰杂汉锦夹缬者舌花带伍拾肆、白绢麴陈绢带伍拾叁。

这里的"番锦"与"汉锦"相对而言。同号文书又云:

> 大红番锦伞壹,新。长丈伍尺,阔壹丈,心内花两窠,各壹张内,每窠各师子贰,四缘红番伍色乌玖拾陆。

此处所记"番锦",使人联想起敦煌、吐鲁番发现的丝织品实物中著名的"联珠对狮锦"。

"番锦"一词使用于吐蕃(在敦煌文书中称为"大蕃")管辖时期,

---

① 王国维:《西胡考》,《观堂集林·史林》五。

未知是否可能指吐蕃锦、吐蕃人喜好的锦或沙州丝绵部落中吐蕃人主持生产供吐蕃人用或用于外销的织锦。但据王光、陈践二先生在1990年"敦煌学国际讨论会"发表的《青海吐蕃简牍考释》一文指出，1985年在青海省都兰县热水斜外草场古墓中，发现8世纪前有粟特文字织锦，以及登录随葬品的吐蕃文木简，由此说明粟特锦在吐蕃的流传。又据敦煌159窟东壁南侧吐赞普礼佛图，其衣为左衽服，红帛高束。158窟北壁有各族王子举哀形象，居最前列为吐蕃赞普，外衣为左衽衣，戴有白毡帽。值得注意的是，唐阎立本《步辇图》，绘贞观十五年吐蕃丞相禄东赞前往京都长安迎文成公主入藏，禄东赞着朱地联珠立鸟纹胡锦①。这是典型的萨珊风格的胡锦，与粟特锦风格相似。由此可知即使是吐蕃人用锦，也包括波斯风的胡锦在内。

另一方面，"番锦"一词一直沿用到吐蕃管辖结束后的沙州归义军时期。则"番"字涵盖之内容比吐蕃一族更广。自唐以来按朝贡路程之远近及羁縻程度分为番域与绝域。五代时亦分为番国和外国。后唐、后周均将周边各族称为"番部"、"诸番部"、"大番"、"小番"、"北番"等（参见《五代会要》中的《杂录》、《突厥》等）。因此，"番锦"可指有番臣关系的部族所制锦。但由于外国商人亦可称"番客"，则更广义的"番锦"也可以是"胡锦"的同义语，即指周边部族制锦，有时也包括外国锦。

敦煌文书中还有一种明显来自粟特的特种锦，即"毛锦"。

P.2613《唐咸通十四年（873）正月四日沙州某寺徒众常物交割历》：

> 故破毛锦壹，捌［窠］，不堪用。
> 绯地花鸟毛锦壹，壹拾叁窠上有蠹孔壹伯玖拾叁。
> 绯地毛锦壹，捌窠，破碎。贰拾窠鹿花毛锦壹，破。

P.2706（杂物账）有：

> □毛锦壹　故破黄花毛锦壹　白地毡绁毧壹，大破，长壹丈阔陆尺，又毡绁毧贰绯毛锦壹　又绯毛锦壹，长陆尺，绿地毛锦壹，西州布壹丈贰尺。（下略）

---

① 沈从文：《中国古代服饰研究》，第184页。

"毛锦"产自康国（Samaarkand）等昭武九姓地区，《册府元龟》卷九七一：

> 开元五年（717）三月，安国遣使献方物。康国王遣使献毛锦、青黛。

什么是"毛锦"？薛爱华（E. H. Schafer）在《康国的金桃》一书中推论，它或许是一种精致的羊毛织品，也可能是一种混纺织物①。由于我们尚无考古发掘实物佐证，不知道这两种可能性中何者为大。从文献中，我们看到有精细毛织品的记载，如《契丹国志》卷二一云："高昌国、龟兹国、于阗国、大食国、甘州、沙州、凉州，已上诸国三年一次遣使"，"至契丹贡献……褐里丝、门得丝、帕里阿褐里丝，以上皆细毛织成，以二丈为匹"。此条说明细毛品在沙州一带的存在。另据报道，中国丝西传罗马以后，"同时，丝线用于刺绣，或者与羊毛和亚麻混纺，这类混纺织物大部分都产自叙利亚工场"②。则叙利亚即拂菻之一部早已有羊毛与丝的混纺织物。总之，沙州之"毛锦"有待进一步查证，但其为康国即粟特携来之织品则已确定无疑。

以上讨论了敦煌文献中的"胡锦"、"番锦"等自外面输入的丝织品，它们很自然地使我们联想到敦煌千佛洞所出的萨珊风格的织锦标本，也使我们联想到亨宁和舍菲尔德1959年关于"赞丹尼奇锦"（粟特锦）的研究。

二、"胡锦"、"番锦"与"赞丹尼奇锦"

1959 年，柏林出版了舍菲尔德和著名伊朗学者亨宁合著的《赞丹尼奇考》一文，载于纪念著名艺术理论家 Kühnel 的纪念论文集中③。文章分为论述和附考两个部分。

文章研究了比利时于伊（Huy）圣母大礼拜堂收藏的一件联珠对羊纹

---

① 薛爱华（E. H. Schafer）：《康国的金桃（唐代舶来品研究）》，第 202 页，伯克利，1963 年。
② 赫德森：《欧洲与中国》第三章《丝绸贸易》，芮传明译，《中外关系史译丛》第三辑，上海译文出版社，1986 年。
③ D. 舍菲尔德、W. B. 亨宁：《赞丹尼奇考》，柏林，1959 年。

锦（如图 1 所示）。此件长 1.915 米、宽 1.22 米。有大的联珠圆饰四排又半排，每排有三个圆环，环内有对羊。1913 年，von Falke 首次发表了此件织品，一般称之为"羊锦"。其背面有一用印度墨水写的题记，它可能是一个买主或商人所做的标记（如图 2 所示）。经古伊兰语权威亨宁确认为 7 世纪的粟特文，其内容为："长六十一拃，赞丹尼奇。"（如图 3 所示）这里，"拃"是一种长度单位，指拇指和食指两端间的距离。

图 1　比利时于伊城圣母堂所藏联珠对羊纹锦，经考证为粟特安国"赞丹尼奇"锦

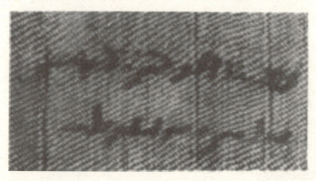

图 2　比利时于伊城圣母会堂所藏联珠对羊纹锦背面的粟特文题记

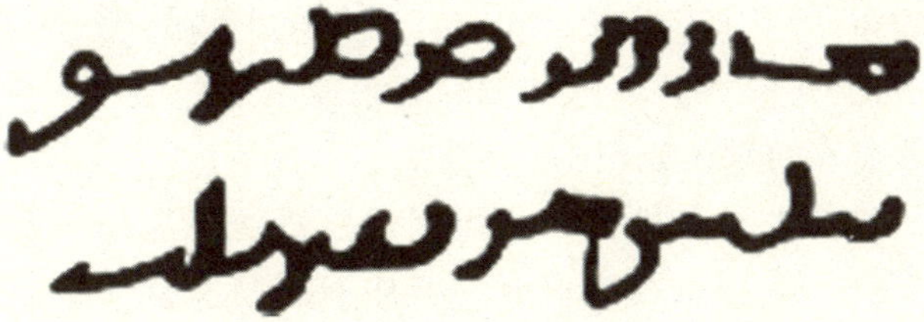

图 3　伊朗学家亨宁释读的粟特文题记，内容为"长六十一拃，赞丹尼奇。""赞丹尼奇"是著名的安国（布哈拉）一种织物的名称

"赞丹尼奇"（Zandaniji）则是一个值得特别注意的词。亨宁在蒙古入侵前夜花剌子模的法律文集中，找到了与"赞丹尼奇"有关的记载，他在《附考》部分译出了这一记载：

> （有人）在布哈拉买赞丹尼奇数匹，每匹当为十六肘（长度）……赞丹尼奇有布哈拉和花剌子模两个品种。①

这里，"赞丹尼奇"一词用于表示一种织物。而在纳尔沙希（Narshakhi）写于10世纪的《布哈拉史》中，在布哈拉（安国）附近村落一览表中，言及赞丹纳（Zandana）村，并写道：

> Zandaniji（赞丹尼奇）是一种地方特产，是一种在Zandana制造的衣料。衣料甚佳，曾大量制造。许多这种布料是在布哈拉的其他村落织造的，但是也叫作Zandaniji，因为它最先出现于这个村②。

《集史》的作者拉施·哀·德丁在1218年蒙古入侵前夜也提到布哈拉商人与织造的"赞丹尼奇"③。

这就是说，到10世纪末，Zandana村已经因一种称为Zandaniji（赞丹尼奇）的衣料著称于世。也许是由于阿拉伯人侵后中国的丝织原料中断，丝织业显著衰落，蒙古入侵以后已经完全是棉织业了。

在汉文典籍中，关于粟特地区的丝织品早有记载。《隋书·康国传》谓，其王"衣绫罗锦绣、白叠"。其地出产有"氍毹、锦、叠"，即毛织

---

① D. 舍菲尔德、W. B. 亨宁：《赞丹尼奇考》，第39页。
② 《赞丹尼奇考》，第16页。
③ A. M. 别连尼茨基、I. B. 宾托维奇：《中亚丝织业史论略（论"赞丹尼奇"织物的考证）》，《苏联考古学》1961年2期。

品、织锦和棉布。前引《册府元龟》载 717 年康国献"毛锦"。这些都证明康国出产不止一种"锦"。这些锦除要依靠本地的原料，也要依靠从中国内地及河西输入的丝做原料。

1965 年，在苏联乌兹别克共和国阿伏拉西阿布（即《隋书》所记之阿禄迪城）发掘了康国王宫的壁画，其中有粟特文铭文，由此确定该壁画所描写的是 7 世纪末粟特王拂呼曼时的情势。西壁壁画描绘了身着唐服的使节，西壁第十人手捧一束生丝①。由此可以证明，粟特从唐输入生丝，其中当被用来加工为绢锦。

斯坦因把千佛洞萨珊纹样织锦标本归属于粟特，当然也不排除是唐的仿制品。斯坦因在《西域》一书中就此论及了"粟特的丝织手工业"。他指出，很难追踪萨珊式纹样设计的精确起源，这种纹样设计波及中国广大的丝绸手工业地区，并于唐代加以仿制。他又指出，更有可能的一种解释是来自粟特地区的地方生产②。

舍菲尔德在研究赞丹尼奇织锦时，把出自敦煌千佛洞的不列颠博物馆藏联珠对狮锦（见图 4）和法国吉美博物馆藏的经帙上的联珠对狮锦，以及不列颠博物馆藏的敦煌千佛洞的对羊锦（见图 5），与比利时于伊城圣母大礼拜堂所藏前述联珠对羊锦，共 11 种，分类为"赞丹尼奇锦Ⅰ组"。

图 4　不列颠博物馆藏敦煌千洞所出联珠对狮纹锦

① A. I. 阿里巴乌姆著：《阿弗拉西阿勃绘画》，加腾九祚日译本：《古代撒马尔罕壁画》。
② A. 斯坦因：《塞林底亚（西域）》第Ⅱ卷，第 909 页。

图5　不列颠博物馆藏敦煌千洞所出联珠对羊纹锦

比利时于伊城的联珠对羊锦，与敦煌千佛洞所出不列颠博物馆藏对羊锦，都是对兽立于棕榈基座上。甚至羊脖上的奇妙装饰物也与千佛洞的羊锦一样[①]。

舍菲尔德认为"赞丹尼奇Ⅰ组"织锦中，萨珊影响在纹样设计上影响很强，但又认为，于伊的锦不是一个孤立的例子，而是有一个组，于伊锦的证据，大约应归属于7世纪的粟特[②]。其他同组各锦年代约在7世纪至9世纪。

赞丹尼奇锦与波斯锦和拜占庭锦的区别反映在染色上。舍菲尔德注意到赞丹尼奇组的色彩与唐代织物的关系。黄绿色（Chartreuse）、橙色和粉红色在早期中世纪的西方织物中是稀有的，一般在萨珊波斯和拜占庭织品中也不存在。但这些颜色在斯坦因于千佛洞发现的中国绢锦中是非常典型的。笔者有机会考察（日本）正仓院，亦发现中国丝绢中有这些颜色。舍菲尔德推想，粟特织工从中国不仅得到丝还得到染料，中国人也许对染色秘密留一手。中国人应当知道这种秘密，因为中国丝绸的那些颜色总是光鲜的[③]。赞丹尼奇锦褪色，似未有适当的媒染剂。

在纺织技术方面，大多数近东和拜占庭早期中世纪丝绸的特点是重组

---

① D. 舍菲尔德、W. B. 亨宁：《赞丹尼奇考》，第34页。
② 同上书，第20页。
③ 同上书，第28页。

织斜纹织。赞丹尼奇Ⅰ组各锦都是斜纹织。经线通常分为三股，两条主经线配一条收束经线。纬线是非常粗重的丝纬。经纬线相当粗，而纺织又密实，造成这种织锦以厚重密实的质地为其特色。这也是区分赞丹尼奇Ⅰ组的一个重要特色。

赞丹尼奇题铭的发现，有助于对中亚一些地方发现的联珠文织锦的归属的判别。

三、汉地生产的胡式锦与粟特人在其中的中介作用

在吐鲁番和敦煌所出的风格上与所谓赞丹尼奇锦相似或有某些相似的织锦中，有证据说明其中一些系产自汉地。例如：

吐鲁番阿斯塔那18号墓即高昌延昌二十九年唐绍伯墓所出"胡王"锦，系"三重三枚平纹经锦"。"主题花纹区是黄色地上以红绿显花，每一个花纹循环单位由一人执鞭牵驼、间以'胡王'二字并绕以半圆圈组成，它反复循环。""这类织物很可能是出自中原地区或西域汉族工匠之手。"① 此锦之平纹织与赞丹尼奇Ⅰ组之斜纹织不同，但环状圆饰及间以菱形花，则显示了一种胡风。

吐鲁番阿斯塔那31号墓所出对鸟吉字纹锦。同墓出有高昌重光元年（620）衣物疏、"三重三枚平纹经锦"，"白色或绿地上以绿、浅蓝或白、深蓝等色经线显花，花纹图案为对鸟、花树，间以汉文吉字"②。本件平纹织与赞丹尼奇Ⅰ组斜纹织不同。但此类对羊对鸟纹锦，其对羊与于伊的对羊纹样可资比较。本件造型为胡风，"吉"字及平纹织等表现了汉地的风格。

杨泓先生指出，阿斯塔那所出联珠纹锦可分为"经纬起花的平纹重组织"和"斜纹重组织"两类。

如胡王锦一类，"这些织锦的织法仍是经纬起花的平纹重组织，保持着汉锦的传统。或者认为这些采用波斯萨珊式花纹的织锦，有一部分是为了外销而生产的"③。

---

①② 新疆维吾尔自治区博物馆：《吐鲁番阿斯塔那—哈拉和卓古墓发掘简报（1963—1965年）》，《文物》1973年10期。

③ 杨泓：《文明的轨迹》Ⅱ，第119页，香港中华书局1988年版。

阿斯塔那第 325 号墓出土的猪头纹锦和 332 号墓出土的立鸟纹锦一类，"不仅具有萨珊式的纹饰，织法也是波斯锦中通行的采用斜纹的重组织，纬线起花，夹经常是双线的，而且所用的丝线都加捻得较紧：这些应是由波斯萨珊朝输入的波斯锦，是在伊朗东部地区织造的"①。

值得注意的是，在新疆米兰发现的新月纹粟特文字锦，即为斜纹织锦（见图6）。

图6　新疆米兰所出新月纹粟特文字锦。新月纹样中织入粟特文字。
大谷探查队吉川一郎所获，日本龙谷大学藏

1933 年在粟特地区穆格山发现了绢锦残片。艾尔米塔什博物馆藏有穆格山丝绢收集品四十四片，其中二十四片为织锦⑤。其中一件为斜纹织，绿地，联珠中有黄色团花，环珠内为花的母题（见图7）。A. M. 别连尼茨基和 I. B. 宾托维奇把这件穆格山锦与赞丹尼奇 I 组中的列日（Liége）的团花锦加以比较，其纹样的构造——排排联珠团花以及充填其间的菱形的花的母题，无疑是相似的。因此认为穆格山锦可能属于中亚地方的产品⑥。

---

①　杨泓：《文明的轨迹》II，第119页，香港中华书局1988年版。
⑤　A. M. 别连尼茨基、I. B. 宾托维奇、V. A. 里夫施茨：《穆格山所出织锦》，《苏联民族学》1963年4期。
⑥　A. M. 别连尼茨基、I. B. 宾托维奇：《中亚丝织业史略伦（论"赞丹尼奇"织物的考证)》，《苏联考古学》1961年2期，第72～73页。

图 7 粟特地区穆格山所出锦

前引舍菲尔德及亨宁的《赞丹尼奇考》中，将不列颠博物馆藏敦煌千佛洞所出联珠对狮及对羊纹锦归类于"赞丹尼奇Ⅰ组"。

1972 年，A. A. 叶鲁莎里姆斯卡娅发表了《论粟特丝织品工艺流派的形成》一文①，她把舍菲尔德归为赞丹尼奇Ⅰ组的织物，从 11 件扩大到 80 件，其中包括：

（1）敦煌收集品，新疆及蒙古收集品，多数属 9—10 世纪，直至 11 世纪。

（2）北高加索收集品，同墓器物约在 8—9 世纪。

（3）西欧教会收藏品，属 7 世纪后半期至 9 世纪前半期，其中有纪年年代最早的为公元 718 年。

关于粟特丝织工艺流派进化的特点，她认为可分为三个阶段。

（1）早期阶段，6 世纪末 7 世纪初。萨珊传统很清楚。在萨珊波斯与唐的影响下，创造了模仿基础上的风格。

（2）中期阶段，7 世纪后半期到 8 世纪初。花纹风格中和题材中有地方特色，拜占庭的潮流加强。

（3）晚期阶段，7、8 世纪之交。进一步地方化，拜占庭影响的加强，是拜占庭织物输入的结果。

综上讨论，我们得知 6—8 世纪粟特地区确有丝织生产。敦煌 8 世纪

---

① A. A. 叶鲁莎里姆斯卡娅：《论粟特丝织品工艺流派的形成》，见《中亚与伊朗》文集，列宁格勒，1972 年。

开始流行的"番锦",因联珠纹样而应与粟特锦有关。9世纪以后流行的"胡锦",除了包括粟特锦,也包括拜占庭锦。而晚期粟特锦中拜占庭影响亦有了加强,这也许是"胡锦"取代"波斯锦"一词在敦煌流行的原因。

杨泓先生所说的伊朗东部地区在萨珊朝时可以包括粟特地区。

以上说明,在公元6—8世纪,吐鲁番地区既有自西边输入的波斯锦,包括当时属于伊朗东部的粟特锦,也有汉地、汉匠或参照汉锦传统技术的胡式锦。

在敦煌所出文物中也有相似的情况。正如斯坦因所说:"'萨珊'型波斯纹样设计,为7世纪或8世纪初中国生产的织锦仿制。"① 例如Horiuji的娜拉(Nara)神庙的秘藏系756年所藏,其中著名Ito织品之上,联珠圆饰之内的狩猎场景与构图,确属波斯式,而整个花纹设计和间隔中花边叶饰的主题花纹是中国式的②,而在敦煌千佛洞所出织锦标本中,如Ch.00230号(图版CVⅠ)和Ch.00369号,安德鲁斯(Andrews)相信,两件原是中国式纹样设计,但经过改造,或出自波斯纺织风格样式影响下的工匠之手③。

敦煌所出Ch.00291—2(图版CXⅢ),取自幡上的片段。纹样设计中有萨珊型的大环珠,其下半含有对鹿,一前脚举起。这组印花丝绢的纹样设计无疑可追踪至波斯模式,但经由中国工艺所修改④。鹿的形象是中国风格的,而在Ch.00304号(图版CXⅣ)萨珊式的棕榈表现成了卷云⑤。Ch.00304号a、b(图版CXⅢ、CXⅣ)中,圆珠内有确凿的中国成分,四对鹅在技法上完全是自然主义的。这是经中国工匠之手采取西方织物主题花纹的实例⑥。

以上我们举出的既有中国风格又有萨珊影响的织品多属非织锦类,而在"萨珊式"归属于赞丹尼奇锦即粟特锦的敦煌所出织品中,亦不能排除其中一些是汉地生产的胡式锦,因其所用的染料和设色,如舍菲尔德所云,是中国式的。如前所述,黄绿色、橙色和粉红是西方所无的典型的中

---

①② A. 斯坦因:《塞林底亚(西域)》第Ⅱ卷,第907页。
③ 同上书,第910页。
④ 同上书,第911页。
⑤⑥ 同上书,第910页。

国色彩。

汉地生产的胡式锦显然是为了适应向西方输出的需要，这种生产自然与在长安、洛阳、凉州、巴蜀等地经营国际丝织品贸易的粟特人有关。

《隋书·何稠传》载，开皇初年，"波斯尝献金绵锦袍，组织殊丽，上命稠为之，稠锦既成，踰所献者"。即是说何稠在当时的皇家工场主持了一种波斯锦的技术引进工作。何稠是何妥的侄儿。何妥为"西城人也，父细胡，通商入蜀，遂家郫县，事梁武陵王纪，主知金帛，因致巨富，号为西州大贾"（《隋书·何妥传》）。则何稠祖父何细脚胡（《北史·何妥传》）是主持巴蜀地区丝绸贸易的与皇家勾结的巨商。此西城陈寅恪先生读作"西域"，并谓何稠其事业"皆藉西域家世之奇技"①。岑仲勉先生则以为此"西城"为今陕南之安康②。不管西城的今地在何处，我们从总的历史背景判断，在巴蜀为南朝主持国际丝货贸易的何细脚胡，从其姓氏及名字推知，当是出自昭武九姓中何国的粟特人。因此，可以认为，在6—7世纪汉地引进波斯锦技术制作胡式锦过程中，粟特人起了中介作用。直到8、9世纪之交敦煌吐蕃管辖时期，在专门成立的从事丝绢生产与销售的"丝绵部落"中，活跃着粟特人。S. 2228号《夫丁修城纪录》中载，丝绵部落分为各"将"，其中，右三［将］有安佛奴、康通信；右四［将］有康友子；右六［将］有曹保住康与；右八［将］有安善奴；右十［将］有米屯屯等。说明直到八九世纪，粟特人仍活跃在沙州丝绸生产与销售中。而粟特人在汉地引进胡锦技术的中介作用是无可怀疑的。

四、胡锦输往敦煌、吐鲁番、阿兰与欧洲

"赞丹尼奇"锦实例——对羊锦的粟特文题铭被释读以后，人们从西欧主要是法、德、比利时的教会的传世收藏品中，认识到8—10世纪粟特锦在欧洲的流传。所谓胡锦即包括了粟特锦。

舍菲尔德所举列于赞丹尼奇Ⅰ组的各锦有：

（1）联珠对狮锦。存法国东北部城市南锡（Nancy）城博物馆。据信原属820年在南锡附近的都尔（Toul）搜集到的教会圣物。

---

① 陈寅恪：《隋唐制度渊源略论稿》，第79页。
② 岑仲勉：《隋唐史》，第31页。

(2) 联珠对狮锦。自 853 年藏于塞斯（Sens）城藏品中，实际上由两片构成。据说是圣徒遗物。

(3) 联珠对狮锦。藏伦敦维多利亚与阿尔伯特博物馆（The Victoria and Albert Museum）。另两个断片存纽约及佛罗伦萨的博物馆。原属于一件圣物。

(4) 联珠对狮锦。存柏林博物馆，由数件断片拼接构成。

(5) 联珠对狮锦。伦敦维多利亚与阿尔伯特博物馆之第二件狮子锦。

(6) 联珠对狮锦。分别存不列颠博物馆与法国吉美博物馆，斯坦因、伯希和得自敦煌石室。

(7) 联珠对狮锦。布鲁塞尔皇家艺术与历史博物馆。据信两残片分别出自 7 世纪及 9 世纪的墓葬。

(8) 狮锦。都尔（Toul）城收集品，据信与南锡之圣物为同时者。

(9) 联珠对羊锦。比利时于伊（Huy）城圣母大礼拜堂圣物。

(10) 联珠对羊锦。不列颠博物馆及法国吉美博物馆，来自敦煌千佛洞。

(11) 圆饰团花锦。存比利时东部省列日（Liége）博物馆，718 年作为圣物转到列日①。

以上所举各件织锦，除（6）、（10）两项出自敦煌外，其余都是 7—9 世纪已经传至欧洲并作为圣徒遗物或包裹圣物的丝绸，而经教会保存下来。这说明，7—9 世纪，这些胡锦或粟特锦已经由丝绸之路运抵了西方。

根据文献记载，粟特人曾把丝绸运往西方。如纳尔沙希说，"赞丹尼奇"衣料曾被输往"叙利亚、埃及和罗马的城市"②。

粟特锦还输往阿兰地区。

在北高加索地区，早年曾发掘莫谢瓦亚·巴尔卡（石峪）和哈沙乌特古墓葬。两墓中所出的对马锦、对鸟锦、团花锦，与穆格山地区出土粟特绢锦相似，也与赞丹尼奇锦相似，可以认为是粟特锦。

如前已述，赞丹尼奇锦也输往敦煌和吐鲁番。吐鲁番文书中所见的"波斯锦"和敦煌文书中的"胡锦"、"番锦"中，以及两地所出斜纹织的萨珊风格的联珠纹锦中，都可能包含了若干赞丹尼奇锦。当然，其中也

---

① D. 舍菲尔德、W. B. 亨宁：《赞丹尼奇考》，第 22～24 页。
② 同上书，第 16 页。

泛指汉地所产的为出口而制作的胡式锦。

以往，我们从大量材料得知在粟特本土有大量中国绢帛。例如，据阿拉伯史家塔巴里记载，751年某粟特德黑干被杀时，其财产被掠，其中提到中国织物。公元706年，阿拉伯人占领沛肯，收得五千匹中国绢，其价值为一百万银钱。因此，虽有粟特锦运往各地的事实，但并不排除粟特人仍贩运中国丝绢。不过，由于"赞丹尼奇"锦粟特铭文的发现，使我们获得了两个新的知识，其一是粟特不仅是一个贩运中国丝绸的中心，而且在昭武九姓之安国赞丹纳村等地还有丝绸生产的中心。其二，粟特人不仅把中国丝绢自敦煌、吐鲁番运出，也把粟特锦亦即所谓胡锦销行到敦煌、吐鲁番。

（原载《敦煌吐鲁番文书与丝绸之路》，北京：文物出版社，1994年）

安阳北齐棺床画像石与入华粟特人的祆教美术
——兼论北齐画风的巨变与粟特画派的关联

一、安阳北齐画像石的拼合与石棺床的构成

1992年,《考古》第1期发表《天水市发现隋唐屏风石棺床墓》[1]一文,刊布了1982年天水市博物馆发现的17方画像石和8方素面石条组成的石棺床。石棺床由石床座、床板和屏风组成。

这一重大的发现,使我们有可能把早年流入美国、法国、德国多家博物馆的一组画像石和石条檐板,拼合复原成一座北齐时期的石棺床。

20世纪初叶,河南省安阳近郊古墓出土的一组石棺床雕刻流出国外,其中包括:

台座上的二檐板:现藏美国华盛顿弗里尔艺术馆(Freer Gallery of Art, Washington)(图1)。

门阙左右二件:现藏德国科隆东方艺术博物馆(Museum für Ostasiatische Kunst, Cologne)(图2)。

连结门阙棺床石屏风一件三格:现藏法国巴黎吉美博物馆(Musée Guimet, Paris)(图3)。

门阙对面石棺床屏风二件六格:现藏美国波士顿艺术博物馆(Museum of Fine Arts, Boston)(图4,图5)。[2]

图1　弗里尔藏品:安阳北齐石棺床檐板

图2 科隆藏品：安阳北齐石棺床双阙

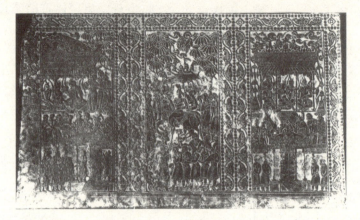

图3 吉美藏品：安阳北齐石棺床侧屏画像石（喜龙仁 Plate. 448）

图4 波士顿藏品：安阳北齐石棺床后屏左首画像石（喜龙仁 Plate. 449）

图 5 波士顿藏品：安阳北齐石棺床后屏右首画像石（喜龙仁 Plate. 450）

这些文物曾被归于"卢芹斋收集品"（Loo Collection），在 1940 年纽约出版的卢芹斋（C. T. Loo&Co.）（按：此中译名承饶宗颐先生教示，谨致谢忱）《中国石刻展览》图版 XXVIII—XXXII 之中，被称为"棺床"（mortuary bed）[3]。喜龙仁（O. Sirén）氏 1925 年著文指出，它们发现于河南北部，距彰德府（今安阳）不远（按：北齐邺都即临漳，在今安阳附近），全部文物出自一隆起的小型封土内，当地称之为"曹操床"。[4]

1955 年，斯卡格里亚（Gustina Scaglia）以《北齐阙龛中的中亚人》为题，写作了纽约大学美术研究所的硕士论文，1958 年论文以摘要形式在《亚洲艺术》第 XXI 卷发表。[5]

文章指出，传说彰德府此件文物是"曹操床"，曹操卒于公元 220 年，是三国时魏的建立者，基于风格学上的证据，此说不足据。斯卡格里亚的文章指出："当喜龙仁把这一文物断为唐代时，北齐响堂山石窟（550—577）尚未为人知。"通过一些细部的比较，"我们可以有把握地说，两者是同一时代的"。通过与响堂山石窟比较，安阳石棺床被判断为北齐文物。

该文又指出：和 Soper 将此组画像石图像看成是突厥人场景不同，Rowland 认为这些异国情调的石刻，近于萨珊波斯。斯卡格里亚注意到，波士顿藏品右联中用希腊酒器"来通"（rhyton）饮酒，饮宴场景中没有见到萨珊后的酒器。

斯卡格里亚提出了一个极其重要的结论：依我的看法，正是来自粟特地区的人,出现在彰德府(安阳)的石刻上。

斯卡格里亚的这篇论文更提出了十分有魅力的见解:"这件纪念性文物,十之八九是为一位驻在邺都的人物制作的,他很可能是一位萨宝。"[6]

近年来,国际上研究粟特美术的两位巨子——俄罗斯学者马尔夏克先生和法国学者葛乐耐先生都对这一组画像石有所垂注。

马尔夏克先生在《阿弗拉西阿勃(撒马尔干)"使节大厅"绘画的图像程序》一文中,提及了安阳出土北齐粟特贵族墓石雕双阙上的图像[7]。葛乐耐先生1987年主编的《前伊斯兰中亚崇拜与宗教文物》[8]一书,即以安阳棺床石雕双阙中的祆教祭司图像为封面。旅居国外的张广达教授最近在论述粟特祆教美术时也提到"安阳(原彰德府)出土的北齐邺都的一组墓葬石浮雕",并指出它们"反映昭武九姓胡(粟特)人欢度节日的场景"。[9]孙机先生在《中国圣火》一书中也论及这组画像石。[10]近年在有关论文中关注到这组画像的还有 J. Lerner 的《6世纪中国的中亚人:祆教丧仪》一文[11]。分散在德、美、法三国的这组"卢芹斋收集品"中,被古董商称为"曹操床"[12]的一组,今参照甘肃天水发现的隋唐屏风石棺床画像石实物,可拼接如下:

(1)依据接榫拼接德、法藏品。

今德国科隆东方艺术博物馆藏有安阳北齐石棺床正面石阙一对,高71.5厘米。[13]其第三级檐下矮墙,约高30厘米。

今法国吉美博物馆藏安阳石棺床石屏式画像石,50厘米×90厘米,高50厘米[14]。左边边饰联珠并忍冬(唐草)花纹,自上而下至30厘米处截止,则30厘米之空白边饰处,正好与阙形石板矮墙接口(约30厘米)吻合,嵌合成屏风形棺床的一角。

(2)依据接榫拼接吉美、波士顿藏品。

波士顿所藏两块(各三格)背屏,与吉美博物馆画像石石板同大,其中如图4,一块右边边缘处空白无联珠忍冬纹,则右缘空白处,应与东面之一块和吉美博物馆藏品相对而置的画像石板嵌合,该板块已遗失。

波士顿藏品画像石之另一块,左缘自5厘米横向装饰纹带以下,有长45厘米、宽5~6厘米的空白,正好由吉美博物馆藏品嵌上,吉美藏品右缘花纹完整。

以上三面(另已遗失一面)画像石的下缘均留有约5厘米的空白[15],

说明此箱状屏风式棺床组合后，立于台座上，且补上石板，承放逝者之灵。

（3）参据甘肃天水市发现之隋唐屏风石棺床，其石床座正面有四条装饰形檐板条，接为一长条横饰边。今美国弗里尔艺术馆所藏"卢芹斋收集品"的二檐板，当属于台座上的边饰饰板。

现在，我们据现有构件，复原北齐安阳所出石棺床示意图，如图6所示。

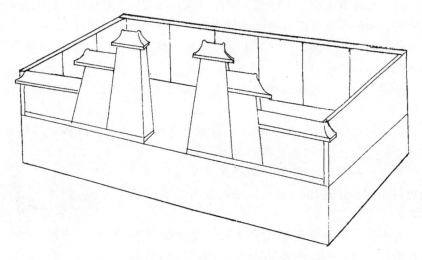

图6　安阳所出北齐石棺床画像石拼合示意图

天水三面屏风画像石的读图顺序，是由图右读至图左，循此次序，安阳石棺床屏风上由右至左，每联3帧，共4联12帧。所描绘场景当是祆教节日，即汉文史料所谓的"赛祆"。

二、科隆藏品汉式双阙下胡服仪仗与祆教火坛祭司图像

1997年，我与敦煌研究院友人赵声良先生在日本东京东武美术馆科隆藏品展的实物面前摩挲盘桓数小时，当时获得的一个最宝贵的印象是：科隆藏品双阙其高为71.5厘米，尾部高50厘米（见图2）。其图像则由正面高约70厘米的仪仗图像（A）和双阙侧面的双祭司、拜火坛图像（B）组合而成。我们要问，这一组合在图像学上究竟有怎样的象征意义？

这里，试分析如下：

1. 双阙下仪仗图像的意义

科隆博物馆所藏一对石阙浮雕，参照日本东武美术馆的展品图录，说明如下：

阙，是左右一对的楼阁式的门，中国古墓前有筑阙的传统。模仿木构建筑的石阙的例子，自后汉时期留存下来。

屋檐下有浅浮雕，登场人物中，身材最高的一人打头，形成二列纵队，自左右两方向中央，形成二列仪仗队，左右首位戴被帽，各人身着有联珠纹镶边的翻领开襟长袍。首领持剑，其余持旌旗，腰挂大刀。左右各有旗 11 面，共 22 面，仪仗左右共 24 人，殿后各有装饰豪华的马 2 匹，共 4 匹。

斗栱以上，左右各有翼兽（异兽）像 2 件，共 4 件，手（爪）作托天状。[16]

门阙左右第一人，佩长剑。其后备有部属 11 人，马 2 匹，两侧各有旗 11 面。这一仪仗可能有两方面的意义：

第一，参照近年多次发现的北齐大墓壁画中的仪仗图像，往往用以表示墓主在北齐的官职或生前的崇高地位。

今考河北磁县东魏茹茹公主墓，每壁皆画 14 人组成的仪卫行列。两壁共 28 人。北齐文宣帝高阳陵，每壁绘出 53 人组成的仪卫出行场面。北齐安阳双阙共有 24 人的仪仗行列，其地位逊于东魏茹茹公主，但亦相去不远。[17]

1987—1989 年发掘的河北磁县湾漳村壁画大墓，墓道下栏两侧各绘由 53 人组成的仪仗出行队列，所执仪仗有戟盾、节盖、鼓乐等[18]，由于"这座大墓应属北齐时的一座帝陵"，故仪仗规模比安阳北齐画像石仪仗规模大得多。

第二，参据双阙侧面的祆教火坛与祭司图像（图 7），这一胡服仪仗行列也可以具有祭胡天亦即祭祆的意义。

图 7　安阳出土北齐石棺床双阙前侧

2. 科隆藏品双阙侧面图像的意义

花纹边饰，二斗栱中有叶饰，如生命树之意，左右各一异兽，一作单手托天状，一作双手托天状。下有忍冬纹饰，下格为二斗栱，中有莨苕纹饰。

左右各有一穆护或祆祝，即祭司，免冠，着联珠纹大翻领胡袍，有腰带。二人均有拜火祭司特有的口罩。二人各持一法杖。

二穆护身旁各有祭盆、祭酒胡瓶及拜火坛各一，火坛中圣火熊熊。

祭盆作波斯金银器状，上盛有叶状植物，当系豪摩（一种作为祭品的神圣植物）。波士顿藏品之葡萄园两联中，大坐床边均有此类祭盆，由此亦可反证葡萄园场面为祭祆即赛祆场面（图4、图5）。

此火坛与祭司图像，可与普加琴柯娃论述之莫拉—库尔干（Molla - Kurgan）所出纳骨瓮（Ossuary）图像相比较（图8）。该件出土文物上部为金字塔式顶，高73厘米，矩形面上，有三拱，中间拱下有火坛。火坛上部呈三级檐，上有七火舌。右拱门下跪一男子，大胡子，有口罩，着长袍。

图8　莫拉—库尔干所出纳骨瓮所见拜火火坛

尖端顶上,有一男一女二天神,手持植物,似为豪摩,上有半月,又有日、月、七星。[19]

以往在贵霜钱币、萨珊钱币、哒哒钱币上,均曾见有火坛。

品治肯特(Panjikent)等地粟特壁画中亦多次出现火坛。品治肯特Ⅲ区6号地点壁画,上有有翼神羊托负的拜火坛,其上有三个火坛,其中一个保存较好,上绘有Weshparkar神,另两个圣火坛当与三主神中之Zrvan和Adbag有关。Adbag意为"大神"。[20]

品治肯特Ⅰ区10号点,北墙,绘有一圣火坛(图9)。[21]

图9　品治肯特Ⅵ:Ⅰ区粟特壁画所见圣火坛及宴饮图

品治肯特Ⅲ区7号点,残壁画中亦绘有火坛,见《品治肯特绘画》(1954)第ⅩⅩⅧ图。[22]

品治肯特Ⅱ号区E地点,绘一男性供养人持一轻便火坛。[23]

瓦尔赫萨(Varakhsha)6号点东厅,绘一男子照料火坛(图10)[24]。

虽然中亚多有火坛图像的发现,但安阳画像石火坛图像却是中土十分罕见的发现,故极为珍贵。

现在再来讨论科隆藏品中的畏兽图像问题。

《隋书》卷七《礼仪志二》云:

后齐正月晦日,中书舍人奏被除,年暮上台,东宫奏择吉日诣殿堂,贵臣与师行事所须,皆移尚书省备设云。后主末年,祭非其鬼,

图10 瓦尔赫萨东厅粟特壁画圣火坛

至于躬自鼓儛,以事胡天。邺中遂多淫祀,兹风至今不绝。后周欲招来西域,又有拜胡天制,皇帝亲焉,其仪并从夷俗,淫僻不可纪也。

《论语》有"非其鬼"。屈大均《四书考》一文中的"非其鬼"条引《曲礼》:"非其所祭而祭之,名曰淫祀。"[25]双阙仪仗行列,再现了邺中"祭非其鬼"的失传背景,此二天阙上,各有异兽鬼神四尊,两侧共八尊。此种异兽天神,史苇湘先生比之为佛教《金光明经·鬼神品》中,天龙八部八类鬼神中的"人非人"(紧那罗)。[26]此种异兽又见于顾恺之《洛神赋图》,马采先生云:此图中"宓妃右手凌空驾云而来的那个怪神,是风师屏翳"[27],可知此类图像在东晋亦已流行。图像亦见于近年邺都附近河北磁县湾漳北齐大墓之中。[28]

畏兽图也被称为鬼神图。长广敏雄氏著《六朝时代美术研究》,第五章为"鬼神图的系谱",追溯了东汉建宁四年(171)画像石中的异兽神怪图,南朝梁萧宏碑侧的异兽和北魏元氏墓志中的十八畏兽图。[29]林巳奈夫氏在《兽环·铺首的若干问题》一文中将异兽追溯至汉代铜镜[30],卜苏珊（Susan Bush）氏[31]、高桥宗一氏[32]亦各有论述。

异兽图像在北齐邺都一代亦有流行。北齐响堂山石窟有著名的异兽图像（图11）。[33]巩县石窟[34]及敦煌西魏以降壁画如莫高窟288窟顶壁画[35]中，亦有异兽图像。

图11　响堂山北齐石窟畏兽图

我们并不怀疑异兽图像是汉代即已见到的传统中国美术中的神怪图像，值得注意的是，在北齐安阳所出石棺床画像石中，这种传统传袭而来的图像，被祆教美术采纳为祆教天神图像。

这种采纳和变异可以追溯到西亚及波斯的可资比较的艺术传统。

《西方艺术中的东方影响》一书指出：在琐罗亚斯德经文中，Senmurv住在湖中，栖占于Hom圣树上，由Kara鱼护卫。《阿维斯陀》经书最早的概念，是把Caenamer看作与美索不达米亚的龙相当，它用于祈求土地的丰饶，是潜水的占卜鸟。[36]类似这类有翼的兽身图像，很早就见于伊朗酒杯图像之中（图12）。[37]还可参阅阿扎佩《粟特绘画中的若干伊朗图像程式》一文。[38]

图12　Dumbrtao Okac 收集品，伊朗酒杯上鸟头异兽图

总之，在这样的背景下，中国汉代以来以动物形式出现的神怪异兽，被波斯一系的入华袄教采用，作为天神中的一种图像。北齐有拜火坛的双阙画像石上多有异兽，就是有力的证明。

如前已述，斯卡格里亚曾提出十分重要的见解，安阳石棺床的墓主"很可能是一位萨宝"。科隆藏品的图像恰好符合萨宝的两大特点，一是有着鸿胪寺准许下的仪仗，二是祭袄。故此，估计此墓墓主或为北齐九州大萨宝一类人物。

唐故处士康君墓志铭云：

> 君讳元敬，字留师，相州安阳人也。……其先出自康居毕万之后，因从孝文，遂居于邺。……父仵相，齐九州摩诃大萨宝。[39]

安阳此北齐棺床墓墓主如果不是"齐九州摩诃大萨宝"康仵相，或即康仵相一类的北齐其他萨宝。

北齐之萨宝称"萨甫"。《隋书·百官志》："后齐鸿胪寺统典客署，又有京邑萨甫二人，诸州萨甫一人。"《惠郁造像》："故魏七帝旧寺，后周建德六年破灭大像……前定州赞治并州总管府户曹参军博陵人崔子石、萨甫下司禄商人何永康二人，同赎得七帝寺。"[40]

总之，科隆藏品双阙图像有双重象征意义，一是象征天朝的天阙，二是象征祆教胡天的天阙。在北齐与此二义相关的"开府"人物，一般应该是在中央行政管理下对西胡之民进行政教管理的"萨宝"。[41]

三、波士顿藏品：葡萄园赛祆活动

安阳北齐石棺床双阙后的箱式屏风画像石，其解读顺序应由右向左，右侧第一幅今已佚失。正面右侧为波士顿藏品，为喜龙仁氏论文中所附 Plate. 450 号。喜龙仁氏的图像解说道：

> Plate. 450，装饰浮雕，是下述各件的姊妹篇。它同样用毛茛叶饰及联珠纹饰分割。说明的主题亦与下述两件浮雕相同，都是在葡萄园中的宴饮，以及在宅邸大厅中的宴会，只有些微的更改。中联中环绕着王公的人物，在此幅中表现为乘骑，有头光圈的鸟见于左联。
>
> 石材与尺寸与下件同。
> 波士顿美术博物馆藏。[42]

现在，我们再参照此 Plate. 450 号图像加以解读：在此波士顿藏品中，棺床右面一块亦为三联图。最右一联，下部大门正面有楣枋。正门半开，一人半露。门前有华丽鞍辔马二匹，前有一马夫牵马，一贵人已下马立于前一匹马旁，后匹马骑者职掌华盖，此时亦已下马，持伞。门旁二着胡服长袍者侍立，一人转身向下马贵人回望，一人手捧大盘，内盛满盘物品，未知是否为下马贵人带来的礼品或食物。

门内葡萄园前有四人一组乐人，自右至左：箜篌、唢呐、直项琵琶、曲项琵琶。

葡萄架下置一张阔大坐床，前有一巨盆食物。上坐五男子，左二右三，着大翻领胡袍，戴胡帽。左第二人地位最高，持大酒碗饮，右第三人地位次之，持稍小酒碗与之对饮。右第一人向后回望，似为客人中之跟随者。

龚方震、晏可佳二先生著《祆教史》有云：苏鲁支以前祆教特征之一是"无固定礼拜场所。由于以游牧为主，逐水草而居，因而它没有祆祠和固定祭坛，一般都在野外行之"[43]。苏鲁支以后虽已有祆祠，但野外赛祆的传统仍保存下来。此右联画面中葡萄园之"赛祆"场景即保留此类传统的一例。

左联正门上有楣枋。大门建于台阶上，拾一级阶梯而上，大门框有柱，两侧又各见有两列有柱础之柱。左右各三名胡人侍立送客，一客人自半开大门出，大门后庭中左右各两名胡人侍立，中部又有二人侍立，沿小台阶上至宴饮之厅，上有楣枋，下有四根列柱，一男子盘腿席地坐饮，后一男子着胡服侍立。二女子有新月髻，与饮者相对跪坐，其中一女子持酒盅，另一女子持水果一枚。

厅后有一阁，上有楣枋，三女子梳新月髻，右立女子持团扇，左立女子持酒盅，中立女子似在说话。

左联顶部有一瑞鸟。

中间一联中部，后有王者贵人骑骏马，一人骑马持华盖伞并行。此二骑前有二骑，后有二骑。画的下部，即贵人坐骑之左侧，有四骑。画的上部，即贵人坐骑右侧有二骑。

棺床画像石后屏左侧一桢三联亦为波士顿藏品，喜龙仁氏图像解说有云：

> Plate. 449，装饰浮雕，以叶纹及联珠纹分为竖立三联。中联又见乘骑王公，跟随持伞盖的仆从。其上面及下面，排列着手持长旗杆矛旗子的兵士，树枝上有一头大鸟。
>
> 左联描绘王公宴游放饮于葡萄园，众多男士聚集，仆从乐伎排在下面。最下部分的故事发生在门口，一个人入门而过，其余的人侍立在外候客或守卫。
>
> 浮雕的另一端描绘了另一个节日，场景在厅内，主人与女士饮酒。屋顶上又见两只有头光光圈的鸟，在枝叶繁茂的树枝上。下部描绘了各宾客到达邸宅，有的骑马，有的步行，其中一人入门而过。画面的主题表现出……众人以王公的行动为中心……[44]

右联正门进门图式与前引右联近似，唯来客及扈从由四人增至八人。大厅悬挂彩饰为前幅所无。三男性贵人与三女性贵人对饮，两旁各一男女侍立。庭前十名仆人侍立。

此板块之左联葡萄园场景（图13），左下角女乐人一组五人，前列自右至左分别为横吹、箜篌、琵琶，后列二人，俱梳月牙髻。中间一男子作胡舞，右侧梳月牙髻女子六人，前列三人俱捧厚重礼品或祭品。右第一位女子手挽酒瓶，所携或为献祭的醴酒。

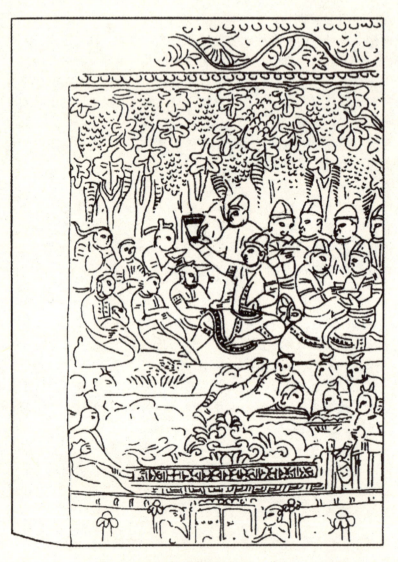

图 13　后屏左侧葡萄园宴饮图（摹本）

葡萄架下一木制大坐床。右边坐男士八人，前三后五，前排硕大贵人，执希腊式来通（rhyton）饮酒。马尔夏克和拉斯波波娃（V. I. Raspopova）1986 年在品治肯特萨赫利斯坦中心区发掘出粟特壁画，即 P-86 XXIV-28 号遗址。此 28 室南墙壁画中一粟特人持牛头来通饮酒（图14）。[45]附图（a）有"来通"细部图，此景可与波士顿藏品之喜龙仁 Plate. 449 号情景比较。

图14　品治肯特 P-86XXV-28 号地点南壁。附：壁画细部"来通"酒器图

大床左边坐梳新月髻女子七人，前三后四，前排中女子持酒碗，前排左女子之右手似亦持酒碗。

中联中心为一贵人骑骏马，前有两骑先导，旁有一骑执伞或华盖，两侧各有执旗手五人，主骑后有旗手三人，共有旗十三面，中联上方有伊朗式瑞鸟一只。

通观以上各图，我们发现一个非常值得思考的现象：

图中的建筑全是北齐式的。粟特本土流行的庄坞建筑图式，与画像石中所见完全不同，这有力地说明，画像石所描写的场景，不是粟特本土的场景，而是北齐的场景。

但是，中联贵人骑者仪仗及出行图，其服饰、乘骑、伞盖，却与粟特本土大同小异。

四、吉美藏品：祆教吉祥鸟图像与植物祭祀图像

吉美博物馆藏品亦为三联式屏景（见图3）。喜龙仁氏图像解说写道：

  Plate. 448，装饰浮雕，三联式，以毛茛叶饰及联珠纹饰分割。中联可见一乘骑的王公或首领，众仆从跟随，其中一人执伞盖。下列有一列乐人执各类乐器。图像上方，有两株不见树茎的（菩提树的？）枝叶，在树叶中有一大鸟头上环绕着头光光圈。此外的两联分别是两个情节。左边一联上部，王公在邸宅大厅中与二妇人饮宴，有三仆从侍候。此大厅下面有数乐人。再下面得见邸宅的入口，几人正在进门，另几人站立门外等候。

  右联上部再次见到邸宅大厅的情节，王公在其间与几位客人宴饮，传递葡萄酒盏给众人，大厅的屋顶上得见三只鸟，鸟头上环绕着头光，而下面有几位乐人和仆从。

  下部情节是表现邸宅大门，四名着长翻领外套的人侍立门外等候开门。

  灰白色石灰石，高2英尺5英寸。[46]

现在，我们不妨将上述三大件共九联画像石的有关祆教美术或粟特美术的图像问题作一归类讨论，其中包括伊朗式吉祥鸟图像、建筑及宴饮图像、祭祆行列中的植物图像等问题。

1. 波斯式吉祥鸟图像

Plate. 450（以下沿用喜龙仁编号），波士顿藏品，三联式，有头光吉祥鸟见于左联屋顶。

Plate. 449，波士顿藏品，三联式。右联屋顶有两只有头光吉祥鸟。中

联树枝上一头大吉祥鸟，颈部有二戴胜，尾部似孔雀。

Plate.448，吉美藏品，三联式。中联有有头光大吉祥鸟，尾部美丽（图15）。

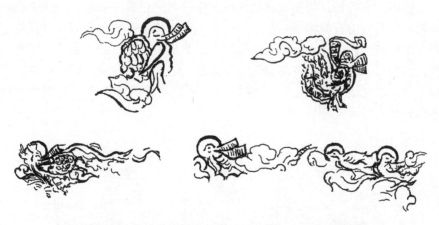

图15　安阳北齐石棺床画像石上的伊朗式吉祥鸟图案

阿扎佩在《粟特绘画中的若干伊朗图像程式》一文中指出："在波斯的语境中，与动物形式相联系的 hvarenah，意味着一种盛大的好运随之而来。"[47]此种鸟在粟特佛典资料中称作 farn（prn）。因而我们相信画像石中频频出现的这些有头光的瑞鸟，就是这种称为 hvarenah 的吉祥鸟。有的吉祥鸟颈部有中国传统称为"戴胜"的饰物。我们联想起"在安息艺术中，戴环鸟（ring-bearing bird）是表达一种 hvarenah 式的繁盛或好运的概念……伊朗 hvarenah 的概念，在波斯史料中与好运相关联的场合，有好几种现象，包括有翼兽、有翼羊和有翼的'光'"。如前文论述有翼"异兽"图像时已经指出的那样，hvarenah 的另一种化身见于 Senmurv 的母题。

2. 关于宴饮图像

由于波斯及粟特祆教习俗中有纪念七大永生者的七大节日，乐舞宴饮作为宗教节日内容频频出现在中亚粟特美术作品中。安阳画像石宴饮场面及服饰可以与粟特壁画比较，两者画面上建筑风格颇为不同，但宴饮场景却可资比较。[48]

以吉美藏品画面为例，右联有大门。正中，大门紧闭。正门有两行门柱，上檐有联珠纹枋楣，屋顶有山花蕉叶，中间隆起覆钵顶。此大门及各件画像石的建筑，均有穹形覆钵，其建筑形式与南响堂山七号窟仿木建筑之石窟窟檐极为近似。据研究，南响堂山开窟时间为北齐天统元年至北齐末年（565—575）[49]，此亦足以证明棺床线刻确属北齐时期的作品。[50]

值得注意的是，安阳北齐棺床线刻中的各处建筑图式中，屋顶上覆钵顶部分较响堂山石窟檐所示更为巨大。且此正门覆钵中央起刹，作漫卷莲瓣宝珠形状（图16）。梁思成先生指出，响堂山石窟"柱上更作火焰形尖拱，将当心间檐下斗栱部分完全遮盖。其全部所呈现象最为杂凑奇特"[51]。刘敦桢先生则云：南响堂山"第七洞最可宝贵者，为洞外雕出木构式样之外廊"。[52]

图16　响堂山石窟第七窟外景

对比吉美藏品画像石，其三联式之右联画面上，院内大厅为四柱三间，柱上有枋楣、檐椽十字花纹装饰矩形屋面，上有覆钵顶，以山花蕉叶装饰，中间以花卉起刹。这是与粟特银盘所保存坞楼颇不同者。艾尔米塔什博物馆藏有7—8世纪（一说8—10世纪）彼尔姆（Perm）州所出镀金银盘,从中可以考见粟特本土庄坞的图像(图17)。[53]

图17　彼尔姆州所出8至10世纪粟特镀金银盘坞堡建筑图

吉美藏品中,屋之两侧,垂以玉璜、流苏、羽葆。此类装饰频见于敦煌西魏285窟天顶及隋305窟窟顶四角垂饰。[54]

在粟特本土,室内也有以彩带及饰物垂饰的习俗,如阿尔巴乌姆著《巴拉雷克切佩》一书第101图宴饮图就有室内垂饰[55](图18)。值得注意的是,北齐安阳棺床画像石所绘流苏,已有强烈的中原礼器和习俗的面貌。

图18　巴拉雷克切佩粟特人宴饮图(Albaum 101图)

另外,《巴拉雷克切佩》112图北墙壁画宴饮图第20、21、25号人物坐姿与吉美藏品三联式右联及左联之男性贵族坐姿相似。[56]由此亦可考见此类图像与粟特画派的关联（图19）。《乌兹别克斯坦造型艺术精华》175图，有一银酒器，其中有男女对饮图，上方有瑞鸟，旁有一司酒者及怪面伎乐人（羯鼓及横吹）（图20）。

图19 巴拉雷克切佩粟特人宴饮图（Albaum 112图）

图20 粟特酒器所见宴饮图，附吉祥鸟及怪面伎乐

我们看到，吉美藏品右联画面上，大厅内有一王公着胡服交脚席地而坐，此种坐姿可与《巴拉雷克切佩》112图上述诸图像比较。

吉美藏品最左面一幅，是表现豪宅内宴食及送客情景。三间宽的厅堂上亦有枋楣，一王者席地弯一腿坐，其坐姿可与品治肯特Ⅵ区Ⅰ号壁画宴饮图之坐姿比较。[57]

3. 祭祆行列中的植物祭祀图像

吉美藏品中幅亦为贵人乘骑，与波士顿两块藏品不同的是，吉美乘骑图无旌旗。而波士顿藏品之乘骑仪仗中有多面旌旗。

图的中心是贵人着大翻领胡服乘骏马，马上有豪华饰物，旁一着翻领胡服者，手持华盖，其后行有着胡服男女各一人跟随。

图的下部有一部胡人乐队。右一持琵琶，右三持箜篌，右四为横吹，右五为羯鼓。后排一人持钹。

值得注意的是，在华丽坐骑的马头上方，有一身着大翻领胡服的男子手持一枝巨大的有茎、有叶、有花的植物。在图中央华盖（伞盖）的上方有一神鸟。这两处有深刻象征意义的图像，显示出此图所表现的行进中的行列，乃是一种祭祆的行列。

吉美图像的中联有一着大翻领胡服者，右手执一有花有茎的植物，此应是祭祀七大永生者中阿梅雷塔特（Ameretat）神的象征。根据法国学者葛乐耐先生对纳骨器图像的研究，Ameretat 神是一手持植物的女子（图21）。[58]

图21 吉美藏品：安阳画像石持植物祭祆图像（左），
粟特本土纳骨瓮上阿梅雷塔特天神持植物图像（右）

马尔夏克著《粟特银器》一书中有一银盘，盘中为一坐像，坐前二狮子，左右各一胁侍像，左胁侍者手持植物花卉供养。此像足资与吉美藏品之植物供养像相比较（图22）。[59]

图22　粟特银盘中持植物花卉供养的胁侍图像

五、安阳石棺床画像石"图像程序"的整体考察

巫鸿教授在《汉画读法》[60]一文中提出,用"图像程序"(pictorial program)的观念,对画像石内容作一种整体的考察。

我们如果把安阳所出北齐石棺床画像石作一整体考察,则可将其图像归为三部分:

第一部分,门阙。科隆藏品,其象征意义是对"天"的祭拜。一方面,如双阙内侧祭司火坛图像,其内容是祭祀琐罗亚斯德教的"火"与"天"神。此一内容已见于本章第二节。

第二部分,棺床中屏风式画像石。波士顿、吉美藏品。斯卡格里亚论文指出,萨珊国王一年有两次接见公众,一次是春天的 Nowroz(新日)节,一次是秋季的 Mihrgahn 节(密特拉节)。据 Trever 推测,Mihrgahn 节原是一年之始,[61]此说似与《周书·波斯传》相合,传云:波斯"以六月为岁首,尤重七月七日、十二月一日。其日,民庶以上,各相命召,设会作乐,以极欢娱。又以每年正月二十日,各祭其先死者"。

北周与北齐时代相近,所记其时波斯之六月岁首、七月七日、十二月一日、正月二十日，当指北周汉地月序，以此时序月候来解读石棺床画像石图像，似有充足道理。

玛丽·博伊斯教授论述祆教的七大感恩节时指出，"Gahambar"是中古波斯语术语，指祆教七大感恩节中的六大圣日。它们看来是古代的一些季节性节日，后来用来致祭于阿胡拉·玛兹达和六大天神阿梅沙·斯潘塔，同时也致祭于七大创造。各节日原本只一天，后来在公元3世纪的历法改革后，延至六天，后作为"gahambar"节减至五天。第七个节日在中古波斯语叫 No Roz，即"新日"（元旦），是最大的圣日。[62]

我们从巴黎藏本 P. 4640 号敦煌文书《唐己未年至辛酉年（899—901）归义军衙内破用布纸历》[63]中得知此三年中"赛祆"的日子有如下记：

正月十一（901）
正月十三（906）
二月廿一日（901）
三月三日（901）
四月八日（900）
四月十三日（901）
四月十六日（900）
七月廿五日（899）
十月五日（899）

则10世纪初，敦煌祆教一年中已有数个节日。

北周北齐时，祆教新年元旦在汉地历法的6月份，此传统似沿袭至今。现代在印度的帕西人（Parsees）祆教徒在历法上有舍赫赛（Shehenshais）和卡德米（Kadmis）之争[64]。玛丽·博伊斯教授指出，按卡德米历，1980—1983年的 No Roz（新年）在公历7月27日，1984—1987年，No Roz 日则在公历7月26日。

从安阳北齐石棺床所显示葡萄园及树木衣着之季节性看，场景确似发生在中国旧历六月即公历7月的时节，因此，法国吉美博物馆把吉美藏品定名为《粟特人新年节庆图》是有充分理由的。准此，波士顿藏品表现的也是同一题材，所谓"新年"，其实是在夏季。关于此一专题，请参阅蔡鸿生先生的大著《唐代九姓胡与突厥文化》一书中"节庆"一节。[65]

第三部分，音乐供养图像。

斯卡格里亚论文图1，附有弗里尔艺术馆藏卢芹斋搜集品两条檐板中的一条，其装饰纹样为小联珠纹，下有双叶式边饰，边饰下有小联珠纹，间隔下有九个方框，每框中有圆形联珠纹中的天宫伎乐，自右至左分别为箜篌、筚篥、答腊鼓、羯鼓、钹（？）、琵琶、琵琶、横吹、横吹。两侧有少许忍冬纹纹饰。

从长度看，两条檐板似为棺床两头的檐饰。北京大学荣新江教授1998年夏曾往美国华盛顿弗里尔艺术馆参观两条"底座"，承指教，当即斯卡格里亚论文图1之最下层二石条。据斯卡格里亚所附图1，最下层左部石条饰带有九个联珠纹圆圈内的伎乐已如上述。

又据日本讲谈社出版《世界美术馆·弗里尔艺术馆》78图下层右侧石条饰带，自左至右七件联珠纹环内伎乐，分别为横吹、琵琶、琵琶、筚篥、羯鼓、钹、横吹。[66]

值得注意的是，斯卡格里亚论文图1，将此二板条置于最下层，而喜龙仁氏《中国雕刻》Plate. 444号未将此二石条与其上部构件组合。

承北京大学考古系石窟考古专家马世长教授指教，斯卡格里亚论文图1之上部构件原出响堂山石窟第4窟。

参照甘肃天水所出屏风石棺床，其台座上有石条饰带，颇疑弗里尔所藏之二石条，即此种台座饰带石条。

值得注意的是，此二件檐板的联珠纹圈饰内的伎乐图像与马世长先生判定为响堂山4号窟的台座之八件伎乐图像颇相似，如斯卡格里亚论文附图1之上层四个联珠纹圈内，分别为横吹、琵琶、琵琶、舞者，其右边四个联珠纹圈内则有羯鼓、舞者等（见喜龙仁氏书 Plate. 444）。

考北齐时所流行的西域音乐，厥有"齐国龟兹乐"及"安国乐"。[67]《隋书》卷十五云：

> 龟兹者……后魏平中原，复获之。其声后多变易。至隋有西国龟兹、齐朝龟兹、土龟兹等，凡三部。开皇中，其器大盛于闾闬，时有曹妙达……安进贵等……

按，曹妙达、安进贵俱为粟特人。《隋书》卷十五又记"安国乐"有云：

《疏勒》、《安国》、《高丽》，并起自后魏平冯氏及通西域，因得其伎。……《安国》，歌曲有《附萨单时》，舞曲有《末奚》，解曲有《居和祇》。乐器有箜篌、琵琶、五弦、笛、箫、筚篥、王鼓、和鼓、铜钹等十种，为一部。工十二人。

值得注意的是 Plate. 449 图波士顿藏品画面上，中央一舞者双手前举作舞。河南安阳修定寺舍利塔砖雕亦有精美舞蹈胡人像（图23，王克芬先生供稿），表明北齐画像石中描绘的粟特人舞蹈，一直至隋唐以后，仍见于安阳一带。

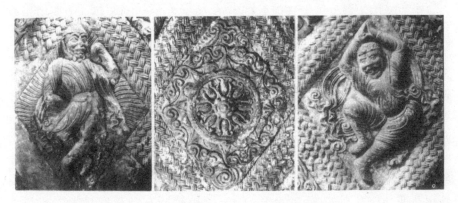

图23　河南安阳修定寺舍利塔砖雕舞蹈胡人

六、安阳画像石与入华粟特人节庆及葬式风俗的变迁

安阳正处古邺城附近。安阳粟特人棺床画像石出现在北齐邺都附近，绝不是偶然的。

早在两晋十六国时期，邺城就是粟特队商丝绸之路贸易商路上的一个重镇。

斯坦因在敦煌古烽燧遗址发现的古粟特文信札的研究近年有很大进展。如荣新江先生《祆教初传中国年代考》指出：粟特文古信札中的地名尚未全部比定出来，但据亨宁（W. B. Henning）、哈玛塔（J. Harmatta）、葛乐耐/辛姆斯·威廉姆斯（N. Sims‑Williams）论文中比较统一的部分，根据第五号古信札的发信地点可知，其主要根据地是凉州姑臧，活动范围东到金城、长安、洛阳、邺城（'nkp'）等中原内地。[68]

粟特习俗盛行天葬，以遗体放置于"寂没之塔"上，待动物食尽肉体后，将尸骨盛于纳骨瓮。

林悟殊教授在《波斯拜火教与古代中国》一书中，有《中古琐罗亚斯德教葬俗及其在中亚的遗痕》，引及《周书》卷五十《异域传》下，言波斯"俗事火祆神……死者多弃尸于山，一月治服"。《通典》卷一九三引韦节《西蕃记》云："国城外，别有二百余户，专知丧事，别筑一院，其内养狗。每有人死，即往取尸；置此院内，令狗食之，肉尽，收骸骨埋殡，无棺椁。"[69]

中亚及中国曾发现大量称为 Ossuary 的纳骨瓮。1908 年，卡斯塔尔斯基在撒马尔汗地区泽拉夫善河上，卡塔库尔干附近的比雅纳尔曼，发现了纳骨瓮残片。普加琴柯娃和列穆佩在 1960 年进行了研究[70]。1979 年普加琴柯娃对乌兹别克的米安卡尔进行了调查并对纳骨瓮进行了研究。法国学者葛乐耐先生 1985 年发表了《比亚纳尔曼与米安卡尔的纳骨瓮装饰诠释》一文。这是近年来研究祆教葬式中纳骨瓮的论文中最有分量的大著。葛乐耐先生考证出粟特所出纳骨器装饰中的一组图像，是祆教中六名"永生的圣者"——阿梅沙·斯朋塔（Amesha Spentas）。其中手持植物豪摩（Haoma）和研钵的女性神祇，是霍尔达德（Hordād），是六名阿梅沙·斯朋达中象征"完善"者，另一持植物的女性神像是阿穆尔达德（Amurd-ātd），是阿梅沙·斯朋塔中象征"不朽"者。该文取得了十分引人注目的进展。[71]葛乐耐先生还分析了卡施卡达里所出的一件纳骨瓮，其上有二塑像，左边为四臂女神娜娜，右边为身着铠甲、手持盾牌与箭的维雷特拉格纳神（胜利之神、战神）。[72]

1997 年，日本影山悦子女史发表《论新疆出土的 ossuary》[73]，讨论了新疆所出的祆教纳骨器。新疆出土了矩形陶棺、鄯善吐峪沟筒形陶棺[74]、焉耆所出雕花纳骨器[75]、吉木萨尔所出椭圆形穹庐状纳骨器等。表明 6—7 世纪即相当北齐、隋、唐时，在新疆仍盛行祆教天葬。

但是，即使在萨珊波斯，王公仍有采用陵墓葬式的，玛丽·博伊斯指出："琐罗亚斯德教徒的殡葬方式，似乎一如以往两个王朝那样即普遍采用天葬；但王族例外，他把遗体防腐后，置于陵墓中。"[76]

穆格山所出粟特文书中，13—8 号为一买卖地段契约，其 13—16 行有云[77]：

(13) 按下列条件：马赫契与
(14) 赫舒姆万达克及其后人（亲属），得于此地段
(15) 之一半上，建遗体
(16) 置厝地。

里夫施茨在该件文书译文注释中说：众所周知，遗体置厝地是与晚期萨珊朝祆教经典的指令相矛盾的，并在中古波斯祆教经文化的文本中有激烈的讨论。[78]

虽然波斯王族也是祆教徒，但他们已有陵寝，因此，入华祆教徒中一些西胡贵族，亦自然而然地放弃了 ossuary 的葬式，而采取了汉式陵寝，安阳之粟特人胡棺床就是这种葬式改变进程的一个例证。此棺床长约2米，决不能理解为一件纳骨器。

在安阳，如前已述，北齐康忤相为"齐九州摩诃大萨宝"。据《隋书》卷十四《音乐志》云："（北齐）后主，唯赏胡戎乐……故曹妙达、安未弱、安马驹之徒，至有封王开府者，遂服簪缨而为伶人之事。"向达先生谓，曹仲达为北齐有名画家，当亦曹妙达一家；[79]又，《北齐书》卷五十《恩倖传》："又有何海及子洪珍皆为王，尤为亲要。洪珍侮弄权势，鬻狱卖官。又有史丑多之徒胡小儿等数十，咸能舞工歌，亦至仪同开府、封王。"由于北齐开府封王之粟特人、胡人如此之多，他们从祆教天葬葬式改为汉式石床葬，也就成为开府封王所带来的一种必然进程。

七、后论：安阳石棺床画像石与北齐画风及粟特画派的关联

杨思梁、范景中两先生在贡布里希爵士《象征的图像：贡布里希图像学文集》"编者序"中指出："当我们考虑作品的主题时，我们是如何发现意义与美的不可分割性，换句话说，图像学对意义的探讨也可以对艺术的审美功能做出贡献。"[80]

在对安阳北齐棺床画像石进行图像学考察时，我们竭力揭示出其主题与入华粟特人祆教风俗的关系，这一讨论也有助于在艺术和审美方面探索其与粟特画派的关联。

20世纪在粟特地区美术考古的进展，尤其是近半世纪的进展，使我

们确信中亚有一个粟特画派。

　　意大利学者马里奥·布萨格里在所著《中亚绘画》中指出:"一位9世纪的中国艺术史家张彦远说,粟特的影响,或者确切地说外伊朗的影响,一定是由那位著名画家曹仲达传到中国的。他在北齐时(550—557)正处于鼎盛时期,并且创立了一个小画派。"又说:(曹衣出水)"这一比喻让人想到笈多时期一幅印度版画,该画以其'湿衣服'而具特点,但是它也可能运用于一些品治肯特绘画……例如,在悼念一位英雄之死的场景中左边的女神。""虽然就日期推算来说曹仲达可能来自粟特,但是这并没有完全消除我们的疑点……不过他的西方血统是无疑的。他可能曾用一种印度—伊朗风格绘画,因为他的作品有着佛教的灵光。因此,用不着假定艺术影响的传播是由粟特进入中国的,我们就该看到来自巴米扬和卡克拉克的影响,云冈石窟和龙门石窟的巨大雕刻对证明这一点会有些作用。但是要解决这一问题仍缺乏有力的证据。"[81]

　　现在,我们试来回顾一下战后粟特美术考古的若干重要工作。

　　1960年,A. M. 阿尔巴乌姆发表《巴拉雷克—切佩》一书。巴拉雷克—切佩城堡在乌兹别克斯坦昂哥尔东南4公里处。在城堡一间正方形大厅中,1.5米高的壁画带环列四壁。壁画表现了贵族宴饮的场面。此处约存在于公元5世纪末至7世纪初,与北齐时期大体相当。"巴拉雷克壁画所示,十分可能就是嚈哒统治阶级在6世纪上半叶被突厥推翻以前的典型生活。"[82]

　　1963年,施什金发表了《瓦尔赫萨》一书。施什金认为,这座城堡的壁画很可能是公元6世纪重建时才有,似乎一直保存到阿拉伯人进入以后。壁画主题,除得见一幅饮宴图外,有狩猎及斗象场面,有一幅残画可能是描绘祭祀,一个祭司照看着一个华美的火炉,数人侍坐于侧。[83]此外,阿尔巴乌姆还出版了《阿弗拉西阿勃绘画》等书。

　　比较一下粟特画派,不难发现,具有浓郁粟特画派影响,同时又具有南朝影响的曹仲达创造的"曹家样"产生于北齐不是偶然的。这里我们不能不提及响堂山石窟。

　　国家文物局教育处及北京大学专家主持的《佛教石窟考古概要》一书指出:"北响堂石窟主体开凿于北齐文宣帝高洋的时候","北齐天统元年(565)以后开凿南响堂"。又着重指出:"而响堂山作为由皇室或皇室显要开凿的大石窟,在许多方面代表了北齐的时代特点,形成所谓北齐样式。国内北齐石窟样式最有名的代表就是响堂山石窟。所以研究北齐历史、佛教、造像，应该以响堂山石窟为典型。"[84]

这是一种了不起的真知灼见！作为"北齐样式"的北响堂山第二窟中，门楣及门框雕饰中有典型的"联珠—莨苕纹"[85]，第七窟塔形龛雕饰中也有"联珠—莨苕纹"，莨苕纹已完全变成了所谓"唐草"。[86]这些都典型地显示出粟特画派的影响。

如今，对安阳所出北齐石棺床的拼合及其画像石的研究、响堂山石刻中的粟特纹样的研究、娄睿墓壁画与北齐湾漳高氏大墓壁画的发现以及青州石刻的发现，都为研究北齐时期艺术史上的新风格提供了新的契机，也为研究北齐曹家样提供了新的契机。

安阳北齐棺床画像石中的"异兽"，见于顾恺之《洛神赋图》。画像石的仕女画多着窄袖紧身胡服，颇使人想起"曹衣出水"之曹仲达。《历代名画记》卷八有云："曹仲达，本曹国人也。北齐最称工，能画梵像，官至朝散大夫。"向达先生云："后魏以来，源出曹国人居中土之曹氏一家，特为显贵，名乐工、名画家不一而足：如曹婆罗门，曹僧奴，曹妙达；曹僧奴女北齐高纬之昭仪，三世俱以琵琶有名当世，妙达且以之开府封王。曹仲达为北齐有名画家，出身曹国，当亦妙达一家。"安阳石棺床墓主，正是这种有权开府的粟特贵人，而当时亦正好有可以通过绘画表现粟特风俗的粟特人优秀画家。

曹仲达在"北齐样式"的形成及规范化中，起了不可磨灭的作用。道宣《集神州三宝感通录》卷中（《大正藏》第54册421页）有云：

> 隋文开教，有沙门明宪，从高齐道长法师所，得此一本……时有北齐画工曹仲达者，本曹国人，善于丹青，妙尽梵迹，传模西瑞，京邑所推。故今寺壁正阳，皆其真范。

值得注意的是，来自中亚粟特昭武九姓之曹国的曹仲达，原来是一位"画工"。但因北齐优遇胡人，胡人"恩倖"往往可以开府、封王，故此粟特人"画工"曹仲达在北齐地位甚崇。

最近，金维诺先生在《南梁与北齐造像的成就与影响》一文中指出："至于北齐曹仲达所创造的曹家样，也由于近年北齐实物的大量出土，使我们得到进一步理解。"文章举出了山东青州市古城西门龙兴寺遗址所出贴金绘彩石造像、博兴县张官村龙华寺旧址出北齐纪年造像、诸城北齐后期佛像等。[87]金维诺先生论述"曹家样"时又指出:"实际上这种'其体稠叠、衣服紧窄'的样式,早在4世纪前就沿着丝绸之路逐步在向内地传播,这从传世的犍陀罗石佛、克什米尔出土的石佛、图木舒克出土木雕立佛、吐鲁番出土泥塑立佛,可以看到在此之前已经在不断受到这种样式的影响……且在中原地区还未形成为塑造的主流。……而到北齐衣薄贴体,如出自水中的感觉才明显,始形成为具有影响的时代样式,而成为佛教造像的四大楷模之一。"[88]

北齐安阳石棺床所见入华粟特人的祆教美术,在以下各点突出表现了与粟特画派的关联:

(1) 联珠—茛苕纹样的伊朗—粟特风格,见于响堂山样式及石棺床装饰。

(2) 人物造型"其体稠叠,衣服紧窄","衣服贴体,如出水中"。

(3) 世俗性乐舞宴饮场景与宗教性赛祆祭场景的和谐统一。

(4) 波斯—中亚粟特祆教图像及祆教美术的中国化。

这些中国化的表现有:

——粟特祆教美术以圆拱龛表现天神所在的天宫,如米拉—库尔干所出纳骨瓮,以穹形圆拱表现天宫。在敦煌北凉及西魏壁画中,我们已看到以穹形圆拱及汉式天阙交错使用,到安阳画像石中,已演变为汉式天阙(图24)。

——在伊朗—粟特祆教美术中,多有有翼神兽,如有翼羊、有翼骆驼、有翼马,以及有翼神兽Senmurv。在中国神话美术中,自汉代已有"畏兽",以后又见于顾恺之《洛神赋图》中,在《北齐书·杨子华传》中,记及其描绘"鬼神"。在北齐画像石天阙形象中多次出现托天的"畏兽",这种有翼兽头人身的"畏兽"在响堂山石窟中已形成为北齐的范式,这种从中国神话母题中借用的有翼畏兽图像,成为北齐入华粟特人祆教美术中的天神图像。

——在粟特壁画中,神鸟常有相当于中国传统装饰艺术中的"戴胜",早在巴克特里亚美术中,也看见神像中类似"戴胜"的装饰。安阳石棺床画像石中的神鸟图像,多有"戴胜"。又,粟特美术中所见玉璜流苏一类的宴饮大厅装饰,在安阳画像石中演变为中国礼制图像中的玉璜羽葆。

——安阳石棺床画像石在图画的构图上,吸取了中土流行的屏风式手

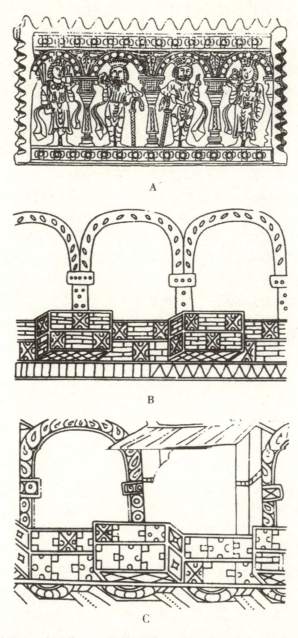

图 24 从粟特拱形天宫图像（A）到敦煌拱形天宫（B）及汉式天阙（C）的演变

法，这种手法与粟特壁画中以联珠花纹分割画面的手法结合起来而演变为有中国气派的屏风或画屏。

——安阳石棺床在建筑图像上，又将中国风的亭台楼阁天阙建筑图像，与印度式的石柱图像、塔式图像和火珠装饰图像结合起来。

——安阳石棺床画像石是一组浮雕，但其所依据之粉本应为线描，透过浮雕，可以看出其粉本以线描表现人物、坐骑和树木花卉等图像在技法上的进步。如吉美藏品中线刻之菩提树，可与敦煌隋唐之际的 390 窟及 224 窟菩提树表现手法相比较，它们或许都是融和了中国笔墨和粟特画派线描技术的曹家样而留在人间的片羽吉光。

谢稚柳先生指出："当年我在莫高窟，对隋唐之际的画风突变，如无源之水，看不出从何而来，渐次分析，认为：如顾恺之的《女史箴图》，南京西善桥南朝墓出土的砖刻画《竹林七贤图》这类体貌，到隋开皇以后，开始传到了莫高窟壁上从而脱离了元魏的画格，它的渊源应出于顾恺之。当娄睿墓壁画的风规所示，开始发现隋唐之际画风的突变，其与顾恺之的渊源，将不是直接的。直接的是北齐。"

谢稚柳先生又说："在北魏、东魏的杨子华，在北朝被推许为画圣，他却是宗尚顾恺之的，看来，他已放弃了北地民间传统画格，而走向南朝的路子。在前年，山西出土了北齐娄睿墓……北齐的画格，应该说从杨子华而来。又从而省识其间渊源，如娄睿的画风。"[89]

宿白先生在《北朝造型艺术中人物形象的变化》一文中指出："清秀形象是东晋刘宋时期造型艺术的特征。""可以估计东魏、北齐文物制度楷模南朝，实势所必然……娄睿墓壁画迹简而笔健，生气盎然……很多同志认为有可能出于北齐宫廷画家杨子华之手，杨子华名重高齐……娄睿墓壁画虽不敢必为杨作，但视之为盛行于北齐的杨派作品，或无大误。张彦远论齐梁迄陈周为下古，其议下古之画……张僧繇、杨子华并列。"[90]

综上看来，从艺术风格和审美趣味分析，安阳所出北齐石棺床画像石在风格上具有"多元"的因素：首先，它具有继承北魏洛阳美术主流的响堂山石窟所体现的北齐"标准样式"的元素；其次，它具有杨子华一派宫廷画派的富丽气象和南朝风格；最后，它更具有与粟特画派及南朝风格有关的曹仲达曹家样的风格。画面上的拜火坛、伊朗式吉祥鸟、粟特贵族服饰及坐姿、袄教节日宴饮都是我们在中亚粟特画派粟特美术中似曾相识的图像或符号，只是来到中国后经过中国绘画传统的洗练，而使其又常有浓重的中国气派。

因此,安阳石棺床画像石不仅是入华粟特人的中国祆教美术的珍品,对于与中亚粟特人美术及祆教美术进行比较研究,极具价值;而且,由于北齐美术在中古美术转变中的地位,这一组画像石对于认识北齐画风的巨变,认识北齐画格在中国美术史中的地位,也提供了新的证据。

注　释

[1] 天水市博物馆:《天水市发现隋唐屏风石棺床墓》,《考古》1992年第1期。

[2] Custina Scaglia, "Central Asians on Northern Ch'i Gate Shrine", *Artibus Asiae*, Institute of Fine Arts, Vol. XXII, New York University, 1958.

[3] G. Scaglia 文章第9页引用: *Exhibition of Chinese Stoi Sculpture*, C. T. Loo & CO., New York, 1940, Pls. XXVIII—XXXI.

[4] Osvald Siren. *Chinese Sculpture from the Fifth to the Fourteenth Century*. London, 1925, Vol. I, PP. 120—122; Vol. IV, Pls. 444-450.

[5] 见注[2],参见孙机《中国圣火》,辽宁教育出版社1996年版,第179页。

[6] 见注[2]。

[7] B. Marshak, "Le programme iconograph des de la 《Salle des ambassadeu aAfrasiab》(Samarkand)", *Arts Asiatique*, Pais, 1994. 参见施安昌《北魏冯邕妻元氏墓志纹饰考》,《故宫博物院院刊》1997年2期,北京。

[8] F. Grenet. *Cultes et monuments religieux dans L Asie centrale pelslamqique*, Pais, 1987.

[9] 张广达:《唐代祆教图再考》,《唐研究》第3卷,1997年,第1页。

[10] 孙机:《中国圣火》,第179页。

[11] J. Lerner, "Central Asians in Sixth-century China, A Zoro-astrian Funerary Rite", *Iranica Antiqua*, Vol. XXX, 1995.

[12] 同注[4]。

[13] 《科隆美术馆展, *Meisterwerke aus China, Korea and Japan im Museum für Ostasiatische Kunst, köln*》,东京,1997年,第33、133页。参见O. Siren 前揭书。

[14] 《丝绸之路大美术展》*Grand Exhibition of Silkroad Buddhist Art*,东京,1966年,第39页,参见O. Siren 前揭书。

[15] 参见O. Siren 前揭书。

[16] 同注[13]。

[17] 磁县文化馆:《河北磁县东魏茹茹公主墓发掘简报》,《文物》1984年第4期。

[18] 中国社会科学院考古研究所邺城考古工作队:《河北磁县湾漳北朝墓》,《考古》1990年第7期;马忠理:《磁县北朝墓群——东魏北齐陵墓地域考》,《文物》

1994年1期；杨泓：《美术考古半世纪》，文物出版社1997年版，225页。

[19] Г. А. Пугаченкова, Мианкалъские оссуарии, < Изхудожественной сокровишии Средиеяо Востока. > стр. 107.

[20] A. M. Belenitskii, B. I. Marshak, and Mark J. Dresden, *Sogdian Painting*, The Pictorial Oriental Art, University of California Press, 1981, p. 31.

[21] Жиаопись Древнеяо Пянджикента. М. 1954. ТаблицаXXVII.

[22] 同上注，ТаблицаXXVII.

[23] 马采：《艺术学与艺术史文集》，中山大学出版社1997年版，第191页。

[24] 同注 [23]，第201页。

[25] 欧初、王贵忱主编：《屈大均全集》第七册，人民文学出版社1996年版，第1009页。

[26] 史苇湘：《敦煌佛教艺术产生的历史根据》，《敦煌研究》1981年第1期，第139～140页。

[27] 同注 [23]，第220页。

[28] 汤池：《东魏茹茹公主墓壁画试探》，《文物》1984年第4期。

[29] 长广敏雄：《六朝时代美术研究》第五章，美术出版社，东京，1969年，第105～141页。

[30] 林巳奈夫：《兽环·铺首的若干问题》，《东方学报》（京都），五十七册，1985年。

[31] Susan Bush, "Thunder Monsters, Auspicious Animals, and Floral Ornament in Early Sixth-century China", *Arts Orientalis*. Vol. 10, 1975.

[32] 高桥宗一：《北魏墓志石描绘的凤凰·鬼神的化成》，早稻田大学美术史学会《美术史研究》第27册。

[33] 陈明达、丁明夷编：《巩县天龙山安阳石窟雕刻》，《中国美术全集》雕塑13，文物出版社1989年版。

[34] 同上注。

[35] 金维诺、罗世平：《中国宗教美术史》，江西美术出版社1995年版，第107页。

[36] R. A. Jairazbhoy. *Oriental Influences in Western Art*, London, 1965, p. 205.

[37] E. Schwarzenberg. "A Scythian Vial", *East and West*, Vol. 44, Nos2-4, 1994.

[38] Guitty Azarpay, "Some Iranian Iconographic Formulae in Sogdian Painting", *Iranica Antiqua*. XI.

[39] 洛阳市文物工作队：《洛阳出土历代墓志辑绳》，中国社会科学出版社1991年版，第330页。

[40] 王仲荦：《北周六典》上册，中华书局1979年版，第163页。

[41] 关于萨宝及粟特人历史背景，参见池田温《8世纪中叶敦煌的粟特人聚落》，

[42] 《亚欧大陆文化研究》Ⅱ，北海道大学，1965年；吉田丰：《中央亚欧大陆的统合》，《岩波讲座·世界历史》11卷，东京，1997年；姜伯勤：《萨宝府制度源流论略》．《华学》第3辑，紫禁城出版社1998年版。

[42] O. Siren, *Chinese Sculpture*, Plate 450, p. 122.

[43] 龚方震、晏可佳：《祆教史》，上海社会科学院出版社1998年版，第30页。

[44] 同注［42］，Plate. 449, p. 122.

[45] B. I. Marshak, V. I. Raspopova, "Wall Paintings from a House with a Granary: Panjikent, 1st Ouater of the Eighth Century A. D.", *Silk Road Art and Archaeology* (1), Kamakura, Japan, 1990.

[46] 同注［42］，Plate. 448, pp. 121－122.

[47] 同注［38］。

[48] 同注［38］。

[49] 钟晓青：《响堂山石窟建筑略析》，《文物》1992年第5期。

[50] 参见同上文及注［33］。

[51] 梁思成：《中国建筑史》，百花文艺出版社，天津，1998年，第84～86页。

[52] 《刘敦桢文集》第三集，中国建筑工业出版社1987年版，第113页。

[53] A. Belenitsky, *Central Asia*, Geneva, 1986. Illustration, 74, Pish. Silvel gilt. Malaya Ani, Perm, 8－10th century A. D.

[54] 《中国石窟·敦煌莫高窟》（二），第22图，文物出版社1990年版。

[55] П. И. Альбатм, Балалык-Тепе. стр. 134, Тащкент, 1960.

[56] 同上注，стр. 146－147.

[57] 同注，［20］，第121页。

[58] Гренз Ф（F. Genet）. Интерпређ. ня декора оссуариев из БиянаРМана и Иванкаия. Городскаякульту-Ђактрии-Тохаристанаи Согда. Ташкеит, 1987。

[59] В. И. Марщак. Соядияское серебро. рис. 29, стр. 66－67, 147, Москва, 1971.

[60] 巫鸿：《汉画读法》，北京大学百年校庆国际汉学讨论会论文。

[61] Mary Boyce, *Zorcastrians*: *Their Religious Beliefs and Practices*, London and New York, 1987, p. 33.

[62] Mary Boyce, *Textual Soures for the Study of Zoroastrianism*, Manchester University Press, 1984, p. 18.

[63] 同注［45］。

[64] 同注［43］书，第318～319页。

[65] 蔡鸿生：《唐代九姓胡与突厥文化》，中华书局1998年版，第33～34页。

[66] 《世界美术馆·弗里尔美术馆》，讲谈社，东京。

[67] 饶宗颐：《穆护歌考》，《文辙》下，学生书局，台北，1991年。邱琼荪：《燕

乐探微》，见《燕乐三书》，黑龙江人民出版社1986年版，第279页。
[68] 荣新江：《祆教初传中国年代考》，《国学研究》第3卷，北京大学。
[69] 林悟殊：《波斯拜火教与古代中国》，新文丰出版公司，台北。
[70] 同注［19］。
[71] 同注［58］。
[72] Ф. Гренз（F. Genet）. Знание Яштоһ Авестыа Согдеи Бактрии по Дађнньм иконографии. Вестник дрсвнсй истории，1997. Ⅳ（207）.
[73] 影山悦子：《论新疆出土的ossuary（祆教教徒纳骨器）》。"オリエント"40卷1号，1997年9月。
[74] 柳洪亮：《新疆鄯善县吐峪沟发现陶棺葬》，《考古》1986年第1期。
[75] 新疆维吾尔自治区博物馆编：《新疆出土文物》，文物出版社1975年版，图版第169页。
[76] 见注［61］Mary Boyce 前揭书，pp. 120–121；又见注［66］林悟殊前揭书，第89页。
[77] В. А. Ливциц. Согдиискuе документы с горы Myr. Выпуск Ⅱ，1962. стр. 48.
[78] 同上书，стр. 52。
[79] 向达：《唐代长安与西域文明》，生活·读书·新知三联书店1979年版，第1页。
[80] 贡布里希著，杨思梁、范景中选编：《象征的图像——贡布里希图像学文集》，上海书画出版社1990年版，第5页。
[81] （意）马里奥·布萨格里：《中亚绘画》，见许建英、何汉民编译，贾应逸审校：《中亚佛教艺术》，新疆美术摄影出版社1992年版，第48页。
[82] 弗鲁姆金著，黄振华译：《苏联中亚考古》，新疆博物馆出版，第55页。
[83] 同上书，第56页。
[84] 《佛教石窟考古概要》，文物出版社1993年版，第134页。
[85] 同注［33］。
[86] 同上注。
[87] 金维诺：《南梁与北齐造像的成就与影响》，《艺术史研究》第一辑，中山大学出版社1999年版。
[88] 同上注。
[89] 谢稚柳：《鉴余杂稿》（增订本），上海人民美术出版社，1996年，第272页。
[90] 宿白：《中国石窟寺研究》，文物出版社1996年版，第349、352页。

［原载中山大学艺术史研究中心编：《艺术史研究》（第1辑），广州：中山大学出版社，1999年］

敦煌白画中的粟特神祇

敦煌白画 P. 4518（24）号有二女神像，其奇特的异域风貌，不见于一般敦煌绘画与彩塑。白画所绘持盘中兽偶的女神，恰恰是粟特地区独特宗教崇拜的一种传统。

近四十年来，粟特壁画的大量发现，使昭武九姓地区成为战后亚洲美术考古的圣地之一。通过对粟特祠庙遗址及壁画遗存的研究，为探讨敦煌吐鲁番袄教研究中的难题找到了若干线索。

本文得以写作，实承香港大学艺术系时学颜教授惠贻资料，谨致以最诚挚的谢意。

一、持犬女神与粟特神

敦煌纸本素画中，见一持犬女神，饶宗颐先生《敦煌白画》[1]一书中记云：

> P. 4518（24）
>
> 绘二女相向坐，带间略施浅绛，颜微著赭色，颊涂两晕，余皆白描。一女手执蛇蝎，侧有一犬伸舌，舌设硃色。一女奉杯盘，盘中有犬。纸本已污损，悬挂之带结尚存。

在 P. 4518（24）号二女神像中，我们先讨论手持盘中有犬的女神之像（图1）。

此女神头上有光轮，其所戴头冠与莫高窟 409 窟回鹘女供养人头冠相似。[2] 此种头冠，敦煌研究院诸先生一般称之为"桃形凤冠"。据此，此纸本绘画当出于归义军曹氏、沙州回鹘及西夏时期，约相当于 10—11 世纪。此女神一手执盅，一手执盘，盘中有一小犬。

近年来在粟特人昭武九姓地区（即今乌兹别克及塔吉克地区）多次发现手托小兽偶像于盘中的神像壁画及雕塑。此种珍贵的发现与敦煌白画中之这一奇观足资比较。阿弗拉西阿勃（Afrasiab）为昭武九姓中之康国

图1　敦煌白画 P.4518 号持盘中兽偶女神

(Samarkand) 旧都，此地名当即《隋书·康国传》中的"阿禄迪城"。

1965 年，在阿弗拉西阿勃古康国遗址 9 号室，发现北壁缘饰，于拱形下绘有男女坐像（图2）。残壁中央部有半圆形拱，拱下涂蓝色。左侧为男性，右侧为女性，男性右手持一盘[3]，盘中有蹲着的小兽，此画属 6 世纪，为非佛教造像。

图2　阿弗拉西阿勃壁画持盘中兽偶女神

男性头像后的光轮甚复杂，为三色圆光，里圈为土黄色，中圈为红色，外圈为明亮之明黄色。[4]由此光轮可知所绘男女为神像，亦即粟特人奉祀之神像。以上是康国古城遗址中发现之手持盘中兽偶的粟特神像的例证。

品治肯特在撒马尔干东约 70 公里处，建于 5 世纪，属撒马尔干同盟之一员。722 年毁于战火，残留至 760 年，品治肯特壁画年代下限为 8 世纪。

品治肯特XXIV：13 号地点，发现 8 世纪神像[5]，二神祇均有光轮，左侧一神手持一盘，上有一兽（图 3）。

图 3　品治肯特壁画持盘中兽神祇

品治肯特又曾发现 6 世纪陶塑，为一手持骆驼偶的男神，此陶塑现藏彼得堡艾尔米塔什博物馆。[6]

在阿克·贝辛（或谓此即中国史书中的"碎叶"），8 世纪住在当地的粟特人所建佛寺中发现镀金铜牌，其上亦有一对男女图像，其伸出的手中持有一骆驼小偶（图 4）。[7] A. M. 别连尼茨基据此认为：当粟特人成为佛教徒后，粟特人仍把他们所见的与印度神像不同的神祇包容到佛教神殿中去。[8]

别连尼茨基还认为，施什金所著《瓦尔赫萨》一书之图版XIV中也有于手持器皿中持有兽偶的神像。[9]但细审施什金原书[10]，因壁画残甚，尚

图 4　阿克·贝辛（碎叶）铜牌中持骆驼偶神祇

有待进一步证定。

以上是别连尼茨基所举出的五例"非佛教关系"的手持兽偶的神祇，除瓦尔赫萨一例需进一步证定外，其他四例确凿无疑。其中二例明显于盘中持骆驼偶，另二例于盘中持小型兽偶，其分布地区在康国一带及粟特移民所住之碎叶河上的碎叶（今谢米列契，即七河地区）。可以确定的是，于盘中手持兽偶的神祇，是粟特人聚居区的一种独特文化，它不属于"佛教关系"，而应与粟特人所广泛信仰之祆教有关。

在火教经即《阿维斯陀》经中，狗与骆驼等益兽为琐罗亚斯德教信徒所十分珍视。

火教经《阿维斯陀注释》（The Zend—Avesta）中《闻迪达德》（Vendiîdâd）之 XIII 章 49 有云：

> 如果我之两犬，牧羊犬与家犬，打从我的任一忠实人民家宅这旁经过，勿令走开。
>
> 若没有我之两犬，牧羊犬与家犬，根本就没有任何家宅可在阿胡拉所创之大地上生存。[11]

希腊史家希罗多德记载了古波斯琐罗亚斯德教信徒对狗特别珍视。所著《历史》一书有云："穆护（Magi，祭司）却亲手杀害除人和狗以外的任何生物。他们不管是蚂蚁，是蛇，不管是爬虫类，还是有翅的东西一律加以杀害。"[12] 按王以铸先生译本之"玛哥斯僧"即 Magi, 今译作"麻葛", 亦即唐宋记载中之所谓"穆护"。[13] 这里指出了狗的特殊地位, 而这正是琐罗亚斯德教的一种时代特征。[14]

琐罗亚斯德教文献中有十种犬, 如牧羊犬、家犬、守聚落犬、水栖犬等, 其中对牧羊犬评价最高。中世纪波斯语书《许不许》中有:

（问）"消攘恶魔'纳什'的犬系何种犬？"
（答）"牧羊犬、守家犬、血犬……"

这里说的是一种为了驱赶缠住死人身体的恶魔"纳什"而以犬来视看尸体的仪礼, 即所谓"犬视"（Sag–did）的仪式。[15] 总之, 犬是神圣的。

火教经《阿维斯陀》中亦提及骆驼,《耶斯纳》（Yasna）第 XLIV 章 18 节有云:

然后我问汝, 啊, 阿胡拉！正确告诉我, 我如何能获得你的公正命令的奖赏: 十匹配上牡马的母马和骆驼。[16]

《耶斯纳》第 XIV 章, 又崇赞阿胡拉所创造的韦雷特拉格纳（Verathraghna, 军神）, 11—13 节谓其化身为充满精力的牡骆驼。[17]

综上来说, 在琐罗亚斯德教经典中, 犬是神圣的, 骆驼亦可以是神的化身。将 P.4518（24）号敦煌白画中手持盘中犬的女神, 与粟特地区品治肯特（6 世纪）手持盘中骆驼及碎叶（8 世纪）手持骆驼的粟特神比较, 又与阿弗拉西阿勃（6 世纪）及品治肯特（8 世纪）之手持盘中兽偶的粟特神比较, 得知敦煌白画所绘手持盘中犬的女神, 实为一粟特神, 又根据火教经《阿维斯陀》将犬及骆驼视为神圣, 得知此类神祇与祆教有关。

二、持日月蛇蝎女神与粟特神

P.4518（24）号白画中, 右面女神有光轮, 高冠, 后两臂一手执日, 一手执月；前两臂一手执蛇, 一手执蝎, 身后一犬伸舌。

手执日月的女神, 见于品治肯特所出粟特壁画中。品治肯特 2 号祠庙遗址主厅南墙著名之《哭丧图》中, 有一四臂女神, 惜未得完整保存,其上方二臂情形已不详。虽然品治肯特 2 号祠庙壁画中四臂女神的特征未得以保存下来，但基于书面史料记载的娜娜（Nanā）女神与丧葬祭礼的关联，遂有人提出此四臂女神与娜娜女神可证为同一。[18]

品治肯特 VI 号点 26 室南墙上有一女神像，为一四臂女神，其上二手各持日月（图 5）。论者亦谓与娜娜女神有关。

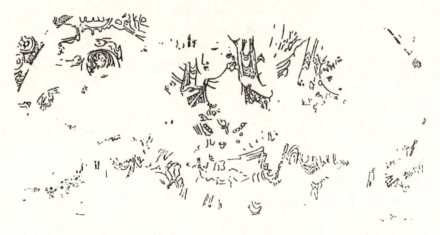

图 5　品治肯特所出持日月神

粟特钱币上带有娜娜（Nanā）的名字，进一步证明娜娜是前伊斯兰时代粟特地区的主要女神。[19]

原来流行于两河流域（美索不达米亚）的娜娜女神，在伊朗诸神中有一个对应物，即阿尔迈提（Ārmaiti）女神，在琐罗亚斯德时代以前的伊朗万神殿中，阿尔迈提是大地之神，与在神阿胡拉（Ahura）结为一对。但后来阿胡拉上升为琐罗亚斯德教的最高神，而阿尔迈提的地位降为天神之女。[20]安息史料中，阿尔迈提与大地被视为同一，被描写为人类之母，是家畜、耕地的守护神。

总的来看，粟特壁画和花剌子模银器上的这类女神，概念上是前琐罗亚斯德时期的作为大地之神的阿尔迈提与美索不达米亚的作为战争与丰饶女神的娜娜的综合。

敦煌白画 P.4518（24）号中之手持日月女神可与品治肯特 VI：26 号遗址壁画中手持日月之四臂女神比较。该粟特女神上方二臂所持日月，一为红色，一为蓝色。[21]可惜其下面之二手臂已不存。

敦煌白画四臂女神之一手执蛇，这种形制也见于中亚出土物中。公元初年安息时代，马尔吉安所出女神雕像中，即见有手执蛇的形象。[22]（图6）

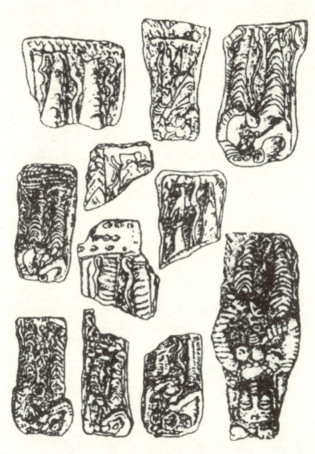

图6　马尔吉安所出手执蛇的形象

从安息、贵霜时期以来，直到中世纪粟特，不少出土物中有龙蛇。又如前引述，希罗多德在《历史》中描写波斯人习俗时，曾谓除了救出了狗和人，穆护（magi，祭司）杀死了所有的蚁和蛇。[23]这说明琐罗亚斯德教是要降伏蛇的。

研究粟特壁画的一些学者认为，那些手执日月的女神或与阿尔迈提有关。而阿尔迈提在《阿维斯陀》中亦是一行使天神使命的重要神祇。加上祆教又是主张杀蛇的，因此，我们认为敦煌白画中的手持日月蛇蝎的女神，与粟特人信仰的四壁女神有关，亦与祆教有关。

三、"摩醯首罗"式样祆神与粟特维施帕卡神

近年来在品治肯特壁画中，还发现了祆教维施帕卡（Weshparkar）神，这一粟特神相当于大自在天，亦即相当于摩醯首罗（Maheśvara）。这一发现为解决近代以来关于唐宋人报道祆神即佛经所谓摩醯首罗的记载是否正确的一大公案找到了线索。

品治肯特Ⅲ号点6号室西墙壁画中，发现一台座上的三个圣火祭坛。台座上有有翼公羊座脚，其上有三个可以搬动的圣火祭坛（图7）。圣火祭坛上画有诸神，其中仅一个祭坛支柱上的神像保存得较为清晰，显出是Weshparkar神，为三人一体三头神。另外两个圣火坛显然与Zrvān和Adbag有关。[24]

图7 三圣火祭坛（1）

粟特人诸神中，最主要的三个男神是：粟特神Adbag，意为"大神"，即"阿胡拉·玛兹达"（Ahura Mazda），相当于帝释天（Indra）；粟特神Zrvān，相当于梵天（Brahmā）；而粟特神Weshparkar相当于大自在天（湿婆，Siva）。[25]

按，"大自在天"是佛教"诸天"之一，此神由婆罗门教或粟特地区祆教中的主神地位下降为佛教中的护法神。在佛教中，大自在天又称为"摩醯首罗"，其像三头六臂。[26]

品治肯特XXⅡ号点1号居址壁画中，发现8世纪Weshparkar神神像，三头，六臂，披甲胄，一手执山型叉（图8）。粟特佛教艺术中的印度化的图像学，比佛教本身存在得更长久。在粟特地区出现了反佛教的反动之后，品治肯特和沙赫利斯坦（Shahristan）继续以湿婆（Siva）的三头像作为地方神Weshparkar的模型。[27] V. A. 里夫斯茨解读了品治肯特三头神像下部的题铭为wsprkr，遂将此品治肯特神像拟定为Weshparkar神。[28] 现在我们再回头来讨论有关唐宋人认为祆神犹如佛经"摩醯首罗"的公案。

此种说法首先见于唐杜佑《通典》，该书卷四〇"大唐官品"有云：

> 祆者，西域国天神，佛经所谓摩醯首罗也。武德四置祠及官，常有群胡奉事，取火咒诅。

唐韦述《两京新记》有云：

> 胡祆祠，武德四年所立，西域胡天神，佛经所谓摩醯首罗也。

宋董逌《广川画跋》卷四《书常彦辅祆神像》云：

> 元祐八年七月，常君彦辅……遇寒热疾，大惧不良，及夜祷于祆神祠，明日良愈，乃祀于庭。又图像归事之，属某书且使教知神之休也。

> 祆祠世所以奉梵相也。其相希异，即经所谓摩醯首罗。有大神威，普救一切苦，能摄伏四方以已佛法。当隋之初，其法始至中夏，立祠颁政坊，常有番人奉事，聚火祝诅，奇幻变怪。

宋姚宽《西溪丛语》引其兄姚宏说：

> 祆字其画从天，胡神也。音醯坚切。教法佛经所谓摩醯首罗也。

以上，唐、宋人均谓祆神之一犹如佛经中的所谓摩醯首罗。

陈垣先生撰《火祆教入中国考》[29]，是中国学人祆教研究中的划时代著作，其谓"祆者天神之省文，不称天神而称祆者，明其为外国天神也"，又谓"火祆者即火神天神之简称"，所论至为精辟。

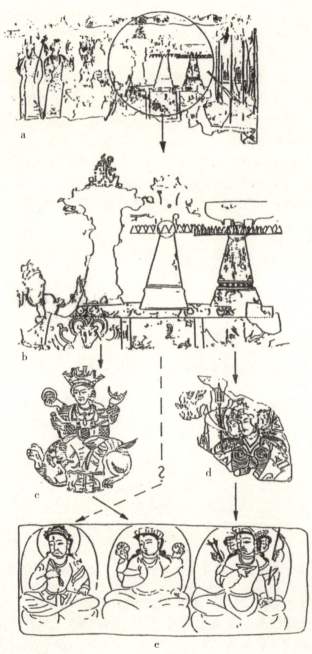

图8 三圣火祭坛（2）

陈先生又云：

> 以火祆为摩醯首罗，本于《两京新记》注（卷三）及《通典》注（卷四十），摩醯首罗，大自在天也。《翻译名义集》卷四曰：摩醯首罗，诸经论多称大自在。《大唐西域记》所述凡百三十八国，有天祠者七十八，多供大自在天，然与波斯火祆教无涉，不得强为附会也。

据品治肯特Ⅲ号点6号室壁画，摩醯首罗式样Weshparkar神确绘于祭火圣坛支柱上，确证此种天神确系祆神。与此同时，我们还认识到：根据池田温先生研究，敦煌、吐鲁番有粟特人聚落或居留地。[30]拙文对此亦续有证明。[31]可知敦煌、吐鲁番地区之祆教，实为流寓此地的粟特人所信奉，故理解沙州、西州祆教乃至长安等地祆教，须从粟特祆教中索解。而粟特的Weshparkar祆神之发现，证明韦述、杜佑诸家关于祆神犹如佛经中所谓摩醯首罗的记载是可信的。

细审韦述、杜佑、董逌、姚宽等唐宋诸家文字，得见其行文均指出祆神是"西域国天神"，又说是"经所谓摩醯首罗"。其定性为"西域国天神"，而"所谓"之谓，是指其相当于佛经中的摩醯首罗，而不是等于摩醯首罗。尤其是董逌，其时曾亲见祆祠及祆神画像，指出"其相希异，即经所谓摩醯首罗也"。所以，唐、宋诸家的记载应是可信的。

由此，我们更认识到，如要进一步考察敦煌、吐鲁番遗书中的祆教、"祆庙"、"祆寺"、"祆神"、"赛祆"诸问题，亦需从粟特人之祆教考古遗存的比较研究中索解。

四、后　论

饶宗颐先生于法京编辑《敦煌白画》时，曾得睹原件，并留下一重要记载，记及P.4518（24）号白画状貌云：纸本已污损，悬挂之带尚存。这一记载使我们联想到10世纪敦煌盛极一时的"赛祆"活动中悬挂祆神纸本画像的情景。

9世纪中叶，归义军时期每季都举行"赛祆"活动，P.4640号《唐己未年—辛酉年（889—901）归义军衙内破用布纸历》[32]中，己未年（889）有：

(七月廿五日)，又同支赛祆画纸叁拾张。

(十月五日)，又支赛祆画纸叁拾张。

庚申年（900）有：

(正月)十三日，支与赛祆画纸叁拾张。

(四月)八日，赛祆支画纸叁拾张。

(四月十六日)，又赛祆画纸叁拾张。

(七月)九日，赛祆用画纸叁拾张。

(十月)九日，支与赛祆画纸叁拾张。

辛酉年（901）有：

(正月)十一日，赛祆支画纸叁拾张。

(二月廿一日)，同日，赛祆支画纸叁拾张。

(三月)三日，东水池及诸处赛祆，用粗纸壹帖。

(四月)十三日，赛祆用画纸叁拾张。

另据 P. 2569 号光启三年（887）《官酒户马三娘龙纷堆牒》，得知有"夏季赛祆用酒肆瓮"，可推知敦煌春夏秋冬四季均有"赛祆"，这种赛神活动中，须由官家支出画纸三十张。由"画纸"得知此纸用来画祆神，又据 P. 2569 号《儿郎伟驱傩文》有"今夜驱傩队仗，部领安城火祆"，则除夕赶鬼仪式中亦以"安城火祆""部领"队仗。由此，我们推知"赛祆"时应悬挂三十张画纸上所绘之祆神。

此种画纸每次需要三十张之多，则与沙州城东粟特人聚居处安城祆庙或祆寺中所奉祆神有二十位之多有关。如 P. 2005 号《沙州都督府图经残卷》有云：

> 祆神
> 右在州东一里，立舍画神主，总有廿龛，其院周回一百步。

又，885 年之 S. 0367 号地志中谓伊吾县"火祆庙中有素书形象无数"。亨宁（W. B. Henning）氏在《粟特神祇》一文中，亦考出源于伊朗神祇的粟特神达十数种之多。[33]

根据以上的背景材料，P.4518（24）号敦煌白画神祇，从其悬挂情形看，或与"赛袄"有关。这种白画，亦应与"火袄庙"中的"素书形象"有关。

后　记

本文正式发表于1990年。近读池田温先生赐寄东京博物馆编1996年《丝绸之路大美术展》豪华图册。其第180图已将P.4518（24）号敦煌白画命名为《粟特女神图》，则本文之发现已被接受。第180图说明文云："左像为象征琐罗亚斯德教的女神Daenā。"左像即手持盘中犬女神像。这一新发现，表明了本课题研究在国外已获得新的进展。该说明文又云："右像为粟特女神娜娜Nana"，则与本文所见略同。

注　释

[1] Jao Tsong-Yi：*Peintures monochromes de Dunhuag*.（饶宗颐：《敦煌白画》，法国远东学院考古学刊，1978年。）
[2] 万庚育：《莫高窟榆林窟的西夏艺术》，见《敦煌研究文集》，甘肃，1982年。
[3] А. И. 阿尔巴乌姆：《阿弗拉西阿勃绘画》，加藤九祚日译本，1975年，第62～63页。
[4] 同上书，第63页。
[5] A M Belennitskii, B I Marshak and Mark J Dresden. *Sogdian Painung*：*The Pictorial Epic in Oriental Art*, University of California Press, p. 33.
[6] 同上书，第34～35页。
[7] Aleksandl Belenitsky. *Central Asia*, 1968, Geneva, p. 138.
[8] 同注[5]，第34页。
[9] 同注[5]，第35页。
[10] В. А. Шишкии, Вархша. Москва, 1963, 图版XIV.
[11] James Darmesteter, L. H. Mills. *The Zend-Avesta*, in 3 vois, *The Sacred Books of the East.* 4.23.31, 第Ⅰ卷163页。
[12] 希罗多德：《历史》，王以铸译，商务印书馆1959年版，第72页。
[13] 饶宗颐：《穆护歌考》，《大公报复刊三十周年纪念论文集》下册。
[14] Mary Boyce：*A History of Zoroastrianism*. Leiden/Köln, 1982.（玛丽·博伊斯：《琐罗亚斯德教史》）pp. 182—183.

[15] 伊藤义教：《波斯文化渡来考——从丝绸之路到飞鸟时代日本》，东京，1980年，第113页。
[16] 同[11]，第Ⅲ卷，第120页。
[17] 同[11]，第Ⅱ卷，第234页。参见注[15]，第97页。
[18] 同注[5]，第132页。
[19] 同注[5]，第134页。
[20] 同注[5]，第137页。
[21] 同注[5]，第196页。
[22] A. M. Беленицкий. B. A. Иешъеовс. Змеи-драконы адревнем искусстве средней Азии. оветская ащхеслогии, 1986. 3.
[23] 同注[12]，第72页。
[24] 同注[5]，第30～31页。
[25] 同注[5]，第29页。
[26] 同注[13]。
[27] 同注[5]，第29页。
[28] 同注[5]，第30页。
[29] 陈垣：《火祆教入中国考》，《陈垣学术论文集》第一集，北京，1980年。
[30] 池田温：《八世纪敦煌的粟特人聚落》，《欧亚大陆文化研究》Ⅰ，1965年。
[31] 姜伯勤：《敦煌吐鲁番与丝路上的粟特人》，《东西交涉》1986年，五卷1、2、3号，东京。
[32] 池田温：《中国古代籍帐研究》，东京大学东洋文化研究所，东京，1979年。
[33] W. B. Henning, A Sogdian God, *BSOAS*, XXⅧ, 2, 1965.

（原载《敦煌吐鲁番学研究论文集》，上海：汉语大词典出版社，1990年）

明清之际岭南禅学与南方文化

一、明清之际"天崩地解"与岭南地区名僧辈出

1964年,陈寅恪先生完成了自1954年以来开始写作的巨著《柳如是别传》。这是一部以近代所见的那种百科全书派学者的视野与气势,来研究中国17、18世纪之交"天崩地解"的"民族大悲剧"① 时代的巨制。

《柳如是别传》完成于作者衰目病年之中,出版以后,在关涉史实的文献学方面,从周法高先生到何龄修先生,② 都曾有所商榷。尽管如此,它在文献学上的功力,仍使寅恪先生的门人、南明史首屈一指的专家谢国桢先生惊赞不止,"俯首再拜"。③ 然而,更重要的是,《柳如是别传》在研究明清之际文化史、岭南禅学史等方面的意义,以及它为建立一种"中国化"④ 的文化史研究传统的卓绝努力,都还有待于我们通过艰苦的研究来加以阐发。

寅恪先生在《柳如是别传》中以一种敏锐的洞察力,揭出了三百年前南北文化的差异:

> 寅恪尝谓河东君(柳如是)及其同时名姝,多善吟咏,工书画,与吴越党社胜流交游,以男女之情兼师友之谊……但亦因其非闺房之闭处,无礼法之拘率,遂得从容与一时名士往来,受其影响,有以致之也。清初淄川蒲留仙松龄聊斋志异所纪诸狐女……盖留仙以齐鲁之文士,不满其社会环境之限制,遂发遐思,聊托灵怪以写其理想中之

---

① 陈寅恪:《柳如是别传》,第42页,上海古籍出版社1980年版。
② 周法高:《读〈柳如是别传〉》,《历史语言研究所集刊》第53本第2分,台北,1982年。何龄修:《〈柳如是别传〉读后》,《纪念陈寅恪教授国际学术讨论文集》,中山大学出版社1989年版。著文讨论的尚有周采泉、马里千等诸家。
③ 谢国桢:《方以智年谱序》,第4页,载任道斌著《方以智年谱》,合肥,1983年。
④ 陈其南:《四十年来台湾人类学研究的回顾与前瞻——人类学研究与社会科学中国化》,《中国论坛》第21卷第1期,第241号,1985年10月。参见陈其南:《家族与社会》"序言"第iii页,台北,1990年。

女性耳。实则自明季吴越胜流观之，此辈狐女，乃真实之人……然亦足借此窥见三百年前南北社会风气歧异之点矣。①

三百年前南北文化的差异，寅恪先生已观察到其与盛泽、吴江一带经济的高度成长有关。陈先生云："可知吴江盛泽实为东南最精丝织品制造市易之所，京省外国商贾往来集会之处。且其地复是明季党社文人出产地，即江浙两省交界重要之市镇。"寅恪先生注意到"地方丝织品之经济性"、"党社名流之政治性"与"吴江盛泽诸名姬"在社会生活上的关联。②

寅恪先生的研究，还使我们认识到当时江南及岭南之间已经有了斩不断的文化联系。广东潮阳大埔的木陈道忞禅师与江南的钱牧斋、黄介子间，广东博罗的千山剩人函可禅师与江南的顾梦游、钱牧斋间，广东仁化丹霞山的原籍浙人的澹归今释禅师（金堡）与江南的钱牧斋间，都有如此密切的文化关系。由此启发我们必须用一种整合的眼光，来观察当时的南方文化。

而正是在这里，寅恪先生又把我们带到了岭南禅学这一魅力无尽的研究领域。

《柳如是别传》第五章，据钱牧斋尺牍中《与木陈和尚》二通，③ 指出木陈即道忞（1596—1674）。木陈和尚是广东潮阳大埔林氏子，为宁波天童寺临济宗禅僧。钱牧斋因黄介子于顺治五年（1648）起兵事下狱。寅恪先生据钱牧斋与木陈和尚的书信，论证牧斋与黄介子为旧友。同章论及《有学集》中之《华首空隐和尚塔铭》。④ 华首道独空隐大师为广东南海陆氏子，是清初著名的天然和尚函昰与剩人和尚函可的师傅。

《柳如是别传》还以相当篇幅考证了剩人函可（广东博罗韩氏子）于南明弘光元年（1645）由广东至南都，及其在南京因参与抗清活动下狱的经过，并详论其与顾与治的关系，引及剩人之《千山诗集》及天然函昰撰《千山剩人可和尚塔铭》。⑤ 同书第五章亦论及清初广东仁化丹霞山

---

① 陈寅恪：《柳如是别传》，第75页。
② 同上书，第330页。
③ 同上书，第903页。
④ 同上书，第932页。
⑤ 同上书，第935～936页。

之澹归金堡，并引及其《徧行堂集》。①

对明清之际岭南禅学研究给予巨大关切的另一位史学大家是陈垣先生。早在 1925 年，陈垣先生就在故宫懋勤殿硃改谕旨中，发见雍正皇帝关于木陈道忞的谕旨。② 早在 1938 年，在《释氏疑年录》③ 一书中，据《海云禅藻集》诸书，考证岭南禅师多人的生平年月，使我们看到天然法师门徒中有一个称为"今"及"古"字辈的禅僧群，他们多来自"诸生"、"举人"、"进士"等知识人，是一个值得研究的文化群体。

1941 年，陈垣先生又撰《清初僧诤记》，④ 批评了木陈道忞的"新朝派"维护清朝统治的立场，论及澹归今释对吴梅村及十郡名士的批评，又表彰了作为"故国派"的广州长寿寺石濂大汕大师。

在新近披露的《陈垣来往书信集》⑤ 中，陈垣先生在致汪宗衍先生大函中，对故宫《嘉兴藏》续藏中之《天然语录》及上海藏本《千山剩人语录》诸问题教示良多。

饶宗颐先生有着探究中国精神史轨辙的宏大气魄，对于开创明清之际岭南禅学的研究，也有着引人注目的贡献。在《清词与东南亚诸国》⑥ 一文中，论及石濂大汕及其《离六堂集》。该文已经揭出大汕研究中的一些最重要的资料的线索，如《海上纪事》、《大南实录》、《华夷变态》等，对木陈道忞的研究更有独到的成绩。早年在纂集《潮州志·艺文志》时，即录得《山翁忞禅师随年自谱》。在近著《清初僧道忞及其布水台集》⑦ 一文中，索隐钩沉，指出"道忞于顺治末年出山，晚节颇为人所惋惜，其编次《布水台集》，此类有血性文字，一仍其旧，不稍忌讳，仍见其为

---

① 陈寅恪：《柳如是别传》，第 932、1034 页。
② 陈垣：《汤若望与木陈忞》、《语录与顺治宫廷》，《陈垣学术论文集》第一集，北京，1980 年。
③ 陈垣：《释氏疑年录》，北京，1988 年。
④ 陈垣：《清初僧诤记》，《励云书屋丛刻》，北京师范大学出版社 1982 年版。参见同氏《明季滇黔佛教考》，北京，1989 年。
⑤ 陈智超编著：《陈垣来往书信集》，上海，1990 年。
⑥ 饶宗颐：《清词与东南亚诸国》，原载《选堂集林》，见《文辙》下册，第 789 页，学生书局，台北，1991 年。
⑦ 饶宗颐：《清初僧道忞及其布水台集》，《神田喜一郎博士追悼中国学论集》，东京，1986 年。

血性中人"①。宗颐先生的大论,对于把道忞的早期历史与晚期历史区别对待,有很大的启发。

而邓之诚先生对清初岭南禅僧的研究,亦有深湛的造诣。在《清诗纪事初编》②中,对大汕在康熙四十一年(1702)于广州被押解后的遭遇有细致入微的考证,指出大汕此后曾在江西山寺为僧,并于此后约三年死于常山途次。考证之精,令人倾倒。在同书《释成鹫》一节指出:

> 沧桑之际,粤中士人多从彼教游,所谓十家王谢九为僧是也。惜无有汇而传之者。

当邓之诚先生发出"惜无有汇而传之者"的慨叹时,却有一位终生致力于明清岭南僧传研究的学者,他就是汪宗衍先生。

汪宗衍先生写作了《天然和尚年谱》③、《剩人和尚年谱》、《广东文物丛谈》④诸书,是一位在明清之际岭南僧传研究方面卓有成就的专家。吴天任先生苦心经营的《澹归禅师年谱》⑤,也在艰难中花费了许多心血。两位的工作都令人钦敬。冼玉清先生的《广东释道著述考》(未刊)文曾得到陈垣先生的关怀。⑥

笔者的老师岑仲勉先生早在20世纪30年代就曾鼓励其同事马国维先生编修《海幢海云二寺合志》。"发凡起例,多借助于前辈岑仲勉先生。"⑦后因资料散失,未果。马国维先生后来撰有《明季粤高僧传前序》、《明季粤佛教考概论》、《粤人对禅学与理学之贡献》⑧等论文,对后学启发良多。

以上,我们看到:明清之际岭南禅学史这一主题,曾得到当代不止一

---

① 饶宗颐:《清初僧道忞及其布水台集》,《神田喜一郎博士追悼中国学论集》,东京,1986年。
② 邓之诚:《清诗纪事初编》上,第342、294页,上海,1984年。
③ 汪宗衍:《天然和尚年谱》,癸未春刊,1943年。
④ 汪宗衍:《广东文物丛谈》,香港中华书局,1974年。
⑤ 吴天仁:《澹归禅师年谱》,香港,1988年。
⑥ 《陈垣来往书信集》,第599页。
⑦ 马国维:《明季粤高僧传前序》,《广东文征续编》第四册(卷十三至十六),香港,1988年。
⑧ 马国维:《明季粤佛教考概论》、《粤人对禅学与理学之贡献》、《明季粤高僧传前序》、《广东文征续编》第四册(卷十三至十六),香港,1988年。

位史学大师的垂注。这样一个丰厚的本土学术传统,鞭策着我们把岭南明清之际禅学史的研究与"南方文化"的研究结合起来加以考察。

二、明清之际岭南禅寺名僧的士人化与市井成分

今弁撰天然禅师行状云:"吾粤向来,罕信宗乘,自师提持向上,缙绅缝掖,执弟子礼问道不下数千人,得度弟子,多不胜纪,尤喜与诸英迈畅谈,穷其隐由。"① 清初仅向天然函昰大师问道的,即有数千人之多。由于明清鼎革之际的巨大社会变动,使明遗民中的一大批受过高深教育的知识人和官僚群,从邑诸生、举人到进士,从文臣到隐士,都在这样一个非常时期进入了禅僧队伍。

在岭南,突出反映禅寺名僧士人化趋向的有天然系禅僧与"莲社"系禅侣,以及鼎湖山系禅僧及"东林社"系禅侣。

1. 天然系与莲社系

天然函昰(1608—1685),番禺人,原名曾起莘。明崇祯癸酉(1633)举人。在明末已出家成为华首道独的弟子。属曹洞宗博山元来一系,与千山剩人函可(惠州博罗韩氏,1611—1659)同师空隐老人(即华首道独)。

天然开法于广州诃林(光孝寺)及番禺雷峰海云寺,亦住锡于庐山栖贤寺、净成寺。天然有法嗣十人:今无(海幢禅师)、今觑(栖贤禅师)、今摩(天然亲子,鹤鸣峰禅师)、今释(丹霞禅师)、今壁(雷峰西堂禅师)、今弁(长庆禅师)、今竃、今遇、今摄(巢云禅师)、今旦。② 这样,以番禺雷峰海云寺为中心,旁及广州海幢寺、仁化丹霞山别传寺直至江西庐山栖贤寺,组成了一个广阔的寺院网。

仅在《海云禅藻集》这部称为《禅藻雷峰志》的记载中,即见有"今"字辈、"古"字辈出家弟子名僧六十一人。而在《广东通志》③、《楚庭稗珠录》④ 中,还有更多的"今"字辈、"古"字辈弟子。在《海

---

① 参见汪宗衍:《天然和尚年谱》,第25页。
② 参见汪宗衍:《天然和尚年谱》,第25页,参见《海云禅藻集》。
③ 阮元:《广东通志》,卷328,列传61。
④ 檀萃:《楚庭稗珠录》,广州,1982年。

云禅藻集》所见六十一位名僧中，出身"诸生"的占31.7%，又有明经、进士及大量士人子弟。由此可见，天然系名僧，是以明遗民及士大夫为主体的。如乾隆时因明史案入狱的著名文人陆圻（陆丽金），亦曾一度皈依天然，法名今竟①；屈大均一度皈依天然，法名今种，旋即离去。

天然系名僧有强烈的明遗民倾向，其价值取向有强烈的知识人色彩。天然系海云寺的法社称莲社，其中包括了明三大家诗人之一的陈恭尹。莲社成员67人中，进士5人，占7.46%；举人6人，占8.95%；文人占了26.86%，其他布衣、隐士和山人占26.55%。

天然和尚海云寺名僧成分统计表

（单位：人）

诸生	明经	官员	进士	行伍	行脚	少年	文学	富户	族姓	佛教家族	白衣	名阀	隐士	刻工子	乡塾	总计
23	2	1	1	1	1	5	4	3	4	6	2	4	1	1	2	61
37.70%	3.27%	1.63%	1.63%	1.63%	1.63%	8.19%	6.55%	4.91%	6.55%	9.83%	3.27%	6.55%	1.63%	1.63%	3.27%	100%

天然和尚海云寺莲社成分统计表

（单位：人）

文人	明经	举人	进士	副贡	恩贡	解元	会榜第一	官员	教授	布衣	隐士	山人	总计
18	6	6	5	2	1	1	1	7	2	6	9	3	67
26.86%	8.95%	8.95%	7.46%	2.98%	1.49%	1.49%	1.49%	10.44%	2.98%	8.95%	13.43%	4.47%	100%

2. 鼎湖山系与东林社系

马国维先生指出："栖壑道邱及在犙宏赞二禅师，创建庆云地于鼎湖山上，栖壑承记于博山、无异，兼传莲池大师《净土心要》。在犙更传博山未传之学，复精研律宗，著书百六十余卷，庆云派，禅、净、律兼持。"② 又有成鹫，字迹删，番禺人，本名方颛恺，父为明朝举人。四十一岁从本师石洞剃度。曾往澳门普济禅院，1708年戊子年，迹删七十二岁，主鼎湖山法席。先是1690年庚午年，在香山组织东林社，所著《纪

---

① 汪宗衍：《广东文物丛谈》以陆圻为今竟。清代多种笔记谓陆圻为"今龙"，非是。今龙为另一人。又，陆圻有另一法名为"德龙"，故有此误，当另稿辨正。

② 马国维：《明季粤佛教考概论》，《广东文征续编》第四册。

梦编年》云：1690年庚午年"南游铁城"，"结社于城东之河泊高氏园林，割地为庵，额曰东林，堂曰望远……同时入社，三十余人，做东林故事"，"社中诸贤，若肖、若郑、若毛、若高、若方、若缪"。① 迹删一系带有相当强烈的明遗民特点。

既有士人参与，又由于城市商业和海外贸易在艰难成长中的影响而有市井人参与的禅寺禅僧群，则可以17世纪广州西郊长寿寺及其住持石濂大汕大师为代表。

3. 大汕系与白社系

大汕（1633—1705），字石濂，吴人，俗姓徐。大汕自称"老朽自幼亦耽读书名，尚不知味，方要学书学剑，又因多病，二皆无成"。② 又云："据老僧自幼多病不及书香举业，因度先杖人剃度参方。"③ "杖人"即觉浪道盛。④ 大汕又自称十九岁时在芜湖亲见觉浪道盛。⑤ 据说是"以讼亡命"而出家，⑥ 又有一说系为抗清复明而出家。⑦

大汕"其所出微"、"幼而惊敏"。⑧ 他是一个凭着天资、勤奋、果敢而在苏州吴江这个工商业发达地区从社会底层走向社会上层的一位奇才。他幼时从吴下著名画家沈朗倩（沈颢）习仕女画，后能画人物仕女及泼墨山水，⑨ 如前所述，传世的大汕画作有《陈迦陵（维崧）填词图》等。大汕"或云幼时曾为府县门役"。⑩ 又得龚芝麓赏识，自称"龚宗伯犹

---

① 成鹫：《纪梦编年》，《丛书集成》本。
② 大汕撰，余思黎点校：《海外纪事》卷四，第89页，北京，1987年。
③ 同上书，卷五，第122页。
④ 任道斌：《方以智年谱》，第183页，引《康熙浮山志》卷三《法谱》："第十二代觉浪禅师，名道盛，号杖人，闽浦张氏子。"
⑤ 潘耒：《再与石濂书》："仆据公自述年齿，考浪和尚开法太平时，汝年仅十六，以驳十九受嘱之妄。而今遁词言在芜湖，不在太平。"见《救狂砭语》，第160页，载《金陵览古（外二种）》，上海，1983年。按：大汕作为觉浪法嗣的说法，无实在证据，但其作为觉浪一般法徒，应属可信。
⑥ 《南海百咏续编》注："石公即长寿寺僧大汕，号石濂，吴县人。狡黠多智，以讼亡命，剪发为头陀装。"见中山大学出版社《独漉堂集》，第947页。
⑦ 《大南实录》，大南列传前编《石濂传》："明季清人入帝中国，濂义不肯臣，乃拜辞老母，剃发投禅。"
⑧ 《救狂砭语》，第55页。
⑨ 《海上纪事》卷四第91页："近日客窗病起，泼墨作得一幅《苍松垒嶂图》。"
⑩ 王士祯：《分甘余话》卷下"妖僧大汕"条。见余思黎点校：《海外纪事·附录》，第137页。

子"。中年来广州寺院任讲师，得到觉浪禅师法嗣蒲涧大韶和觉浪弟子屈大均的支持，又因结交平南王尚可喜幕客金公绚支持，得为长寿寺住持，主管长寿寺、清远峡山飞来寺、广州白云山弥勒寺、澳门普济禅院等五间寺院。①

如果说天然的法嗣中不乏遗民士大夫，那么大汕的法嗣则有派往海外越南传法的高僧，如在越南阮主政权下的"国师"果弘兴莲。

大汕广泛结交觉浪禅师一系的遗民色彩很浓的禅师和法侣。如前所述，方以智是觉浪道盛的法嗣，法名廪山大智，晚年住江西青原山。方以智去世后，大汕《离六堂集》卷二《挽药地和尚》小引谓"药地法兄（按指方以智）夙培血性如金刚"，又云："世道既奇险，斯道日沦夷。谁复顾大义，始终不渝志。"②又如吴江人徐釚，监生，召试博学鸿儒，授检讨，1686年因与官争史稿修改罢官。徐釚两次与大汕会面，对大汕谦称"吴江法弟徐釚"，作《海外纪事》序，此一大汕之世俗人法侣，亦具有明遗民思想。

1685年前后，大汕在罗浮新亭见到惠州郡守王紫诠，"招余结社共谈禅"。陈恭尹诗《上元后二夕，长寿精舍雅集，同王惠州、陈韶州两使君、梁药亭、廖南昞、屈翁山、王础尘、沈上钱、方葆宇、陈生洲、黄葵村分得来字》，其中有"陆贾城边白社开"，可知上列诸人均为白社成员。虽然白社成员的人数不止于此。陈恭尹另一首诗记录了白社在广州的活动，"五马风流双郡守，二毛樗散数诗人"。"双郡守"指韶州郡守陈毅安与惠州郡守王紫诠，"数诗人"指陈恭尹、屈大均、梁佩兰、廖南昞。③白社集一时之俊。同诗又云："浮岳曹溪俱有约，杖头从此托闲身。""浮岳"当指罗浮山，"有约"当指惠州刺史王在罗浮与大汕相约立社事，"曹溪"则应指韶关刺史陈在韶州曹溪的相约。

大汕把高官和一流诗人吸引到自己的周围，但他却并没有天然禅师那种出身高门的门第，也没举人身份，更没有像天然研究《楞严经》那样的学问素养。他吸引名流在周围，主要靠的是反清复明的政治理想、他的

---

① 参见季子：《大汕和尚与王渔洋》。杆庵：《大汕其人其象》，见香港大公报《艺林丛录》第三编。
② 参见任道斌：《方以智年谱》，第284页。
③ 陈恭尹：《独漉堂集》，第484～485页、第585页，中山大学出版社1988年版。

诗才和画艺，以及他善于通过幕客交结官府的技巧。另外还有一个重要的条件是：他的长寿寺有一笔来自地产与贸易的巨大财富，可以此资助流浪中的落难士人。

例如，前湖州知府吴绮，江都人，顺治十一年拔贡生，是载于《清史·列传·文苑传》的清初诗人。康熙八年（1669），以风雅好事失官，贫而游食。他得到大汕的周济，并为大汕《离六堂集》写序。大汕则出资二百缗作为吴绮《林蕙堂全集》二十六卷的刻资。①

为了资助别人，大汕需要大量的钱。他居然大胆地把长寿寺变为一个变相参与贸易的"市井化"禅院。为了论述"市井化"这一特色，不妨把前面已述事实再作一归纳：

——大汕在苏州采买为越南阮王"王府用"的定制绸缎，赠予阮主，并从阮主的大量回赠与布施中得到收益。大汕在出海传法中为朝贡贸易穿针引线。

——大汕在长寿寺亲自设计并制造高级梨花木家具，用以馈赠高官甚至充作贡品。大汕从施主中得到收入。这无异于在寺院中设工艺化木工场。

——大汕在长寿寺建"离六堂"，以他本人的造园家的天赋建造园林。"离六堂"这所名园成为上自吴兴祚、下至岭南三大家诗人的雅集地。酒宴中有歌童助兴。②

——长寿寺成为一处戏场。戏台在大殿后，"所演多西厢牡丹亭诸艳本，师徒相酬，动十数日"。③

大汕的长寿寺由于结交曾灿一类反清复明人士，早已成为官府的眼中钉。顺便说一下，宁都人曾灿，曾参与南明福州唐王的军事活动，与易堂诸子结下性命之交，数入粤清山产，为宁都行盐者居间。④ 曾灿曾为大汕《离六堂集》作序，他具有遗民和商人的双重身份。后来，大汕被押解回原籍，在途中曾居江西某山寺，得广大信众皈依，又被巡抚押解回籍，1705年左右死于常山途次。⑤ 而长寿寺也由清朝当局以妨害风化为理由关

---

① 邓之诚：《清诗纪事初编》上，第495～496页。
② 《救狂砭语》，第135页。
③ 同上书，第164页。
④ 邓之诚：《清诗纪事初编》上，第215页。
⑤ 同上书，第342页。

闭。社会上也流传着长寿寺僧中类似《十日谈》、《坎伯雷特故事》的传说。

一个严肃的历史学者对大汕及长寿寺的态度应该不同于宗教家维护戒律的宣示，也应不同于道学家基于中世纪伦理的指斥。在长寿寺和大汕周围所发生的事情，使我们想起布克哈特《意大利文艺复兴时期的文化》和丹纳《艺术哲学》中对文艺复兴时期的艺术家与城市生活以及教会之间情景的精彩描绘。大汕与长寿寺被埋没了的历史，是研究"文艺复兴"式的中国人文主义复兴的绝佳史料。

明清之际是大汕所说的"天坍地塌"的充满剧烈社会变迁的大时代，出现了大汕一类有"野性"、追求"动荡气息"的人。在他的心中，"故山有个大众钩子"，他自称是一个"摆脱决烈汉"。① 这应该是属于未来新时代的一种新人，虽然他们在传统伦理的眼光中，在道德上并不完美。

明清之际，大量士人由于鼎革之际的变动而进入禅僧队伍，这样也就把上层的雅文化、精致文化或曰士大夫文化引入禅林。又由于一些旧日享有高官厚禄的士人在急剧变动中跌到社会底层，使一部分雅文化的代表人物接触了"街头莲华落"式的俗文化或大众文化，以致从中产生了未来新文化的最初萌动。而从下层市井中通过禅院而进入上层文人雅士的禅僧，又把工艺化的民间文化与上层雅文化进行交流。17、18世纪之交在岭南禅僧中发生的雅文化与俗文化的交流，又表现为南方禅学的俗世化进程。

三、岭南禅学与南方文化：俗世化问题与风格问题

现在我们回到本文第一部分论及的陈寅恪先生对三百年前南北文化差异的分析。

三百年前南北文化的差异，其实是从中古礼法及宗教限制中所取得的"俗世化"（Secularization）程度的差异。寅恪先生说，蒲松龄笔下的《聊斋志异》中的狐女，是"理想中的女性"，而明清之际吴越社会生活中活生生的柳如是之辈，是"真实之人"。② 简言之，三百年前山东北方文化

---

① 《海外纪事》卷四，第88页。
② 陈寅恪：《柳如是别传》，第75页。

与吴越南方文化的差异,是尚在"理想中"的"俗世化"和已经成为"起初"的"俗世化"的差异。

在明清之际岭南禅僧的前述两大群体中,代表俗世化倾向的禅师可以分别举出澹归与大汕。澹归所代表的是作为精神产品的文化中的人文主义精神;而大汕,除具有这类特色外,更代表了一种近世商人精神和市井精神。

被乾隆皇帝亲自禁毁的澹归的《徧行堂集》①(尤其是正集部分),实在是一部奇书。这部书由于流传极少,它的极其珍贵的学术价值还远远没有被更多的人知悉。

《徧行堂集》正集是澹归自壬辰(顺治九年,1652年)至甲寅(康熙十三年,1674年)二十三年间于番禺雷峰寺及仁化丹霞山别传寺所著的诗文集,本文所据本凡四十六卷(另有四十八卷本者)。他在《徧行堂集缘起》中说:

> 自笑登歌清庙,与街头市尾唱莲华落,并行千古,若一派化主梆铃声,喧天聒地,则昔贤集中所未有者,不妨澹归独擅也。

这里一个特别值得注意的现象是,文集中既有登歌清庙的雅文学,如诗、词、序、疏、传、记、赞、题记、启等等,又有"街头市尾唱莲华落"的俗文学,如以歌谣唱和的民间文学体裁《上梁文》,即《海幢大殿上梁文》等九篇(卷八)。又如卷三十一之《沙打油歌》与《挑脚汉歌》,完全是民歌体作品——这反映出,在雅文化和俗文化之间有不可逾越的鸿沟的中古,寺院却成为雅文化、精致文化与通俗文化、大众文化并存的独特集结点。唐敦煌寺院中的《上梁文》、《变文》说明了这一点,而清初丹霞及广州禅寺中的《上梁文》及《挑脚汉歌》也同样说明了这一点。

由于寺院有雅、俗文化并存的特殊背景,因此,一些划时期的文体革新或文学革命起初都能在寺院中看到端倪。陈寅恪先生曾把散韵结合的弹词体,追溯到敦煌寺院中的变文,即是一例。我们看到,白话文作为一种运动,是一个很长期的过程,它不是在"五四"前后突然出现的。白话文的文学作品一般可以追溯到话本,但白话文的论说文应追溯到什么时候呢?我们不能忽视宋代《朱子语类》和元代白话文碑中的白话体论说部

---

① 四十六卷本《徧行堂集》。本文所用此本,如吴天任先生考证,非在嘉兴刊行。

分，但要论自觉地用白话文来写作"说"这一论说体裁，或许应充分注意到澹归的始作俑者的地位。

《徧行堂集》卷二至卷三有数以十计的白话文。卷三《为雷峰乞米说》写道：

> 雷峰在番禺东偏，去城市甚远……又是一个讨吃的地，住着这讨吃的人，有什么突然？近来迁海，鲸波如沸，人民惊窜，战斗纵横。雷峰有些田，没了十之五。雷峰有些盘米，没了十之八，且道讨吃的人，没了讨吃的地，连讨吃的饭碗都打破了……二十一史是一张白纸，帝王卿相兴亡成败是一个哑梦，三千大千世界是一点浮沤，迁海不迁海，有什么事带累叫化子讨吃的饭碗都打破了，落得阿呀一声……

同卷有《海幢寺乞米说》，略云：

> 近来街坊生意澹薄，十家有六七家收不得……却怪一班秃头沙门只是讨吃，没有一些斯文体面……写缘册的澹归也一向斯文……却被猪八戒说个正着，他道：斯文斯文，肚里空空。咦，这夯货可谓善说法。

澹归原名金堡，是明朝庚辰年（1640）的进士，又是南明永历政权中的"五虎"之一，这样的硕学雅士，在三百年前的17世纪，能写出如此深刻而又幽默的白话文，不能不认为他好像是报春的燕子，深得新时代的先声。

同书卷十七《书青原长老论画后》写道：

> 其实我在书馆里，只是一个顽皮，日间炒朋友说白话，晚间醉酒，除此外，大批大判，看几篇时文，便去睡觉。十五六岁前被师父管住，限了功课，依限纳完，免打板子而已。十五六岁以后，一手撒开，更不理帐……莫道澹归不知古人，连澹归自己也不知在，忽有人从旁笑道：张天师着鬼没法了也。咄，这小鬼！

澹归之少年时就"大批大判"，"说白话"，一幅洒脱的样子，少年澹归有如《红楼梦》中的贾宝玉那样，不愧是清初旧世界中正在诞生中的新人。

澹归在时代的巨变中从庙堂华屋中败落出来,身为禅僧而走入挑脚汉中去。《徧行堂集》卷三十一"七言古诗"中,却有一首《沙打油歌》,歌中唱道:"张打油,李打油,老夫是名沙打油……"诗后附记写道:"此歌极好,打渔鼓,唱道情,惜予年老无此一副响喉咙耳。"

《徧行堂集缘起》中,写下了澹归对自己诗格的评价。他说:"诗不入格,昔人所讥,不知最初以何为格。孝山云:师(指澹归)诗非诗家流,然诗中少不得有此一种。"所以,澹归的诗格,除了有传统诗歌的沉雄,还有民歌采入。他既为诗僧,却主张"僧诗不可有僧气"(卷七《姚雪庵诗叙》)。澹归有非常独特的诗格,非常独特的个性。他把同代人中的大思想家方以智引为知音,《徧行堂集缘起》云:"庚寅梧州诏狱中作词数阕,方密之见而称之。"方密之和前引之"青原长老"都是澹归的畏友方以智。方以智1671年去世后,澹归深表哀痛。《徧行堂集》卷四《风流子·挽药地和尚》词中,盛赞青原老、药地和尚方以智"多才多艺,独运灵机",是"先知先觉"。

我们从以上引《徧行堂集》四十六卷本中的这些资料中可以看出澹归本人也属于那个大变革时代"多才多艺,独运灵机"的"先知先觉"。他的充满个性的文字,表现了明清之际岭南禅僧俗世化倾向中的人文主义精神。

岭南禅学俗世化另一种倾向的代表是大汕。大汕从禅宗的一脉反映了近世商人精神,这主要表现为三方面:一是"入世苦行"精神。大汕云:"老僧开法三十年来,饥食困眠,冰冷方外,亦时热肠于国计民生。"① 远洋航海与海商同行时"旬日不卧不食,夜半揭衣跪泣",不畏艰险。

二是提出了茶坊酒肆为佛事的近世人文主义命题。

大汕在驳回己卯年(1699)潘耒《初次考夷札》时说:

> 古人茶坊酒肆为佛事,柳巷花街作道场,此是登地菩萨。已得三昧,自在事事无碍境界。②

又引古德云:

> 酒楼上何妨不去,肉案上那块不精,昔有僧于酒楼下过,闻楼上

---

① 《海外纪事》卷五,第116页。
② 《救狂砭语》,第177页。

唱云，你既无心我也休。忽然大悟，因号楼子和尚。又宝积禅师闻屠家答市肉人云：那块不是精者。遂有省。①

大汕自称"逆行菩萨"、"过量境界"，对潘耒说："不应如庸夫俗子不通道理之议论。"②

三是"作用如商贾"③、"驵侩之心不止"④的对商业利润的直接追求。

1892年，恩格斯在《社会主义从空想到科学》的英文版导言中指出："加尔文的信条适合当时资产阶级中最勇敢人的要求。"⑤ 韦伯则有名著《新教伦理与资本主义精神》。关于中国近世宗教伦理与商人精神，余英时先生⑥和陈其南先生⑦等作了专题性的讨论。笔者的不同意见是，看到石濂大汕出海"通洋"的传奇性经历，以及看到他在越南顺化为阮主弘法授戒，在会安港参与闽粤商人祭关帝等等，今后，我们或许可以从南海16—19世纪中国海商的"中国佛教圈"⑧ 禅宗崇拜，从各种民间祭礼如妈祖庙、关帝庙、罗祖祭祀中，找寻与近世商人精神契合的那种"宗教伦理"的遗踪。

17、18世纪之交岭南禅学所体现的南方文化特点，除了"宗教伦理"的"俗世化"比北方地区相对为高之外，还反映了中国精神史上的南方风格。

印顺大师阐发了禅学发展中的"南方宗旨"，在其名著《中国禅宗史》一书中，精辟地论述了"南宗与南中国精神"。他指出：中华民族文化，含有不同的两大倾向，在南北文化中表现出来。古代的儒墨与老庄，就代表了这两大倾向。代表南中国文化的特性，大概地说，倾向于理想的、自然的、简易的、无限的，这不妨称之为超越的倾向。⑨

---

① 《救狂砭语》，第178页。
② 同上书，第180页。
③ 同上书，第53页。
④ 同上书，第137页。
⑤ 《马克思恩格斯选集》第三卷，第391页，北京，1972年。
⑥ 余英时：《中国近世宗教伦理与商业精神》，见《士与中国文化》，上海，1987年。
⑦ 陈其南：《明代徽州商人的职业观与家庭主义：兼论韦伯理论与儒家伦理》，见陈氏著《家族与社会》，台北，1990年。
⑧ 镰田茂雄：《华人社会的佛教仪礼》，收入窪德忠编：《东南亚华人社会的宗教文化》，1981年，耕土社。镰田茂雄：《中国佛教礼仪》（东京大学东洋文化研究所报告），东京，1986年。
⑨ 印顺：《中国禅宗史》第三章，第89页，上海书店1992年版。

1986 年返广州定居、1991 年以百岁高仙逝的旅美宗教哲学专家谢扶雅先生，20 世纪 30 年代在岭南大学、中山大学执教，曾发表《光孝寺与六祖惠能》①一文。他指出，禅宗北宗渐宗，强调的是伦理主义（logism），是外铄（intellectualistic）；而禅宗南宗顿宗强调的是心理主义（psychologism），是内悟（voluntaristic），是情意。他把性情热烈的广东人与意大利人相比较，正如意大利人作为南方人的火热性情产生了布鲁诺，广东的一方水土则产生了六祖惠能。谢扶雅先生说："广东人性情长于行而短于知，长于直觉而短于推理。"因此，说明清之际岭南禅学是 17、18 世纪之交的广东人性情的一种表现也决不为过。当然，广东人也具有知性，也懂得推理，谢先生以上言语是就一般倾向而论的。以外铄与内悟的区别解释南北宗，是一种较早的说法，当代学者喜欢从"分别识"与"般若直观"来讨论禅宗。

四、后　　论

当我们进行岭南禅学史的研究时，摆在我们面前的有两个意义上的"中国化"问题。

一是，岭南禅学史体现了作为一种外来文化的印度大乘佛教的"中国化"历程。

六祖惠能的《坛经》吸收了牛头禅思想，而牛头禅又吸收了老庄与玄学，②由此所体现的中国文化的影响，乃是世所习知的事实。

另一部后来对禅学有重要影响的《楞严经》，据说在广州制旨寺译出，由唐朝著名士人房融在广州笔授。③另一说此经由罗浮山怀迪所译，也是出自岭南地区。学术界对《楞严经》来源有长期的争论，陈寅恪先生早年与印度学者钢和泰教授曾将楞严咒还原为梵文，得知其出自一种印度的密教经典；④印顺法师则认为此经是"原始的、通俗的如来藏说，与达摩的楞伽禅相通"。⑤

---

① 谢扶雅：《光孝寺与六祖惠能》，油印本，中山大学图书馆藏。
② 印顺：《中国禅宗史》，第 9 页。
③ 罗香林：《唐相国房融在粤笔授楞严经翻译考》，《广东文征续编》，第 4 册。
④ 陈寅恪：《柳如是别传》，第 176 页。
⑤ 印顺：《中国禅宗史》，第 150 页。

姑不论《楞严经》的来源，我们可以肯定的是它在广州一带流传，应该是经过了中国文士的改写与加工。其时，印度佛教中观学说的法性论与唯识学说的法相论并不交融，而《楞严经》的"性相圆融"的中国风格，与其时外来佛教经典在广州地区被中国化的情形分不开。

1668年（康熙七年），天然和尚以三个月的时间在丹霞山撰成《首楞严直指》，① 澹归撰《首楞严直指序》，略云：

> 故为之直示曰：非别有一真，在缘虑之光，影像之外也。
> 若谓分别之心，与尘俱灭，则无分别晰，不与尘俱生，各成一物，于何立界？但据其所谓全性者，舍分别而更有不知；其所谓分别者，舍全性而必无也。于此不明，讵称圆悟，所以破心破目，无罪加诛，有正有倒，将名作实，休用上下，析见见于现前，人法后先，先空空于顿觉。断而得显因缘自然之戏，论滋深修，乃可成诸佛。

又云：

> 然于性觉生取心，则明能生所，无如其与妄俱来。于明觉生舍心，则所必障明，无如其并真俱弃，遂使觉与所明，如来语下，二俱有过。安知明与无明，如来藏一亦不存。故又为之直示曰：觉明不碍性觉之常然，性觉岂伤觉明之自异。悟理之士，亦可以立地冰消矣。

天然和尚的思想要点是：①在缘虑之外、影像之外，即印象和思虑之外，并非存在一种真实。②"分别心"与"无分别晰"不是可以确立界限的两种物。"分别"与"全性"两者不可分，宜以"顿觉"顿悟其"空空"。③不同意"性觉生取心"和"明觉生舍心"的论点，认为"如来藏"中并无"明"与"无明"，而"觉明"与"性觉"不相碍。

天然禅师是在中国17、18世纪之交中国南方的心性之学十分发达的背景下，追求一种超越一切"分别识"的中国式智慧。铃木大拙说："简单说来——我想，对于一般读者来说这样表达禅的方式也许更亲切些——在我们的心灵中潜藏了一个超越（beyond）具有相对性结构的意识领域的

---

① 《徧行堂集续集》卷二，香港佛教志莲图书馆印行，1989年。天然：《首楞严直指十卷》，日本续藏经本。

未知的深层世界。"① 陈其南先生云，中国禅"想要跨越这分别识和般若直观"，"如果我们看到许多宗教和民族对于这类'形'和'质'的无法一致所感到的困窘，那么我们对中国人的智慧不禁要寄予更高的敬意"。②

天然禅师的成就以明代以来陈白沙、湛若水的心学和憨山大师的禅学传统为背景。明末憨山大师曾来粤，著《首楞严经悬镜》。杜国庠先生曾提醒过我们要重视明代东莞人陈建的《学蔀通弁》，③ 该书怀疑陈白沙与湛甘泉之学为禅学。马国维先生云："凌扬藻蠡勺编，引彭允初说曰：'先生固不讳言禅。睡起诗云：无奈华胥留不得，起凭香几读楞严。'"④ 天然同时代人江南钱牧斋，"有楞严经蒙钞之巨制，楞严为密宗经典，其咒心实是真梵文"。⑤ 陈寅恪先生云："楞严经文笔佳妙，古今词人皆甚喜之，牧斋为此经作疏，固不足怪。"⑥《楞严经》研究在明末清初已经变成一种非常中国化的学术研究，它应该成为认识中古广州地区文化的重要课题。

我们在岭南禅学史研究中所面临的另一个"中国化"问题，是研究方法的"中国化"⑦问题。

中国数千年历史文化中，我们的祖先发明了大量的术语和范畴。这些遗产需要我们在现代科学水平的基础上重新加以界定和阐发。例如中国绘画史中的"气韵"和"趣"，中国文化史中的"礼"与"禅"，都难精确地译为西文。这里，除了要克服翻译上的困难，我们还必须加倍努力地建立人文与社会科学上的中国化"术语"的规范与解释。我们要一下子完成欧州人四百年间所完成的工作，当然有许多困难，而要做到这一点，前提之一是重新认识近代以来的本土学术传统。

（原载《文化中国：理论与实践》，《允晨丛刊》55，台北，1994年）

---

① 铃木大拙：《通向禅学之路》（中译本），第92页，上海，1989年。
② 陈其南：《文化的轨迹》，第47页，沈阳，1987年。
③ 《杜国庠文集》，第481页，北京，1962年。参见拙稿：《论杜国庠与河上肇》，载《杜国庠学术思想研究》，广州，1989年。
④ 马国维：《明季粤佛教考概论》。
⑤ 陈寅恪：《柳如是别传》，第795页。
⑥ 同上书，第796页。
⑦ 陈其南：《四十年来台湾人类学研究的回顾与前瞻——人类学研究与社会科学中国化》，《中国论坛》第21卷第1期，第241页，1985年10月。参见陈其南：《家族与社会》"序言"第iii页，台北，1990年。

大汕禅师的澳门南海航行与唐船贸易圈中的禅宗信仰及妈祖礼拜

——兼论 17、18 世纪之交唐船海客的宗教伦理

一、新见史料普济禅院《西天东土历代祖师菩萨莲座》与妈阁庙

南海之滨的妈祖信仰可溯自宋代。饶宗颐先生《南佛堂门古迹记》记香港今东龙岛,旧称南佛堂门。据咸淳石刻:"先是,宋大中祥符五年有人建石塔于此。"而薄江林氏谱称:"理宗时,莆田林姓松坚、柏坚兄弟,业艚,往来闽粤海上,至佛堂门,飓作舟覆,舟中祀林夫人神像,赖神庥庇,得生还。"① 则宋代之天后庙已见于香港地区。饶宗颐先生又著《清词与东南亚诸国》,论及清初禅僧大汕航海安南时,"航海便风潮","澳门帆挂,入岭去,分茆土地颇丰饶"。并据《华夷变态》论及大汕南海之行缘自安南来的闽人专使陈添官及吴资官的恭请。② 宗颐先生的以上大著,对研究清初澳门航海历史及妈祖信仰,均有重要的启发。

在这一启迪下,1991 年 10 月,蒙澳门大学郑炜明先生引领,笔者拜谒了大汕宗风所在的澳门普济禅院观音堂。令人欣幸的是,此次于普济禅院祖堂中,发见一《西天东土历代祖师菩萨莲座》,二人惊喜万分。此行并拜谒妈祖阁。1993 年 6 月,又得澳门教育界刘羡冰女士相助,与谭世宝、章文钦二先生一道,再次对此《西天东土历代祖师菩萨莲座》内容进行了调查。

《西天东土历代祖师菩萨莲座》是研究大汕历史及普济禅院历史的一件重要文献。此件使我们得知大汕法系与普济禅院的关系;更重要的是,

---

① 饶宗颐:《固庵文录》,第 350 页,新文丰出版公司,台北,1989 年。
② 饶宗颐:《清词与东南亚诸国》,见《文辙》(下),第 789 页,台北,1991 年。

其中还记载了普济禅院与天后庙妈祖阁之间的密切关系。东洋与南洋的诸多天后庙中，分别有庙祝管理、道教管理、禅僧管理等多种形式，而以禅僧住持天后庙，尤其引人注目。

以禅僧住持天后庙并不自澳门普济禅院始。据李献璋先生研究，长崎唐人之福州寺中，即有禅宗黄檗宗禅僧管理，禅寺中有"妈祖堂"。① 在台湾府治天妃宫也有以禅僧管理天后庙的纪事。② 这里，给我们提出了一个值得探究的问题：在17、18世纪之交，禅宗信仰和天后礼拜，如何体现了从广州、澳门出发，南至安南（广南）、东至日本长崎的唐船贸易圈中海客船民的宗教伦理。

二、大汕南海航行之"天妃降驾"与澳门普济禅院禅师住持妈阁庙

1695年（康熙三十四年，乙亥）上元灯日（正月十五日），大汕自广州出发往安南。先是正月初一日，岭南三大家中的诗人陈独漉（恭尹）等即以歌诗赠行，著有《乙亥元日送石公泛海之交趾说法》。三大家中的梁佩兰，亦写下了送行诗《送石公之安南》，详细描写了天妃降驾护佑大汕远航的情景。诗云：

> 迩来安南慕玄畅，国王望拜抒中肠。
> 番文延请具金册，书曰某某恭而庄。
> ……
> 吾师从容望洋海，龙象夹侍乘舟航。
> 舵工罗盘定针石，天妃降驾鸣珠珰。
> 佛灯尽结紫绀色，水天四散琉璃光。
> 冯夷恬波示灵异，神鱼张鬣随竿樯。
> 珊瑚树出云淡沲，龙门江见风低昂。

---

① 李献璋：《妈祖信仰之研究》，第五章《长崎三唐寺的成立》，第553页，泰山文物社，东京，1979年。

② 同上书，第417页。又，关于妈祖的一般研究，可上溯到1939年广州中山大学《民俗周刊》41～42合刊，61～62合刊，及86～89合刊。

> 计程度近可三日，此邦盼久如十霜。①

"天妃降驾鸣珠珰"，道出了大汕禅师南海航行，曾被认为是有天妃妈祖降驾护航。当时广州至安南海船十日航程可达。大汕《渡江云·安南书聘》词，记"航海便风潮"，"澳门帆挂，入岭去"，所指为在虎门附近遇上风潮，经祭诸神始平安抵澳门附近之粤海关。"顷之，一人坐小舟来，乃粤海关差收税票者"，"引路两小舟遣去，哀小脚船载之舟中，便复张帆"。② 从澳门挂帆起，就意味着经过粤海关放洋而去。

在虎门至澳门区间遇风浪时，因沙阜游移，船不能行，大汕禅师曾于海船上祭神。《海外纪事》卷一云：

> 众旁皇失色，谓船必坏，急落帆，人尽立上风，用三小艇，数十百人曳拖不得动。余予备有四小旗，上书"吾秉释迦无上法王慧命"，下书曰"大雨暂止"，曰"顺风相送"，曰"诸神拥护"，曰"龙王免朝"。急呼竖诸神拥护旗，旗张而舵自堕，船复正，是非人力也。

此"诸神拥护旗"，在明末清初之海船上，所指"诸神"当涵盖"舟神"、"关帝"与"天妃"。明万历四十六年（1618）张燮著《东西洋考》卷九云：

> 协天大帝者，汉前将军汉寿亭侯关壮缪也。万历四十三年上尊号……天妃，世居莆之湄洲屿，五代闽王时都巡检林愿之第六女也……己丑加封弘仁普济护国庇民明著天妃……舟神不知创自何年，然舶人皆祀之。以上三神，凡舶中来往，俱昼夜香火不绝，特命一人为司香，不他事事，舶主每晓起，率众顶礼。

则大汕之"诸神拥护"旗，当于用惊险时祭天妃等诸舟神。作为禅师而祭天妃等诸神，被人攻击为外道。潘耒《与长寿院主石濂书》云：

> 张天师所到，悬牌云诸神免礼。封王之使入海，以赍御敕，亦或书龙王免朝。座下禅师也，仿道流则诞，拟天师则僭。符水乃羽流至

---

① 梁佩兰：《六莹堂集》卷三，第180页，中山大学出版社1992年版。
② 大汕著，余思黎点校：《海外纪事》，第4页，中华书局1987年版。

下之术，既为善知识，而动称书符，几遍非邪魔外道耶？①

潘耒《再与石濂书》云：

> 龙王免朝之说，或封王天使危急时，偶一用之，汝既非天使，不赉御敕，而龙王何故朝汝？

潘耒《致粤东当事书》云：

> 其航海也，树龙王免朝之旗，又自言有出卖风雷之举，皆诡诞不经。②

事实上，"龙王免朝"一说，恰恰来自天妃妈祖信仰。按《天妃显圣录》有"龙王来朝"条，略谓"东海多神怪，渔舟多溺"。"远远涛头，拥一尊官类王子仪容，鞠躬嵩呼于前……舟人战栗不已。"妃曰"不须忧"，传示免迎。突然水色澄清，海不扬波，"始知龙王来朝"。③ 大汕航海中执"龙王免朝"旗，是其天后妈祖信仰的确证。另外，大汕《海外纪事》卷一所载《虎门望海七律二首》，所谓"白马灵旗带晚霞，风涛万顷走龙蛇"，也是用了天妃显圣时以大马止帆、龙王免朝、红霞满天的典故。自大汕从安南回粤后，大汕属下之澳门普济禅院亦与祭祀天妃之澳门妈祖阁结下不解之缘。

普济禅院之祖堂有一《西天东土历代祖师菩萨莲座》，中有：

> 洞宗第二十九世开建 长寿 飞来 石濂大汕太祖太老和尚
>
> 洞宗三十一世普济第一代住持长寿循智法楷祖太老和尚
>
> 洞宗三十四世 飞来主席 妈阁住持 景曦旸老和尚
>
> 洞宗博山下第十二世 大佛寺后堂 妈阁住持 圣传达经老大师
>
> 洞宗第三十五世 海幢当代 妈阁住持 默潭达老和尚莲座

---

① 潘耒：《救狂砭语》，见《瓜蒂庵藏明清掌故丛书》，第16页，上海古籍出版社1983年版。
② 潘耒：《救狂砭语》，见《瓜蒂庵藏明清掌故丛书》，第129～130页、第114页。
③ 蒋维锬编：《妈祖文献资料》，第161页，福建人民出版社1990年版。

洞宗第三十六世妈阁住持遐龄享大师莲座

由上可知，从大汕（洞宗第二十九世）下五世，即洞宗三十四、三十五、三十六世，均有普济禅院之禅师担任妈阁住持，故莲座中有"洞宗第三十五世重修两寺主席长寿畅澜老和尚"。据碑志记载，此次重修进行于咸丰八年戊午（1858），而广州之长寿寺于1881年11月16日被捣毁。① 畅澜和尚当属1858年前后人物。则19世纪中叶澳门普济禅院曾派禅师住持妈阁。

《莲座》又云：

洞宗第三十七世 普济／正觉 主席济航慈老大师

洞宗三十八世 正觉／普济 主席广因永老大师

洞宗三十八世 正觉／莲峰 主持慧因大师莲座

今日之澳门普济禅院内有墓碑云：

戊辰年仲春吉日：
洞宗第三十六世敬闻大师之墓
比丘济航重修立石。

此戊辰年或为1928年。则三十七世济航大师活动于此时。普济禅院又有《普济普同》碑记，署名"慧因记"，谓"民国丙子，塔渐颓毁，比丘遐龄、比丘济航经营之"，则济航活动于1928—1931年间，其时身任正觉禅林主席，亦即妈阁庙主席。慧因大师则自20世纪30年代至1979年七月初三主持普济禅院。以上可证20世纪普济禅院主席亦为妈阁庙主席。

大汕在世时，长寿寺（大汕主持）——飞来寺（大汕寺田所在）——大佛寺（原为三藩中尚藩的家寺，大汕曾在大佛寺上堂）——蒲涧寺（大汕同门大韶主持）——普济禅院（长寿寺循智法楷为第一代主持）为同一系统寺院。后来普济禅师又充当妈阁住持。其中洞宗三十

---

① 此外有关妈阁庙的记述，参考李鹏翥：《澳门古今》，第21~26页；长寿寺之毁，见亨特著，沈正邦译，章文钦校：《旧中国杂记》，第76页，广州，1992年。

五世妈阁住持默潭达为"海幢当代"。海幢寺原属天然和尚——澹归和尚——阿字今无系寺院，与澳门普济禅院亦有关联。

长寿寺停办后，普济禅院又与广州之大佛寺及肇庆鼎湖山之庆云寺保持关系。

澳门妈祖阁又名正觉禅林，旧名海觉寺，一般人称天后庙，建于明弘治元年（1488）。庙内有大殿、石殿、弘仁殿、观音阁。《澳门杂诗》云："按妈阁庙楹额刻弘仁阁三字，上款弘治元年。"又谓："有正觉禅林藏憨山、天然、澹归三和尚书直幅各一轴。"石殿系明神宗万历三十二年（1605）由澳门闽人建造。

李鹏翥先生又据《鼎湖山志》考"癸酉（明崇祯六年，1633年）相国何公众冈、翰林伍公铁山等延至香山，讲金刚经"。李先生指出："可知栖壑曾到澳门，在天妃庙讲经。"

而普济禅院大雄宝殿西厢，首座为天后殿，大雄宝殿的东偏，首座为关帝殿。普济禅院旧有重修望厦祀坛碑记，普济禅院祀坛之建创自明天启七年，闽省南邑许望冠所造也，向在院外之右。可知此闽人所首建之禅院亦有"天后殿"，而大汕和尚来澳重修普济禅院当在清康熙间自越南归国以后。

妈阁即天后庙或天妃庙，在宋、元、明、清各代每与道教宫观有关，而在澳门，为什么妈阁由佛教禅宗之普济禅院派出住持呢？这与大汕在世时已具有海纳百川的胸怀以及对妈阁系诸神礼敬有加有关。

郑炜明先生《葡占氹仔路环碑铭楹匾汇编》所载《重建天后圣母古庙碑记》有云：

  正座崇奉 天后圣母元君，左奉 关圣帝君、洪圣大王、康公真君，右奉 财帛星君、鲁班先师、华佗先师。列圣慈航，威灵毓秀，神恩浩荡……①

由本件可知一般天后庙礼敬的对象。大汕大师礼敬天妃已如上述，对关帝和洪圣大王，大汕亦曾经加以礼敬。如：

——礼敬关帝圣君。《海外纪事》卷四云：在安南会安港弥陀寺附近，"寺之右有关夫子庙，崇祀最盛，闽会馆也。主会预乞祝文，漫为走

---

① 郑炜明：《葡占氹仔路环碑铭楹匾汇编》，第123页，加略山房，香港，1993年。

笔：乃圣乃神，允文允武……一生谨守臣心，百代崇加天爵。自古英雄，称帝称王，未有称夫子，猗欤超哉；从来豪杰，即正即直，如斯即圣贤，蔑以加矣"。在中国近代的前夜，中国禅宗寺院已普遍崇祀关公。关公是正义之神，是忠贞之神，在市井百姓中，也是酒神与勇武之神。大汕的祝文表明了他对那个时代崇拜关公的深切感受。

——礼敬洪圣大王。《离六堂集》卷十《岭南竹枝词（八首）》有云："象牙簪子如白银，绣领单衫巧称身。洪圣庙前看胜会，一时狂杀往来人。"洪圣大王为清代南海地区一重要信仰。香港东龙岛旧称南佛堂门，"有洪圣大王庙，云是清季水师提督李准所建"。① 洪圣大王即南海神（详见后述）。

综上所论，在17世纪中国南海的航海一族中，有其自身的诸神崇拜，其一是中国禅宗的大乘菩萨如观音等诸神；其二是以海神天后为中心的系列：海神（天后）、正义之神（关帝）、南海神（洪圣）、财富之神（财帛星君）、工艺之神（鲁班先师）、药神与安康之神（华陀先师）。这种神祇系列，透露出17世纪的唐船及唐人侨民区有其独特的宗教伦理。

三、《华夷变态》所见广州——澳门——广南（越南）——长崎航线：17世纪唐船贸易圈与禅宗及妈祖信仰文化圈

大汕出航安南的17世纪末叶，如日本长崎的入港情报书（风说书）《华夷变态》所载，当时南海及东海有广州——澳门——广南（越南）——潮州——南澳——台湾——长崎——南京等贸易航线，形成一个唐船贸易圈。

值得注意的是，在唐人的航海海客及侨民中，上述唐船贸易圈，既是一个以禅宗为代表的大乘佛教文化圈，同时也是一个妈祖信仰的文化圈。

榎一雄先生指出，东洋文库刊本《华夷变态》，是将锁国时代来航长崎的外国贸易船带来的海外情报，整理后向幕府老中提出的记录。

作为《华夷变态》的中轴的唐船风说书，详细传写了17世纪中叶至18世纪前半期的东南亚情势，特别是清世祖顺治帝、清圣祖康

---

① 饶宗颐：《固庵文录》，第350页，新文丰出版公司，台北，1989年。

熙帝和清世宗雍正帝统治下的清朝的实情,以及以对日贸易为中心的亚洲经济情况。①

饶宗颐先生论《清词与东南亚诸国》一文,已注意到《华夷变态》之史料价值,略谓"是时闽人专使为陈添官及吴资官(据《华夷变态》卷二十二)"②。乙亥年正月上元,大汕率僧徒五十余人于黄埔登船,同月廿七日,抵于会安港外之尖碧罗。廿八日,抵顺化,下榻禅林寺。时康熙三十四年(1695)也。

《华夷变态》卷二十二,元禄八年乙亥(康熙三十四年,1695年)《三十六号广东船之唐人报告》:

> 广南之王公贵人,信仰佛教者兼而有之。广东之内,长寿庵禅僧石莲,据称道德盛成,去年秋,陈添官及吴资官二人,被派为使者,为邀请事遣派广东。石莲有感广南王公贵人正信之心,召集僧俗弟子凡百人,于今年正月中旬,自广东出船。总而言之,石莲之出生地为南京,住广东二十余年,其间之行化殊胜,远近官民,别而归依,尤本船乘员之内,亦有参诣长寿庵者。右段属实无差,自然,日后由广南来朝之船亦当有申报。(亥年七月廿八日)

此件是《华夷变态》中所见最早报告,时值石濂(莲)大汕去越南半年后,该36号船五月二十五日自广州城下出帆渡海,七月十五日到浙江普陀山,七月二十八日在长崎提出此项情报。此件情报有如下要点:

(1)谓大汕出生于南京,则与石濂住龚芝麓处及栖霞山、天界寺有关。

(2)谓住广东二十余年,则其来广州之时当在17世纪60年代中叶。

(3)谓出发百人,与《海外纪事》所云相符,《纪事》谓百人分为两批。

(4)1694年往广州充当使人之"陈添官"和"吴资官",据其名字以"官"称,可知为船主或海商,饶宗颐先生已据《海外纪事》考其为闽人。

---

① 榎一雄:《再版前言》,见东洋文库版《华夷变态》上册,东京,1982年。
② 饶宗颐:《清词与东南亚诸国》,见《文辙》(下),第789页,台北,1991年。

考陈添官是活跃在海上贸易中的唐人船主。

《华夷变态》卷十四贞享五年戊辰（康熙二十七年，1688年）《十七号广东船之唐人报告》：

> 我等去年在广南，有唐人乘员95人，以陈添官为船头，去年六月廿六日由广南出航……于大清之内广东海上，遭遇恶风，舵尾帆柱被折……越一年，原船卖掉。此次所乘之船，是去年来航贵地所申报之15号福州船，由贵地归帆福州，又由福州航往广东商卖……
>
> 去年船头陈添官，原有广南贵人之货物，交付今次船……故尔今次之船头二人（陈胜官、陈仲官），为代替陈添官之船头，于广东当月八日自广东出船。①

此件之上有眉批："去年由广南来朝之海上，遇恶风，在广东过年。""唐人四十二人，积广南荷物，正月八日，广东出船。"又，《华夷变态》卷十四《三十三号广南船之唐人口头报告》云：

> 去年广南出船，我船共四艘，六月廿四日、廿五日两日出船，前往贵地。乘往大清之地时，逢持续逆风，四船共返广南。我等船壹艘，回到广南，而陈添官壹艘，舵尾帆柱遇风难而被折断，漂留广东……②

则陈添官为原住广南（越南）的船头。1688年因飓风，曾在去长崎途中漂流至广东，滞留一年。因而1694年派陈添官往广州邀请大汕，乃因其对广东十分熟悉。

《华夷变态》卷二十二《五十号广东船之唐人口述报告》又称：

> 又，广东之内有长寿庵禅僧石莲，道德盛成，而为广南王公贵人得闻。广南王公贵人，去秋差遣使者，提出邀请。石莲有感于广南王公心意，召集僧俗弟子百人，今年正月由广东出船。广南来朝（长崎）之船入港，定可上报广南之旨趣。（亥八月晦日）

眉批："广南王公招请广东长寿庵僧石莲。"同卷《五十一号广东船之唐

---

① 《华夷变态》，第854～855页。
② 同上书，第869页。

人口述报告》称：

> 广东之内长寿庵禅僧石莲，受广南王公之邀请，今年正月于广东出船……先期入港广东船当已申报。

同卷《五十二号广东船之唐人口述报告》称六月廿八广东出船，又谓：

> 又，广东长寿庵之禅僧石莲，道德胜成，为广南王公所知，去秋为邀请事，差派使者。石莲有感广南王公正信之心，召僧俗弟子百人，今年正月自广东出船。（亥九月朔日）①

当时，阮主邀请石濂大汕赴安南不止一次，在福建陈添官、吴资官以前，曾有潮州海客僧人谢元韶充当使人邀请石濂大汕出海。

《大南一统志》卷三《僧释》有云：

> 谢元韶，字焕碧，其先广东潮州人，年十九，出家投报资寺。太尊皇帝乙巳十七年（1665）南来，卓锡于归宁府，建十塔弥陀寺，广开象教。寻往顺化富春山，造国恩寺普同塔。又奉英尊皇帝命，如求高僧，得石濂（即大汕）和尚，及还，住持河中寺。

当1665年谢元韶去越南时，海禁未开。而大汕所到达之会安港，如《大南一统志》卷五《市铺》有云：

> 会安铺，在延福县，会安、明乡二社，南滨大江，两岸瓦屋蝉联二里，许清人居住，有广东、福建、潮州、海南、嘉庆五帮，贩卖北货，中有市亭会馆，商旅凑集，其南茶饶潭为南北船艘停泊之所，亦一大都会也，其铺税由使座征纳。

以上所考，是有关《华夷变态》记大汕自广州出发的情报及与会安相关之史事。

石濂大汕到达广南（越南）后，其抵达广南的消息，于出船广东之次年，继续有到达长崎的广南来船向日本方面报告。

《华夷变态》卷二十三《四十八号广南船唐人口述报告》（康熙三十五年，丙子，1696年，七月十一日）：

---

① 《华夷变态》，第1762～1763页。

  又，住广东长寿庵禅僧石莲，广南达官贵人闻其德盛成，前年曾遣使者，邀请石莲，去春航达广南，达官贵人亦对彼殊外尊敬，官民格外皈依。然右列石莲，广东亦再三派出迎接船只，当应于六月末归国。①

眉批："广南王公招请长寿庵石莲，豫定六月末应回国。"同卷《四十九号广南船之唐人口述报告》又云：

  又，广东之内，住长寿庵禅僧名石莲，去春由广南王公官人邀请，对其尊敬情形，前船定已上报，不再重说。尤有由广东派出之迎接之船，是当于六月末归国。

同卷《五十号广南船之唐人口述报告》有云：

  又，由广东航抵之禅僧石莲，前船定已详报。右石莲，由广东派出迎接船，当应于六月末归帆。

上述几艘长崎进港之广南船，系由宁波往越南贩货而来长崎者，三船均报告石濂归国事，此外更有由福建厦门去广南船，亦报告此事。同卷《五十二号广南船之唐人口述报告》云：

  且亦有广东渡来之禅僧石莲，得广南王公贵人尊敬，如先船已报。（当月二十七日）②

眉批："广南太平。"同卷同年（1696年）七月十三日《六十七号广东船之唐人口述报告》：

  又，居广东长寿庵禅僧石莲，广南达官贵人闻其道德盛成，提出邀请，去春渡达广南。于彼地内，广南王公贵人殊外尊敬，广（广南）国中官民共相皈依，广东风闻此事。而右石莲，自去春起，长久滞留广南。而广东之守护中，有归依石莲禅师之佛徒，今春以来，屡屡派迎接之船往广南，当应即刻归国。③

---

① 《华夷变态》，第1804页。
② 同上书，第1810页。
③ 《华夷变态》，第1827页。

上有眉批："禅僧石濂快要自广南归国的理由。"

以上几件情报，说明两点：①石濂大汕深得广南官民欢迎，回国之期一再迁延。②石濂在广南受到欢迎的消息已传到广东，并由广东官员之石濂信众，屡屡派船迎接。

石濂大汕回国后一年，又有一条广东船报告石濂返回后的情况。丁丑年（康熙三十六年，1697年）正月十二日，《华夷变态》卷二十四载《三十六号广东船之唐人口述报告》有云：

> 又，居广东长寿庵禅僧石莲，道德盛成。前年由广南之王公差使者船，提出邀请。石莲船抵广南，劝化彼地佛教，以广南王公贵人为首，官民共相皈依，殊外尊敬。以上情况传至广东，本来，广东之守护，亦皈依于右列石莲，一次一次差遣迎船往广南，遂于去秋归国。弥使广东佛法昌盛。①

《华夷变态》之编者于此条眉批云："广东禅僧石莲于广南劝化佛教"，"石莲去秋归国，佛法昌盛"，则石濂已于1696年秋归国。

为什么《华夷变态》中所收录的这些长崎港"风说书"（情报文件）对大汕离开广州及到达广南的海上航行如此重视而又反复打探呢？

其中一个明显的理由是，当时广州——澳门——广南（越南）——长崎（日本）的唐船贸易圈，也是一个禅文化圈，即以禅宗为代表的大乘佛教文化圈，同时也是一个妈祖信仰文化圈。大汕南海航行是在清初解除海禁仅十四年后，大汕为传戒组成百余人的代表团，其所肩负的文化使命，自然会引起这一贸易圈内有关国家及有关方面的极度关切。

例如，在日本长崎不仅有唐人贸易贾客居留，而且有三唐寺的建立，三唐寺下又有众多末庵。如南京（兴福）寺有东庐庵等末庵，漳州（福济）寺有桑莲居等末庵，福州（崇福）寺有广福庵等末庵。② 在黄檗宗等禅宗进入长崎等地时，同时同地又广泛流传着妈祖信仰，在长崎而外，在东日本如水户天德寺，矶滨、矶原天妃山，下北大涧浦，以及笨港、琉球，均有妈祖信仰流传。③ 其中在长崎出现了禅文化与妈祖文化同时并存

---

① 同上书，第1873页。
② 李献璋：《长崎唐人研究》，第363～406页，亲和银行发行，东京，平成三年（1991）。
③ 李献璋：《妈祖信仰研究》，第529～650页，东京，1978年。

一寺的情况。

大汕到达安南后，对当时禅宗大乘佛教文化圈的发展起了相当大的作用。石濂大汕往广南后，曾致力于弘化当地佛教。如《大南一统志》卷二《寺观》云：

> 禅林寺，在安旧社，相传石濂和尚所造，景致幽寂，伪西太师裴得宜占为居所。及宜败，邑人因旧址修葺。本朝嘉隆年间承天高皇后捐赀重修，今渐倾颓，止有正寺。

又，《大南实录前编》卷八《显宗孝明皇帝实录下》载甲午二十三年（1714）：

> 夏六月，重修天姥寺。
>
> 命掌奇宋德大等董其役，其制由山门而天王殿、玉皇殿、大雄宝殿、说法堂、藏经楼，两傍则钟鼓楼、十王殿、云水堂、知味堂、禅堂、大悲殿、药师殿、僧寮禅舍，不下数十所，而后毗耶园内方丈等处，又不下数十所，皆金壁辉煌。阅一年，工完。
>
> 上亲制碑文记之，遣人如清购大藏经与律论千余部置寺院。寺之前临江建钓台。
>
> 上尝临幸焉。（时有浙西和尚名大汕，字石濂，以禅见得幸，复归广东，以所赐名木建长寿寺，今有遗迹在焉）

樊昆吾《南海百咏续编》卷二云：

> 大汕号石濂，吴县人……以讼亡命……剪发为头陀装。附贾舶至安南。时方亢旱，国主募术士祈雨，汕乃大书寓门曰："头陀有甘霖出卖"，国人震传。迎至郊坛，观其作法三日，而甘雨大霈，尊为圣僧焉。汕结筏池中，绝粒七日，为人祈福，益神之，称为活佛，所得布施无算。①

在石濂自广南归来后，阮王又遣大汕前弟子黄辰、兴彻出使广东求封赐。《大南实录前编》卷七《显宗孝明皇帝实录上》：

---

① 戴可来、杨保筠校点：《岭南摭怪等史料三种》，第213页，郑州，1991年。

壬午年（1702）春正月。

夏五月朔，日有食之。

遣黄辰、兴彻等赍国书贡品 琦南 五斤四两，生金一斤十三两五钱，象牙三百五十斤，花藤五十枝

如广东求封。辰
彻

清广东人，从石濂和尚来谒，因遣之。时暹罗贡船遭风，泊洋分，为之修船，船给粮柴而令辰彻等搭往焉。

清帝问其臣，皆曰：广南国雄视一方，占城、真腊，皆为所并，后必大也。

康熙四十一年（1702），大汕年届七十，是年刻《离六堂近稿》，其中有《送还一法侄之安南》一首，诗云："去年风顺抵珠江，半载团圞偶相及。《灯待》书成在较雠，旁撤差讹为较辑。相携买棹溯曹溪，毡拍无弦调即龛。"又云："春风趁好泛沧溟，彼国王臣正高揖。山山到处杜鹃啼，早返能仁挂瓢笠。"说明在大汕归国五年后，其后继者仍往来于广州与安南之间。

约1702年（壬午），大汕作《寄怀安南阮国主四绝有引》（《离六堂近稿》），其引略云：

一江烟浪，道阻重云，八度春光，雪添华鬓。数人间之夏腊，忆天外之因缘，遥知绀殿蒲团，已证黄梅消息。但婆城幻土，亦限沧溟，兜率空天，犹悬色界。爰遣渡江之苇，少申缩地之怀。夜月通潮，驰来远信，新诗赠远，愧乏长言。

又有"西南风正好，海外报瑶函。远水潮翻日，归船月满帆"（《楼居漫兴百咏》，1702—1703）。

1702—1703年顷，大汕因往日出洋事遭受攻击，仍希望还往越南，因为那里有禅宗文化及妈祖文化。如《嘉定城通志》卷六《城池志》之"藩安镇"条：

柴棍铺距镇南十二里……大街北头，本铺关帝庙。福州、广东、

> 潮州三会馆分峙左右。大街中之西,天后庙。稍西,温陵会馆。大街南头之西,漳州会馆。

由此证明,大汕所曾前往的安南地区的唐人聚居区,也如日本长崎等地之唐人区一样,属于唐船海客贸易圈的禅宗文化圈与妈祖文化圈。

需要补充的是,大汕的南海航行及日本长崎风说书对他的关注,反映了如滨下武志先生所论述的 17、18 世纪之交中国南海朝贡贸易圈中的一些情况,正如滨下武志先生指出的:越南"及其他各地和中国(华南、华北、东北)联结的朝贡贸易网,以及与地区间沿岸贸易结合的移民浪潮的扩大,形成一种内外共同发展的现象"。① 滨下先生又曾论及 17、18 世纪日本"长崎来港的唐船"。指出,"与东南亚的贸易,亦有一定程度的维持,与广南……等地的贸易在郑成功氏时期增加"。"1689 年(元禄二年)以降来航唐船一年限制为 60 只",② 这可以视为长崎情报书报导大汕的背景。而大汕的南海航行,也对当时的中国朝贡贸易体制做出了独特的贡献。

四、天妃妈祖与南海神洪圣大王信仰的消长:唐船海客的宗教伦理

1882 年,恩格斯在《社会主义从空想到科学》的英文版导言中指出:"加尔文的信条适合当时资产阶级中最勇敢人的要求。"③ 韦伯则有名著《新教伦理与资本主义精神》④。关于中国近世宗教伦理与商人精神,余英时先生⑤、陈其南先生、杭之先生⑥等作了专题性的讨论。笔者的意见是,由石濂大汕出海"通洋"的传奇性经历,以及看到他在越南顺化为阮主

---

① 滨下武志著,朱荫贵等译:《近代中国的国际契机——朝贡贸易体系与近代亚洲经济圈》,第 61 页,中国社会科学出版社 1999 年版。
② 浜下武志:《朝贡制度与近代亚洲》,第 79～80 页,岩波书店,东京,1997 年。
③ 《马克思恩格斯选集》第三卷,第 391 页,北京,1972 年。
④ 韦伯:《新教伦理与资本主义精神》,生活·读书·新知三联书店 1992 年版。
⑤ 余英时:《中国近世宗教伦理与商业精神》,见《士与中国文化》,上海,1987 年。
⑥ 陈其南:《明代徽州商人的职业观与家族主义:兼论韦伯理论与儒家伦理》,见陈氏著《婚姻家族与社会》,台北,1990 年。杭之:《一苇集》,第 193～238 页,生活·读书·新知三联书店 1991 年版。

弘法授戒，在会安港与闽粤商人祭祀关帝等等情形，启发我们或许可以从南海16—19世纪中国海商的"中国佛教圈"① 之禅宗崇拜，从各种民间祭祀如妈祖庙、关帝庙等等祭祀中，找寻与近世商人精神契合的那种"宗教伦理"的遗踪。②

17、18世纪之交的中国海商海民的妈祖崇拜的庶民性，与清初政府南海神祠祭礼中的官方性形成一种鲜明的对比，妈祖信仰的上升并普及推广和南海王广利礼祭的限于地方，正好说明妈祖信仰以其庶民性的新航海精神，成为当时海客所追寻的一种"宗教伦理"。

妈祖是从宋元以后的民间传说中提升起来的神明。郑志明先生认为：妈祖"由生前具有异能的女巫，到死后借着灵异事迹与传说，逐渐地开显与传播，屡由人民的崇祀与官方的敕封升格为天上圣母"。在台湾的妈祖信仰中，"妈祖的神性与观世音有些重叠，甚至取代了观世音的女神地位，成为护国佑民的第一神尊"。③

妈祖本来是福建的地方神，后来发展为一个东南地域乃至全国性神，这与妈祖信仰中的向外拓展、向大海拓展的航海精神有关。在澳门及香港地区，我们看到天后崇拜逐渐有了超越于洪圣庙崇拜的走向。

我们在明末新会水乡地区潮连曾看见以洪圣王进驻天后庙的故事。新会县潮连乡为西江流域之一小岛，自明万历祀洪圣龙王，即南海神。新会《潮连乡志》卷七《杂录略》载《洪圣龙王巡游记》，记云：

> 洪圣龙王即南海神，自唐天宝中，已册封为广利王。其后累加封号，为南海洪圣广利昭明龙王……神像之来源，历代相传，以为始于前明万历间，北厢卢鹜，以举人出宰安徽蒙城县，县有洪圣龙王……去任时，乃更为新像于蒙城，而舁今神像以归潮连。

《建庙》一目云：

> 传闻卢鹜既奉神像归……议以天后庙改建，即今之洪圣殿也。庙

---

① 镰田茂雄：《华人社会佛教礼仪》，收入洼德忠编：《东南亚华人社会宗教文化》，耕土社，1981年。镰田茂雄：《中国佛教礼仪》（东京大学东洋文化研究所报告），东京，1986年。
② 参见拙稿：《明清之际岭南禅学与南方文化——岭南禅学史之一考察》，香港中文大学人类学系学术会议论文，1993年3月。
③ 卢子骏：《潮连乡志》，香港，1946年。

原祀天后，不得废，乃移天后旁座，今所存庙中之木制军舰，乃是天后庙旧物。

《銮仪》一目记每年二月之洪圣巡游，有云：

南海神封爵为王，其仪仗之盛，应与王者等。事神人物，大概分为文武两班。

又据《潮连乡志》卷二"建置略"记潮连芦鞭东亨闸外洪圣庙兼祀财帛星君及廖相公："洪圣殿，在五图海边，祀南海神，兼礼天后及王巡抚，原为天后庙，明万历时，北庙卢鹜自蒙城县奉洪圣龙王神像归，乃安座于此，遂成洪圣殿。另有天后庙，在新墩巷尾。"

康熙二十三年（1684）甲子十一月，王士禛奉命祭南海，朱彝尊托之问候陈恭尹、屈大均、梁佩兰。

康熙二十四年乙丑，王士禛奉使祭告南海，在广州与陈恭尹唱和于光孝寺，四月北返。

陈恭尹作《扶胥歌送王阮亭宫詹祭告南海事竣返都，兼柬徐建庵、彭羡门、王黄湄、朱竹垞诸公》云："九重秩礼来南纪，谁持玉节渔洋子。"① 王渔洋（士禛）祭南海神，象征着大清王朝对南海制海权的宣告。

十余年后，在康熙三十六年（1697）又派兰台副相熊都宪祭南海神。大汕《离六堂集》卷三有《熊都宪奉命诰祭南海神祠礼成还朝赋此赠别》，诗中写道，康熙三十六年北伐王师奏凯，派员祠四渎，兰台副相熊蔚怀，特奉玉帛奠南海神，"波罗古殿阚灵祇，云车雨盖来参差"。祭礼中，椎铜鼓，"子夜扶桑登浴日，天明拂石摹韩碑。礼成挂席转珠浦，次第采风兼访占"。诗又云"长安明月照沧海，谁道迢迢万里间"，点出了南海神祭礼，是天子权威威被南海的象征。

关于海神，大汕的同时代人屈大均于《广东新语》中有一段极好的概论。屈氏有云：

语云：上海人，下海神。盖言取海神为命也。粤人事海甚谨，以郡邑多濒于海……然今粤人出入，率不乏祀海神，以海神渺茫不可知。凡渡海自番禺者，率祀祝融、天妃，自徐闻者，祀二伏波……而

---

① 陈恭尹：《独漉堂集》，第197页，中山大学出版社1988年版。

> 天妃神灵尤异，凡渡海，卒遇怪风，哀号天妃，辄有一大马来止帆樯，少焉红光荧荧，绕舟数匝，花芬酷烈，而天妃降矣。

同书"南海神"条：

> 南海神庙在波罗江上，建自隋开皇年，大门内有宋太宗碑，明太祖高皇帝碑……神自唐开元时祭典始盛，尝册尊为广利王，岁以立夏气至，命广州刺史行事祠下。①

应该说清康熙二十三年（1684）朝廷派遣王渔洋祭南海神，绝不是一个偶然性事件。康熙二十三年正是朝廷取消海禁之年。先是自顺治十二年（1655）至康熙十四年（1675），清廷五次颁布禁海令，在广东，亦有迁界毁船的灾难性事件。康熙二十二年开禁后，二十四年设粤海关。

尽管朝廷派员对广州波罗神庙之南海神（南海神在四乡称为"洪圣大王"）实行官式礼祭，但在澳门天后庙，我们却看见以洪圣大王作为配祭而主祭天后的例子。在打开海禁及皇家未派人祭南海神祠之前，从《华夷变态》得见，唐船仍风行于中国东海及南海之国际贸易航线上，而作为航海一族的航海女神，首先是天妃（天后）妈祖。人类学家或社会学家把一个民间神的被封敕称为"正统化"，并注意到民间神明崇拜的历史总是不断地被修饰。如 P. Steven Sangren 指出：传统中国文化中，历史活动祈望于社会制度的正统性。而对历史的修饰，对于模糊并调和地方制度与国家制度之间的张力，起着关键的作用。妈祖崇拜是分析这种独特方式的一个实例。②

妈祖女神和南海洪圣王的"正统化"的比较研究，仍是今后一个值得进一步研究的课题。本篇研究表明，如果说17、18世纪之交南海神（广利王赤视）是皇家制海权的象征，则天妃妈祖女神是冲决各种禁锢的中国近世航海一族的开拓精神的象征。妈祖同时也是近世商业精神的象征。澳门《重修妈祖庙碑记》有十三行商人题名：谢东裕行捐银410元，伍诏光堂（即怡和行）捐银210元，卢慎余行（即广利行）捐银210元，潘同孚行捐银210元，刘东生行捐银150元，万源行捐银105元，梁天宝

---

① 屈大均：《广东新语注》，广东人民出版社1991年版，第181～194页。
② P. Steve Ssangren (Cornell University): History and the Rhetoric of Legitimaey: The Ma Tsa Cult of Taiwan: Comparative Study of Society and History, 1988, 4.

行捐银105元，顺泰行捐银100元。① 妈祖地位的日益尊崇，是唐船航海一族在中国沿海地区逐渐成为自立角色的象征。大汕在南海航行中的天妃礼敬及澳门大汕门下之普济禅院僧的住持妈阁，表明大汕顺应了近代宗教伦理的需求，顺应了17、18世纪之交的中国航海精神。

（原载《1995澳门妈祖信俗历史文化研讨会论文集》，澳门：澳门海事博物馆，1998年）

---

① 梁嘉彬：《广东十三行考》，第412～413页，商务印书馆1937年版。参见徐恭生、翁国珍：《海上贸易与妈祖信仰的传播》，见《海内外学人论妈祖》，第315～317页，中国社会科学出版社1992年版。

附录

姜伯勤主要著述目录

一、专著

[1]《唐五代敦煌寺户制度》,北京:中华书局,1987年。
[2]《敦煌社会文书导论》,台北:新文丰出版公司,1992年。
[3]《敦煌吐鲁番文书与丝绸之路》,北京:文物出版社,1994年。
[4] 合著《敦煌邈真赞校录并研究》(饶宗颐主编),台北:新文丰出版公司,1994年。
[5]《敦煌艺术宗教与礼乐文明》,北京:中国社会科学出版社,1996年。
[6] 合著《亚欧封建经济形态比较研究》(朱寰主编),长春:东北师范大学出版社,1996年。
[7]《石濂大汕与澳门禅史——清初岭南禅学史初编》,上海:学林出版社,1999年。
[8]《中国祆教艺术史研究》,北京:生活·读书·新知三联书店,2004年。
[9]《饶学十论》,济南:齐鲁书社,2012年。

二、论文

[1]《试论张衡反图谶的必然性及其意义》,载《中山大学学生科学研究》1957年2月28日。
[2]《论窦建德》,载《学术研究》1963年第3期。
[3]《隋末奴军起义试探》,载《历史研究》1963年第4期。
[4]《一件反映唐初农民抗交"地子"的文书——牛定相辞》,载《考古》1978年第3期。
[5]《国外敦煌学研究简介》,载《中国史研究动态》1979年第3期。
[6]《敦煌文书中的唐五代行人》,载《中国史研究》1979年第2期。
[7]《敦煌寺院文书中"梁户"的性质》,载《中国史研究》1980年第3

期；又见何兹全主编：《五十年来汉唐佛教寺院经济研究（1934—1984）》，北京：北京师范大学出版社，1986年。

[8]《沙皇俄国对敦煌及新疆文书的劫夺》，载《中山大学学报（社会科学版）》1980年第3期。

[9]《唐敦煌〈书仪〉写本中所见的沙州玉关驿户起义》，载《中华文史论丛》1981年第1辑。

[10]《论敦煌寺院的"常住百姓"》，载《敦煌研究》1982年第1期；又见：《中国社会经济史参考文献》，台北：华世出版社，1984年；又见何兹全主编：《五十年宋汉唐佛教寺院经济研究（1934—1984）》，北京：北京师范大学出版社，1986年。

[11]《唐西州寺院家人奴婢的放良》，见：《中医古代史论丛》第3辑，福州：福建人民出版社，1982年；又见何兹全主编：《五十年宋汉唐佛教寺院经济研究（1934—1984）》，北京：北京师范大学出版社，1986年。

[12]《敦煌寺院碾硙的两种经营形式》，见：《历史论丛》第3辑，济南：齐鲁书社，1983年；又见何兹全主编：《五十年宋汉唐佛教寺院经济研究（1934—1984）》，北京：北京师范大学出版社，1986年。

[13]《上海藏本敦煌所出河西支度营田使文书研究》，见：《敦煌吐鲁番文献研究论集》第2辑，北京：北京大学出版社，1983年。

[14]《敦煌的"画行"与"画院"》，见：《1983年全国敦煌学术讨论会文集·石窟艺术编·下》，兰州：甘肃人民出版社，1983年。

[15]《求新求实的可贵努力》，载《光明日报·史学》1983年1月12日。

[16]《突地考》，载《敦煌学辑刊》1984年第1期（总第5期）。

[17]《中国田客制、部曲制与英国维兰制的比较研究》，载《历史研究》1984年第4期。

[18]《评〈敦煌吐鲁番文书初探〉》，载《中国史研究》1984年第10期。

[19]《楚古也夫斯基〈敦煌汉文文书〉述评》，载《中国史研究动态》1984年第10期。

[20]《岑仲勉》，见：《中国史学家评传》下册，郑州：中州古籍出版社，1985年。

[21]《沙州道门亲表部落释证》，载《敦煌研究》1986年第3期。

[22]《吐鲁番文书所见的波斯军》，载《中国史研究》1986年第1期。
[23]《敦煌吐鲁番与丝绸之路上的粟特人》，见：《东西交涉》五卷，1、2、3号，东京：井草出版社，1986年。
[24]《前"理学"时代的中国情怀》，载《文物天地》1986年第6期。
[25]《高昌文书中所见的铁勒人》，载《文物》1986年第12期。
[26]《乘恩帖考证》，"国际敦煌吐鲁番学术会议"论文，香港，1987年；载《中山大学史学集刊》第一辑，1992年。
[27]《敦煌壁画与粟特壁画之比较研究》（摘要），载《敦煌研究》1988年第2期。
[28]《敦煌壁画与粟特壁画的比较研究》，见：《1987年敦煌石窟研究国际讨论会文集（石窟艺术编）》，沈阳：辽宁美术出版社，1990年。
[29]《敦煌音声人略论》，载《敦煌研究》1988年第4期。
[30]《中世"共同体"问题与中日文化的比较》，见：《日本文化论集》，广州：中山大学学报编辑部，1988年3月。
[31]《秋林〈三至八世纪中国依附农民的形成〉一书介绍》，载《中国史研究动态》1988年第6期。
[32]《陈寅恪先生与敦煌学》，载《广东社会科学》1988年第3期。
[33]《唐令舞考》，"纪念陈寅恪教授国际学术讨论会"论文，广州，1988年；见：《纪念陈寅恪教授国际学术讨论会文集》，广州：中山大学出版社，1989年。
[34]《敦煌文书》、《寺院经济》、《僧道官》，见：《中国大百科全书·中国历史·隋唐五代史》，北京：中国大百科全书出版社，1988年。
[35]《论杜国庠与河上肇》，见：《杜国庠学术思想研究》，广州：广东人民出版社，1989年。
[36]《吐鲁番敦煌文书所见突骑施》，载《文物》1989年第11期。
[37]《敦煌白画中的粟特神祇》，见：中国敦煌吐鲁番学会编纂：《敦煌吐鲁番研究论文集》，上海：汉语大辞典出版社，1990年。
[38]《敦煌新疆文书所记唐代行客》，见：《出土文献研究续集》，北京：文物出版社，1990年。
[39]《敦煌吐鲁番番锦胡锦考》，"敦煌学国际学术讨论会"论文，敦煌，1990年。
[40]《高昌麴朝与东西突厥——吐鲁番所出客馆文书研究》，见：《敦煌

吐鲁番文献研究（五）》，北京：北京大学出版社，1990年。

[41]《敦煌与波斯》，载《敦煌研究》1990年第3期。

[42]《从判文看唐代市制的终结》，载《历史研究》1990年第3期。

[43]《敦煌社会史料论略》，"第12届亚洲历史家大会"论文，香港，1991年。

[44]《唐贞元、元和间礼的变迁——兼论唐礼的变迁与敦煌元和书仪》，"隋唐五代史研讨会"论文，香港，1991年；见黄约瑟、刘健明合编：《隋唐史论集》，香港大学亚洲研究中心，1993年。

[45]《玄都律年代及其所见道官制度》，见：《魏晋南北朝史资料·第八辑·唐长孺教授八秩大寿纪念论文集》，武汉：武汉大学出版社，1991年。

[46]《敦煌吐鲁番文书与香药之路》，见：《季羡林教授八十华诞纪念论文集》下册，南昌：江西人民出版社，1991年。

[47]《广州与海上丝绸之路上的伊兰人：论遂溪的考古新发现》，见：《广州与海上丝绸之路》，广州：广东人民出版社，1991年。

[48]《论禅宗在敦煌僧俗中的流传》，载《九州学刊》1992年4卷4期，香港。

[49]《敦煌毗尼藏主考》，"1992年敦煌吐鲁番学会议"论文，载《敦煌研究》1993年第3期。

[50]《评〈敦煌吐鲁番文书初探二编〉》，载《中国史研究动态》1992年第8期。

[51]《从学术源流论饶宗颐先生的治学特色》，载《学术研究》1992年第8期；又见：《选堂文史论苑》，上海：上海古籍出版社，1994年。

[52]《学兼中外，博古通今——许地山先生与金应熙老师》，"金应熙教授学术思想研讨会"论文，载《广东社会科学》1992年第5期。

[53]《论高昌胡天与敦煌祆寺——兼论与王朝祭礼的关系》，载《世界宗教研究》1993年第1期。

[54]《大汕大师与禅宗在澳门及南海的流播》，载《文化杂志》中文版十三、十四期，澳门，1993年。又见吴志良主编：《东西方文化交流》（澳门东西方文化交流国际学术讨论会），澳门，1994年。

[55]《明清之际岭南禅学与南方文化——岭南禅学之一考察》，"文化中

国展望：理念与实践"讨论会论文，1993 年；见：《文化中国：理论与实践》，《允晨丛刊》55，台北，1994 年。

[56]《唐礼与敦煌发见的书仪——〈大唐开元礼〉与开元间书仪》，"第34 届亚洲北非人文科学国际会议"论文，1993 年。

[57]《论木陈道忞——潮阳大埔林苾与清初禅宗史》，见：《潮学研究》第 1 辑，汕头：汕头大学出版社，1993 年。

[58]《敦煌邈真赞与敦煌名族》，见饶宗颐主编：《敦煌邈真赞校录并研究》，台北：新文丰出版公司，1994 年。

[59]《国恩寺考》，见：《中山大学史学集刊》（第二辑），广州：广东人民出版社，1994 年。

[60]《石濂大汕与方以智》，见广东炎黄文化研究会编：《岭峤春秋》，北京：中国大百科全书出版社，1994 年。

[61]《〈本际经〉与敦煌道教》，载《敦煌研究》1994 年第 3 期。

[62]《陈寅恪先生与心史研究——读〈柳如是别传〉》，载《新史学》第六卷第二期，台北，1995 年 6 月；又见：《〈柳如是别传〉与国学研究》，杭州：浙江人民出版社，1995 年。

[63]《敦煌本〈本际经〉的道性论》，见陈鼓应主编：《道家文化研究》第七辑，上海：上海古籍出版社，1995 年。

[64]《变文的南方源头与敦煌的唱导法匠》，见：《华学》第一辑，广州：中山大学出版社，1995 年。

[65]《大汕禅师的澳门南海航行与唐船贸易圈中的禅宗信仰及妈祖礼拜——兼论 17—18 世纪之交唐船海客的宗教伦理》，"澳门妈祖信俗国际学术讨论会"论文，1995 年。

[66]《沙州傩礼考》，见：《卞麟锡教授花甲纪念论文集》，韩国，1995 年。

[67]《论石濂大汕与觉浪道盛》，载《澳门佛教》1995 年第 1、2、3 期。

[68]《唐"令舞"曲拍谱的再发现——兼论王朝"法度礼乐"与歌酒"乐章舞曲"的消长》，见王元化主编：《学术集林》第五辑，上海：上海远东出版社，1995 年。

[69]《莫高窟隋说法图中龙王与象王的图像学研究》，见：《敦煌吐鲁番研究》第一卷，北京：北京大学出版社，1996 年。

[70]《论敦煌士人画家作品及画体与画样》，载《学术研究》1996 年第

5 期。

[71]《敦煌戒坛与大乘佛教》,见:《华学》第二辑,广州:中山大学出版社,1996 年。

[72]《论密石窟寺与西域佛教美术中的鸟浒河流派》,见:《段文杰敦煌研究五十年纪念文集》,北京:世界图书出版公司,1996 年。

[73]《灵薪火:选堂先生的诗心——读〈选堂诗词集〉》,见:《饶宗颐学术研讨文集》,香港:翰墨轩出版公司,1997 年。

[74]《论饶宗颐先生的艺术史理论——以〈画领〉为中心》,见:《饶宗颐学术研讨文集》,香港:翰墨轩出版公司,1997 年;又见:《学人》第十一辑,南京:江苏文艺出版社,1997 年。

[75]《普寂与北宗禅风西旋敦煌》,见:《佛教与中国传统文化》上册,北京:宗教文化出版社,1997 年。

[76]《敦煌道书中南朝宋文明的再发现》,载《传统文化与现代化》1997 年 3 月号。

[77]《敦煌本宋文明〈通门论〉所见"变文"词义考释》,见:《周绍良先生欣开九秩庆寿文集》,北京:中华书局,1997 年。

[78]《敦煌本〈坛经〉所见慧能在新州的说法》,见:《六祖慧能思想研究》,广州:学术研究杂志社,1997 年。

[79]《论石濂大汕的绘画艺术》,载《艺海珍藏》1997 年第 1 辑,广州美术馆。

[80]《萨宝府制度源流论略——汉文粟特人墓志考释之一》,见饶宗颐主编:《华学》第三辑,北京:紫禁城出版社,1998 年。

[81]《王涯与中唐时期的令与礼》,见:《中国古代社会研究》,厦门:厦门大学出版社,1998 年。

[82]《道释相激:道教在敦煌》,见:《道家文化研究》第十四辑,北京:生活·读书·新知三联书店,1998 年。

[83]《澳门普济禅院藏澹归金堡日记研究》,见蔡鸿生主编:《戴裔煊教授九十诞辰纪念文集:澳门史与中西交通研究》,广州:广东高等教育出版社,1998 年;又载《文化杂志》(澳门)第 38 期,1999 年。

[84]《澳门莲峰庙与清初鼎湖山禅宗史——新见史料〈澳门莲峰庙西天东土历代祖师菩萨莲座〉研究》,载《文化杂志》(澳门)第 38

期，1999 年。

[85]《论池田温先生的唐研究》，见"唐研究基金会丛书"之池田温著：《唐研究论文选集》，北京：中国社会科学出版社，1999 年。

[86]《北齐安阳石棺床画像石与粟特人美术》，见中山大学艺术史研究中心编：《艺术史研究》第 1 辑，广州：中山大学出版社，1999 年。

[87]《山西介休祆神楼古建筑装饰的图像学考察》，载《文物》1999 年第 1 期。

[88]《介休日祆神楼宋元明代山西日祆教》，池田温日译，载《东洋学报》80 卷 4 号，东京，1999 年。

[89]《澹归金堡与〈篇行堂集〉》，见：《四库禁毁书研究》，北京：北京出版社，1999 年。

[90]《石濂大汕与〈离六堂集〉》，见：《四库禁毁书研究》，北京：北京出版社，1999 年。

[91]《陈其年〈填词图〉研究——兼论广州博物馆藏大汕〈古梅图〉》，见：《镇海楼论稿——广州博物馆成立七十周年纪念》，广州：岭南美术出版社，1999 年。

[92]《敦煌白画中粟特神祇图像的再考察》，见中山大学艺术史研究中心编：《艺术史研究》第 2 辑，广州：中山大学出版社，2000 年。

[93]《试论陈寅恪先生〈李义山无题诗试释〉评语与学术理性精神》，载《学术研究》2000 年 12 期。

[94]《史与诗——读陈寅恪先生〈元白诗笺证稿〉〈论再生缘〉〈柳如是别传〉》，见中山大学历史系编、胡守为主编：《陈寅恪与二十世纪中国学术》，杭州：浙江人民出版社，2000 年。

[95]《敦煌本宋文明道教佚书研究》，见：《庆祝吴其昱先生八秩华诞敦煌学特刊》，台北：文津出版社，2000 年。

[96]《日本所传"声明"与敦煌佛教"唱导"及"赞文"——一个比较研究》，"香港 2000 年国际敦煌学讨论会"论文。

[97] Jiang Boqin. The Pictoria1 Program of the Reliefs on the Stone Sarcophaangus of Yu Hong. China Archaeology and Art Digest, Vol. 4, No. 1, pp. 33 - 34, Hong Kong, 2000.

[98] Jiang Boqin. The Zoroastrian Art of the Sogdians in China. China Archaelogy and Art Digest, Vol. 4, No. 1, pp. 35 - 71, Hong

Kong, 2000.

[99] Jiang Boqin. An Iconlogical Survey of the Decoratire Elements on the Zoroastrian Tempe in Jiexiu, Shanxi. China Archaeology and Art Digest, Vol. 4, No. 1, pp. 85 – 101, Hong Kong, 2000.

[100]《唐敦煌城市的礼仪空间》,见:《文史》2001年2辑,总55辑,北京:中华书局。

[101]《隋检校萨宝虞弘墓石椁画像右图像程序试探》,见巫鸿主编:《汉唐之间文化艺术的互动与交融》,北京:文物出版社,2001年。

[102]《敦煌科举文书的社会功能——兼论敦煌写本中的社会史料》,载《中山大学学报(社会科学版)》2001年3期。

[103]《唐安菩墓所出三彩骆驼所见"盛于皮袋"的祆神——兼论六胡州突厥人与粟特人之祆神崇拜》,见:《唐研究》第七卷,北京:北京大学出版社,2001年。

[104]《西安北周萨保安伽墓图像研究——北周安伽墓画像石图像所见伊兰文化突厥文化及其与中原文化的互动与交融》,见饶宗颐主编:《华学》第5辑,广州:中山大学出版社,2001年。

[105]《图像证史:入华粟特人祆教艺术与中华礼制艺术的互动——MIHO博物馆所藏北朝画像石研究》,见中山大学艺术史研究中心编:《艺术史研究》第3辑,广州:中山大学出版社,2001年。

[106]《敦煌莫高窟隋供养人胡服服饰研究》,见:《敦煌文献论集》,沈阳:辽宁人民出版社,2001年。

[107]《序言"喜为不古不今之画":试论饶宗颐先生的画格》,见:《古歇今情:饶宗颐教授中国历史博物馆书画展览图录》,香港:香港商务印书馆,2001年。

[108]《论艺术与生命的超越》,见:《华林》第2卷,北京:中华书局,2002年。

[109]《祆教画像石——中国艺术史上的波斯风》,载《文物天地》2002年第1期;又见许虹、范大鹏主编:《最新中国考古大发现——中国最近20年32次考古新发现》,济南:山东画报出版社,2002年。

[110]《澳门普济禅院所藏大汕自画像及大汕广南航行与重修普济的关连》,载《文化杂志》中文版42期,2002年春季刊,澳门。

[111]《陈寅恪先生与中国"艺术史学"》,载《新美术》第 23 卷,2002 年第 3 期。

[112]《隋检校萨定虞弘墓祆教画像石图像的再探讨》,见中山大学艺术史研究中心编:《艺术史研究》第 4 辑,广州:中山大学出版社,2002 年。

[113]《高昌世族制度的衰落与社会变迁——吐鲁番出土高昌麴氏王朝考古资料的综合研究》,见南开大学中国社会史研究中心编:《中国社会历史评论》第 4 辑,北京:商务印书馆,2002 年。

[114]《天水隋石屏风莫胡人"酒如绳"祆祭画像石图像研究》,载《敦煌研究》2003 年第 1 期。

[115]《中国祆教画像石在艺术史上的意义》,载《中山大学学报》2004 年第 1 期。

[116]《青州傅家北齐画像石祆教图像的象征意义——与粟特壁画的比较研究》,见中山大学艺术史研究中心编:《艺术史研究》第 5 辑,广州:中山大学出版社,2003 年。

[117]《石濂大汕与澳门禅史补考》,载《广东社会科学》2003 年第 2 期。